12,50€

Claudia Hempel

Wenn Kinder rechtsextrem werden

Mütter erzählen

Claudia Hempel

Wenn Kinder rechtsextrem werden

Mütter erzählen

Mit einem Vorwort von Wilhelm Heitmeyer

© 2008 zu Klampen Verlag · Röse 21 · D-31832 Springe
info@zuklampen.de · www.zuklampen.de

Umschlag: Matthias Vogel (paramikron), Hannover
Umschlagabbildung: © GoodMood Photo - Fotolia.com
Satz: thielenVERLAGSBÜRO, Hannover
Druck: Clausen & Bosse, Leck

ISBN 978-3-86674-021-1

Bibliografische Information Der Deutschen Bibliothek
Die Deutsche Bibliothek verzeichnet diese Publikation in der
Deutschen Nationalbibliografie; detaillierte bibliografische
Daten sind im Internet über ‹http://dnb.ddb.de› abrufbar.

Inhalt

Vorwort:
Beunruhigende Normalität

Alltägliche Normalität wirkt gemeinhin eher beruhigend. Die Dinge nehmen ihren Lauf, es ist entlastend. Angst existiert eher vor dem Extremen, seien dies politische Aktivitäten, Lebensstile, Schicksalsschläge.

Was aber geschieht dann, wenn das Extreme, zum Beispiel das rechtsextreme Denken und Handeln, das eine Ideologie der Ungleichwertigkeit von Menschen und Gruppen mit Gewaltakzeptanz verbindet, in den Alltag eindringt – und zur Normalität wird?

Dann muss nicht mehr das Extreme beunruhigen, sondern die verwandelte Normalität. Dies gilt insbesondere für die Familie, also jenen Raum des Aufwachsens von Kindern und Jugendlichen – von Mutter und Vater umsorgt und geliebt – häufig aber auch allein gelassen ohne sichere emotionale Bindungserfahrung, halt bloß versorgt oder gar durch Gewalt früh schwer geschädigt.

Die Weggabelungen der Heranwachsenden im Lebenslauf wie in den sozialen Kontakten sind vielfältig, die Suchbewegungen nach Identität, sozialer Anerkennung und auch nach Stärke sind zum Teil unübersichtlich und bleiben oft auch Müttern oder Vätern verborgen.

Es hängt dann unter anderem auch von den Gelegenheiten ab, welchen Gruppen man sich zuwendet.

Kleine Gemeinden und Kleinstädte können dann zu einem Problem werden, wenn sich zum Beispiel feindselige Mentalitäten als normal herausstellen, die Suche nach Zugehörigkeiten groß ist – und die Alternativen klein. Dann wächst der Konformitätsdruck und neue Normalitäten entstehen – auch menschenfeindliche Normalitäten, in denen schwache Gruppen zur Zielscheibe von Abwertungen, Distanzierungen und Gewalt werden.

Dann entstehen beunruhigende Normalitäten: »Deutsche Zustände«. Heute.

Das zentrale Problem: Alles, was als normal gilt, kann man nicht mehr problematisieren. Es legt sich ein »Normalitätspanzer« um solche Entwicklungen. Die Folge: es entsteht eine öffentliche wie private Schweigespirale, in politischen Veranstaltungen, in Schulen wie in Familien.

Dies gilt insbesondere in Ostdeutschland. Aber nicht nur dort.

Umso notwendiger ist es, dieses Schweigen zu durchbrechen. Überall. Das Buch von Claudia Hempel kann insbesondere Eltern Mut machen, darüber zu sprechen, wenn ihre Kinder »abdriften«.

Es kommt nicht von ungefähr, dass die Autorin mit Müttern gesprochen hat. Auch nach unseren Untersuchungen sind es vor allem Mütter, die sich in ihrer Ratlosigkeit und Verzweiflung öffnen und beispielsweise mich anrufen. Es sind sie, die sich kümmern. Andererseits sind wir in unseren Untersuchungen überrascht, dass Frauen zum Teil fremdenfeindlichere beziehungsweise rassistische Einstellungen haben. Auch ein Beitrag zur beunruhigenden Normalität.

Eine wichtige Frage bleibt: Wo sind die Väter?

Das Buch kann sensibilisieren und Müttern wie Vätern Mut machen. Es ist der erste Schritt, das Schweigen zu durchbrechen. Ein wichtiger Schritt, selbst wenn die Erfolgssaussichten nicht zu prognostizieren sind – eben wegen der »neuen« Normalität.

Prof. Dr. Wilhelm Heitmeyer
*Direktor des Instituts für interdisziplinäre Konflikt-
und Gewaltforschung der Universität Bielefeld*

Einleitung

Sie sitzen am Tisch, vor sich bunte Kinderfotos. Lachende Gesichter mit großen, neugierigen Augen, die erwartungsvoll in die Kamera blicken. Schnappschüsse aus dem Urlaub, streng gescheitelte Frisuren beim Fotografen, posierende Schulanfänger mit Zuckertüte. Sie sind Babys, Kleinkinder, Grundschüler – nie älter, danach ist irgendwie Schluss. Danach fing es meist an. Das Unaussprechliche, das Ungeheuerliche, von dem sie immer noch nicht wissen, wie es geschah.

Plötzlich war es da, so scheinbar aus dem Nichts. Plötzlich war das Kind so anders, so abweisend, so fremd. Plötzlich war das eigene Kind rechtsextrem: Ein Nazi mit Springerstiefeln und Bomberjacke, die Reichskriegsflagge im Kinderzimmer zwischen Teddybär und Playmobil. Manchmal aber sah man dem eigenen Kind auch gar nichts an, es wirkte äußerlich so normal. Nur der Freundeskreis veränderte sich und seine Gedanken kreisten ständig um Themen wie Überfremdung, Arterhaltung, jüdische Weltverschwörung und Ausländerhass. Wo kam dieser Hass nur her? Woher diese Sehnsucht nach einer starken Hand, nach einem Führer? Woher nur diese Geschichtsbesessenheit? Und warum gerade in unserer Familie? Warum gerade mein Kind?

Bei einer Sonnenwendfeier im sachsen-anhaltinischen Pretzien fordert ein Jugendlicher, man möge jetzt »Artfremdes« den Flammen übergeben. Daraufhin wird *Das Tagebuch der Anne Frank* ins Feuer geworfen. Keiner der Umstehenden reagiert. Auch nicht der Bürgermeister des Ortes, der ebenfalls am Feuer steht. Warum schweigen alle? Warum schreitet niemand ein? Bedeutet dieses Schweigen Zustimmung? Angst? Ignoranz?

Ein Neonazi in der Familie. Darüber spricht man nicht in der Öffentlichkeit. Das geht niemanden etwas an. Das ist peinlich. Was sollen nur die Nachbarn denken?

Was aber denken die Nachbarn denn? Selbst dran schuld? Können die ihr Kind nicht erziehen? Was ist daran so schlimm? Wenigstens grüßt er immer höflich. Sind sowieso zu viele Ausländer hier. Schweigen.

Wer aber hilft? Wer schreitet ein?

In Pretzien gibt es immerhin eine Person, die nicht schweigt. Ein anonymer Anruf geht bei der Polizei ein. Zwei Beamte kommen am Sonnenwendfeuer vorbei, können aber nichts Ungewöhnliches feststellen. »Anruf wegen Ruhestörung« steht in ihrem Bericht. Später werden sie vor Gericht aussagen, sie haben *Das Tagebuch der Anne Frank* nicht gekannt.

Worin liegt die größere Ungeheuerlichkeit? Im Schweigen der Feiernden? In der Oberflächlichkeit polizeilicher Ermittlungen? Was ist perverser? Polizeibeamte, die *Das Tagebuch der Anne Frank* nicht kennen? Oder: Polizeibeamte, die dieses Buch sehr wohl kennen, aber keinen Straftatbestand in dessen Verbrennung sehen wollen?

Wer kann einer Mutter helfen, die mit ihrem rechtsextremen Kind ein Problem hat, wenn alle schweigen? Die Lehrer und Lehrerinnen berufen sich auf ihren Bildungsauftrag. Erziehung sei Sache der Eltern. Es ist sowieso schon alles chaotisch genug. Früher herrschte wenigstens noch Ordnung und Disziplin. Das Jugendamt? Unvorbereitet. Überarbeitet. Interesselos. Die Sachbearbeiterin: Geschieden sind Sie? Kein Wunder, dass Ihr Kind rebelliert. Das wächst sich aus. Klären Sie erst einmal Ihre Dinge zu Hause. Der Beamte: Das ist Demokratie, heute gibt es von extrem links bis extrem rechts alles. Da kann man nichts machen. Rechtsextremismus ist legal. Es gibt Schlimmeres.

Es gibt Schlimmeres als in Pretzien. Mein Gott, da ist doch nichts passiert. Ein Buch verbrannt, na und. Es sind doch keine Menschen zu Schaden gekommen.

Fast hätte von dieser Sonnenwendfeier auch niemand erfahren, wäre da nicht drei Tage später ein weiterer Anruf gekommen. Wieder anonym. Diesmal an die Polizeibehörde in Magdeburg. Wer ist so penetrant?

Was soll das alles? Diskreditieren wollen sie uns. Gleich rollt die Lawine der Journalisten über unseren Ort, warnt der Ministerpräsident. Schlecht machen wollen sie uns. Sollen doch vor ihrer eigenen Tür kehren. Wehren müssen wir uns! Das sind schließlich unsere Jungs! Sie machen die Kulturarbeit im Ort, kümmern sich vorbildlich ums Stadtfest, schreiben die Chronik für die 850-Jahrfeier.

Gibt es denn niemanden, der einer besorgten Mutter helfen kann, wenn ihr Kind in die rechtsextreme Szene abdriftet? Psychologen? Keine Erfahrung. Polizei? Schulterzucken. Präventiv sei da nix zu machen. Solange kein Straftatbestand vorliegt.

Nach endlosen Recherchen dann manchmal ein Hoffnungsschimmer. Ein Elternkreis, der sich regelmäßig trifft. Sozialarbeiter, die beraten. Spärliche Netzwerke, die sich erst langsam verknüpfen. Immerhin.

In Pretzien gibt es keine Scham. Kein Entsetzen. Fast nicht. Der Pfarrer des Ortes verfasst ein Schreiben im Namen des Gemeinderates. Dieser fühle sich verantwortlich dafür, dass so etwas geschehen konnte, dass man die Kulturarbeit im Ort dem Verein *Heimat Bund Ostelbien e. V.* übertragen hat, wohl wissend, dass dieser aus einer ehemaligen Skinhead-Kameradschaft hervorging. Denn rannten die Jungs nicht früher mit schwarzen T-Shirts durch den Ort mit dem Schriftzug *Wehrmacht Pretzien* quer über der Brust? Organisierten sie nicht den Rudolf-Heß-Gedenkmarsch? Keiner hat etwas gesagt. Damals nicht. Und heute nicht. Die Mitglieder des Gemeinderats wollen etwas sagen: »Wir fühlen uns mitschuldig!« Doch bei der Abstimmung zum Text gibt es keine Mehrheit für den Pfarrer. Er fühlt sich ganz allein schuldig.

Warum verweigert die Mehrheit der Mitglieder diesem Text seine Unterschrift? Ist es heimliche Zustimmung mit dem Geschehenen? Trotz? Dummheit? Schwäche?

Wie normal sind sie eigentlich mittlerweile in dieser Gesellschaft, die Rechtsextremen und ihr Weltbild? Wie verräterisch ist Sprache hier? Es waren immerhin Politiker, jenseits rechtsextremer Parteien, die öffentlich und wenig sensibilisiert von Flüchtlingsströmen, Asylmissbrauch, Durchmischung und Wirtschaftsflüchtlingen sprachen. Solche Worte, achtlos gebraucht, zeigen Wirkung. Hat deshalb niemand in Pretzien auf die Vokabel »artfremd« reagiert, weil sie schon eingesickert war in den alltäglichen Wortschatz?

Was machen die Mütter in einer Gesellschaft, die Rechtsradikalismus noch immer nicht als ernst zu nehmendes Problem erkennt. Wem sollen sie erzählen von der Scham, den Schuldgefühlen, den durchweinten Nächten?

11

Wie viele Mütter wird es wohl geben, die vielleicht keinerlei Schuldgefühle oder Scham empfinden, wenn das eigene Kind rechtsradikal wird? Sind die befragten Mütter in der Mehrheit oder sind die schamlosen Mütter in der Überzahl?

Rechtsradikalismus kann nur dort erfolgreich agieren, wo Demokratie erodiert. Rechtsextreme besetzen geschickt taktierend die Leerstellen einer Gesellschaft, welche sich zunehmend entsolidarisiert und Bedürftige auf sich selbst verweist. So zeigen diese Interviews deutlich: Rechtsradikalismus ist möglich, weil Zivilgesellschaft versagt. Was helfen die Beteuerungen der Politiker, wenn die Projekte gegen Rechtsradikalismus jährlich neu um ihr Bestehen bangen müssen? Wie ehrlich klingt das öffentliche Bedauern über neue rechtsextreme Ausschreitungen und Überfälle, wenn es als touristische und wirtschaftliche Standortfrage behandelt wird? Wann beginnen sich Menschen dafür zu schämen, dass solche Exzesse und Hetzjagden in diesem Land möglich sind und schweigend geduldet werden?

In diesem Klima des Verdrängens und der Bagatellisierung ist es mühsam, Mütter zu finden, die überhaupt reden wollen. Die Mehrheit der Interviewten lebt im Osten des Landes. Das bedeutet nicht, dass rechtsradikale Kinder ein originäres Ostproblem wären. Sicher, die Nachrichten sprechen eine andere Sprache: Nicht nur Pretzien, sondern auch Mügeln, Pirna, Halberstadt, Schwerin und Rostock sind Städte im Osten, die in die Schlagzeilen geraten, weil dort rechtsextreme Jugendliche Obdachlose schikanieren und Menschen mit dunkler Hautfarbe oder einfach Andersdenkende beschimpfen und jagen. Und immer wieder schauen Menschen zu und schreiten nicht ein.

Zivilcourage scheint hier ein besonders angreifbares Gut zu sein und auch deshalb sind die Hilfsangebote im Osten zwar immer noch spärlich, doch vernetzter und strukturierter als im Westen des Landes. Das macht es für mich als Journalistin einfacher, Eltern zu finden. Denn die *Mobilen Beratungsteams*, sozialpädagogische Hilfsangebote gegen Rechtsextremismus, sind oft meine erste Anlaufstelle auf der Suche nach möglichen Interviewpartnerinnen.

Im Westen aber beginnt erst langsam eine ähnliche Hilfsstruktur zu entstehen. Denn Rechtsradikalismus scheint hier die Gesellschaft subtiler zu infiltrieren. Schaut man sich die Biografien der Kader rechtsextremer Parteien in ostdeutschen Landtagen an, so liegen deren geografische Wurzeln zumeist im Westen. Gibt es qualitative Unterschiede? Dort die Schläger, hier die Denker?

Ich bemerke auch wesentlich mehr Scheu und Zurückhaltung gegenüber meinen Anfragen: sowohl bei denjenigen, welche sozialpädagogisch mit den betroffenen Eltern arbeiten, als auch bei den Eltern selbst. Hier scheint fast niemand bereit, mit mir zu sprechen.

Ist die Scham der Eltern im Westen größer? Ist die Scheu gegenüber einer Journalistin im Osten geringer? Ich weiß es nicht. Ich habe jede Absage respektiert und war mir der ungeheuren Überwindung bewusst, die eine Zusage mit sich brachte.

Die Erzählungen dieser Mütter zeigen, dass sie mit ihren Problemen oft allein gelassen werden. Doch dieses Buch zeigt auch: Sie sind keineswegs allein. Rechtsextreme Kinder sind zweifellos eine innerfamiliäre Zerreißprobe, doch sie sind vor allem ein Signal für die Gesellschaft.

Claudia Hempel

Es ist sehr schwierig, in einer Gegend wie dieser Verbündete zu finden

Wir sitzen im Wohnzimmer und draußen dämmert es langsam. Direkt vor dem Fenster schlängelt sich der Fluss entlang. Über die alte Holzbrücke fährt ab und an ein Auto und in der Ferne bellt irgendwo ein Hund.

Kais Mutter ist gerade von der Arbeit gekommen. Sie ist Verwaltungsangestellte, eine zierliche Frau mit einer zarten Stimme. Zu einem Interview war sie sofort bereit. Interessanterweise aber gelingt es ihr, während des ganzen Abends nicht einmal die Vokabel »rechtsradikal« zu benutzen, sondern sie spricht konsequent von »dieser Sache«.

Kai hatte früher mal ein Tagebuch und da stand ganz groß mit fetter Schrift drin: Nazis sind Scheiße! Das war ungefähr in der 6. Klasse. Irgendwann waren aber ganz viele Seiten aus diesem Tagebuch rausgerissen und wenig später verschwand das ganze Buch. Kurz danach waren auch die alten Poster von den Wänden im Kinderzimmer weg. Dafür lagen auf dem Fußboden und auf dem Schreibtisch lauter vollgeschmierte Zettel mit faschistischen Liedtexten und germanischen Runen rum, aber auch selbst gestaltete Comiczeichnungen mit Hitler und irgendwelchen Sprechblasen. Ich habe diese Sachen immer eingesammelt und versteckt.

Sicher, ich hätte sie auch wegschmeißen können. Ich weiß nicht, warum ich alles aufgehoben habe. Selbst in dem Schubfach, wo eigentlich meine Unterwäsche drin ist, liegt noch ein Messer, das ich mal in Kais Schulranzen gefunden habe und das Schreiben von der Stadtverwaltung.

Glücklicherweise habe ich alles rechtzeitig noch mitbekommen und das, was ich versucht habe, hat funktioniert. Deshalb konnte ich das Schlimmste verhindern.

Ich wünsche das keiner Mutter. Diese Zeit war sicherlich die schrecklichste meines Lebens: schlaflose Nächte, Tränen, Depressionen. Es war alles dabei. Das waren zwei Jahre die reine Hölle.

Anfangs war ich ja noch völlig naiv. Als Kai ankam und sagte: »Mutti, ich will so eine tolle Bomberjacke, wie der und der auch hat«, da habe ich mir gar nichts dabei gedacht, sondern noch gesagt: »da gucken wir mal.« Und dann hat er die Jacke bekommen. Keiner hat da irgendwas gesagt. Da war er 13.

Der richtige Beginn für mich war eigentlich erst, als ich mit Kai zusammen auf Mallorca war. Beim Einkaufen sagt er plötzlich: »Oh, da gibt es Shirts von *Lonsdale*, ich würde mir gern eins mitnehmen.« Ich dachte in dem Moment noch: Das ist ja klasse, dass er sich von seinem Taschengeld nicht nur irgendwelchen Kram kauft, sondern auch mal Sachen. Ich wusste damals überhaupt nicht, was *Lonsdale* zu bedeuten hat.

Als wir dann wieder zu Hause waren, habe ich mit meiner Schwester telefoniert. Sie fragte, ob wir uns was Schönes mitgebracht haben. »Ja ein paar Klamotten für Kai, ein paar *Lonsdale* T-Shirts«. Da war sie ganz erstaunt: »Wie bitte, darf er das anziehen?« – »Warum denn nicht?« – »Na weißt du gar nicht, was das für eine Firma ist? *Lonsdale*-Klamotten sind an vielen Schulen schon verboten, denn sie sind ein Zeichen für Leute aus der rechten Szene. Das ist deren Marke.« Da habe ich noch so gedacht: Oh Gott, oh Gott. Ich habe Kai daraufhin gefragt. Er hat aber völlig ahnungslos getan. Allerdings ließ mir das keine Ruhe mehr. Seitdem habe ich angefangen, genauer hinzuschauen. Plötzlich fügten sich so Teile zusammen, erst die Jacke, jetzt die T-Shirts. Irgendwie musst du das mal im Auge behalten, dachte ich mir. Parallel dazu änderten sich auch seine Musikrichtung völlig und der Freundeskreis. Ich habe plötzlich immer wieder neue Namen gehört, die mir überhaupt nicht geläufig waren. Manchmal kam auch nur: »Ach, ich treffe mich noch mit Freunden.« Da wurden gar keine Namen mehr genannt.

Mein Misstrauen wurde aber immer größer. Irgendwann kam er an und sagte: »Ich brauche Geld.« – »Wofür?«, habe ich ihn gefragt. »Ich habe mir über einen Kumpel Schuhe bestellt.« – »Was denn für

Schuhe?« – »Ach, das sind so Spaßschuhe.« Da habe ich zu ihm gesagt: »Also für Spaßschuhe gebe ich kein Geld aus. Ich möchte schon genau wissen, was das für Schuhe sind.« Er meinte dann ganz flapsig: »Das sind so ähnliche Schuhe wie Springerstiefel.« Bei mir läuteten sofort alle Alarmglocken, und wir hatten daraufhin eine sehr heftige Diskussion. Ich habe gesagt: »Nein!« – »Aber wieso? Ich kann doch tragen, was ich will!« Und so ging das endlos weiter. Seine Kumpels hätten alle solche Stiefel, nur er nicht. Irgendwann sagte er, die Leute wären auch ganz nett und nur, weil sie bestimmte Dinge anders sehen, seien das noch lange keine schlechten Menschen.

Seitdem wurde es eigentlich immer krasser. Ich hatte mich mit einem Kollegen unterhalten, dessen Frau im Jugendamt arbeitet und er meinte: »Wenn er anfängt mit weißen Schnürsenkeln in seinen Springerstiefeln aufzutauchen, dann musst du wirklich vorsichtig sein.« Ein paar Tage später komme ich hier die Treppe vom Bad runter und mein Kind steht vor mir. Mit leuchtend weißen Schnürsenkeln in seinen Stiefeln.

Seitdem hatten wir jeden Tag eine Diskussion. Ich habe gemerkt, dass er immer wortkarger wurde und sich immer mehr abgesondert hat. Er traf sich am Wochenende mit irgendwelchen Kumpels.

Irgendwann stand er auch mal spät abends hier in der Tür und hatte eine ganze Menge Alkohol getrunken. Das war neu für mich. Ich wusste eigentlich gar nicht mehr, wo er hinging und was er macht. Mein Kind war mir plötzlich ganz fremd geworden und ich fühlte mich einfach nur hilflos.

Eines Tages bekam ich Post von der Stadtverwaltung. Da stand drin, dass mein Kind beobachtet wurde, wie es zusammen mit anderen Jugendlichen randaliert hat. Da waren ein paar Sachen aufgelistet: Das Denkmal für die Verfolgten des Naziregimes wurde zerstört, Wände am Altersheim beschmiert und irgendwann sind sie alle zusammen noch zum Jugendhaus, sind dort gewaltsam eingedrungen und haben irgendwelche Naziparolen gebrüllt. Dann haben sie ganz laut Musik gehört und die anderen Jugendlichen belästigt. Die Frau vom Pastor hatte an diesem Abend gerade Dienst und sie hat versucht, sich der Gruppe entgegenzustellen. Das endete aber damit, dass sie von den

Jugendlichen nachts durch die Straßen gejagt wurde und keiner ihr geholfen hat.

Ich weiß noch, als ich diesen Brief zum ersten Mal las, war ich schockiert. Ich habe gedacht: Das kann doch nicht wirklich so schlimm sein. Dieser Brief hat damals ganz viel ausgelöst. Ich habe Kai natürlich sofort gefragt: »Warst du dabei?« – »Nein, ich war nicht dabei.« – »Wie kommen sie denn darauf? Warum schreibt uns die Stadtverwaltung so einen Brief?« Da gab es ganz große Diskussionen. Ich fand das extrem schlimm, wenn man so einen Brief bekommt.

Wir als Eltern wurden in diesem Brief zu einer Versammlung ins Rathaus eingeladen. Ein paar Jugendliche waren selbst da, aber auch Leute vom Verfassungsschutz, Mitarbeiter vom Jugendhaus und noch ein paar Leute aus der Stadtverwaltung. Interessanterweise war ich mit meinem Exmann, bis auf ein weiteres Elternpaar, ganz allein. Die anderen Eltern sind gar nicht gekommen, sie hatte offensichtlich dieses Schreiben nicht weiter beeindruckt. Ich fand das damals schon schlimm und konnte gar nicht verstehen, wieso sie nicht gekommen waren. Jeder will doch, dass sein Kind nicht so eine Richtung einschlägt.

Bei dieser Versammlung kam auch der Pastor noch mal zu uns und sagte: »Was ist nur mit eurem Sohn los? Das ist er nicht. Er ist nicht wirklich so.« – »Ja, das wissen wir, aber er hat sich extrem verändert und wir wissen nicht, wie wir ihn wieder zurückholen können.«

Ich habe natürlich versucht, mit Kai darüber zu reden, aber er blieb bei seiner Version: Er sei nicht dabei gewesen. Es gibt allerdings Leute, die sagen, sie hätten ihn gesehen. Das ist ein Widerspruch, der bis heute nicht gelöst ist. Ich tendiere ja eher dazu, den anderen zu glauben.

Die ganze Familie hat sich dann mit Kai auseinandergesetzt – Oma, Opa, Tante und Patenonkel, aber auch Freunde. Jeder hat versucht, mit Kai zu reden.

Wir haben versucht, ihm klar zu machen, wie wenig er eigentlich von der Geschichte weiß, haben ihn gefragt: »Wann war denn nun eigentlich der Erste Weltkrieg?« Oder: »Wer hat den Zweiten Weltkrieg angefangen?« Dabei haben wir gemerkt, dass er keinen blassen Schimmer hatte. Das hat mich so schockiert, dass jemand mit solchen Parolen durch die Gegend zieht, sich aber geschichtlich überhaupt nicht auskennt. Die Großeltern haben ja beide den Krieg mitgemacht. Sie wollten ihm ein bisschen was erklären, aber es hat nichts genutzt. Je mehr wir versucht haben, ihm klar zu machen, dass das nicht der richtige Weg sein kann, desto verschlossener und störrischer wurde er.

Einmal habe ich in seinem Rucksack von der Schule einen Baseballschläger gefunden. Da habe ich gesagt: »Den packst du sofort aus! Mit diesem Ding gehst du keinen Schritt.« Ich hatte zwischendurch immer wieder das Gefühl: »Das ist nicht mehr mein Kind!« Das war schlimm. All die Nächte, die ich wach gelegen habe. Auf der Arbeit konnte ich mich überhaupt nicht konzentrieren. Immer wieder kreisten meine Gedanken um diese eine Frage: Was hast du falsch gemacht?

Ganz oft habe ich mich auch gefragt: Warum gerade mein Kind? Man lebt ihm das ja nicht vor. Ich habe mich dann an alle möglichen Situationen erinnert, in denen irgendetwas schief gelaufen sein könnte. Da fiel mir eine Begebenheit ein, bei der wir mal spät abends mit dem Auto vom Geburtstag meiner Schwester gekommen sind. Da hat uns ein VW-Bus überholt, in dem lauter Ausländer drin saßen. Während sie uns überholten, leierten sie die Scheibe runter und machten irgendwelche Sprüche. Ich weiß nicht mehr, was sie schrieen, jedenfalls haben sie mich voll getextet und ich habe laut im Auto gesagt: »Scheiß Türken!« An solche Momente erinnerte ich mich plötzlich wieder. Sie stiegen so in mir auf. Ich habe dann gedacht, oh Gott, vielleicht hättest du das nicht sagen sollen.

Ich konnte mir einfach nicht vorstellen, dass ich meinem Kind irgendwelche Ausländerfeindlichkeit oder Rassismus oder Naziverherrlichung vorlebe. Aber so kleine Sachen kamen dann hoch.

Früher, als ich mit meinem Exmann noch zusammen war, haben wir oft Freunde in den Garten zum Lagerfeuer eingeladen. Da saßen wir oft bis in die Nacht bei einem Bier und kamen auch ab und an auf das Thema Ausländer. Da fielen manchmal auch schon Sprüche, da habe ich gedacht: Oh Gott, das muss das Kind jetzt nicht hören. Vielleicht sind es diese Äußerungen, die er dann aufgeschnappt hat. Mit solchen Gedanken und Selbstvorwürfen habe ich mir ständig den Kopf zermartert.

Doch irgendwie brachte mich das auch nicht weiter, denn ich konnte solche Situationen ja nicht rückgängig machen. Ich merkte nur, ich verliere mein Kind. Damals hatte Kai auch einen Freund, bei dem ich den Verdacht hatte, dass er ihn maßgeblich beeinflusst. Je mehr er mit diesem Freund zusammen war, desto schlimmer wurde alles. Ich kam gar nicht mehr an Kai ran. Ich habe meinen Sohn nur noch mit diesem Freund gesehen. Er stand hier morgens schon im Flur, da war ich noch nicht mal angezogen und hat auf Kai gewartet. Dann sind sie zusammen zur Schule und nachmittags war er wieder mit ihm zusammen. Es war immer dieser Freund da. Wir haben Kai kaum allein erlebt. Es gab gar keine Chance mehr, allein mit ihm zu reden.

Ich habe die beiden morgens immer mit dem Auto zur Schule genommen, doch irgendwann habe ich zu dem Freund gesagt: »Stopp! Bevor die weißen Schnürsenkel nicht auch aus deinen Schuhen verschwinden, fahre ich dich nicht mehr zur Schule. Dann musst du mit dem Bus fahren.« Er hat gar nicht weiter darauf reagiert und ist künftig mit dem Bus gefahren. Ich habe noch versucht, seine Mutti anzurufen und ihr meine Ängste zu erklären, aber sie hat völlig abgeblockt. Sie sagte immer, ihr Sohn sei nicht rechtsradikal und auch nicht gefährdet. Sie hat das völlig weggeschoben.

Dieselbe Ignoranz ist mir allerdings auch in der Schule begegnet. Mein Sohn war ja nicht allein. Es waren ja mehrere Jugendliche, die mit dieser Kleidung plötzlich durch die Gegend liefen und deshalb habe ich versucht, mit der Lehrerin darüber zu sprechen. Sie hat das aber völlig weggewischt. Sie sagte, nein, mein Sohn wäre lieb und nett, sie könne sich überhaupt nicht beklagen, auch leistungsmäßig sehe sie keine Gefahr. Und als ich immer wieder versucht habe, ihr klar zu machen, dass es mir darum nicht gehe, hat sie mich an den Direktor verwiesen. Der wiederum stellte in unserem Gespräch nur fest: An seiner Schule gibt es so etwas nicht. Solche Probleme würden nicht existieren. Er hat sich gar nicht erst auf irgendeine Diskussion eingelassen, er hat von vornherein nur abgeblockt. Das fand ich schlimm, dass ich von dort überhaupt keine Hilfe bekommen habe. Ein Lehrer muss auf so etwas reagieren! Ich war derartig enttäuscht, dass ich mit meinem Problem dort auf völlig taube Ohren gestoßen bin, dass ich überlegt habe, woher ich jetzt noch Hilfe bekommen könnte. Denn mir war mittlerweile klar geworden: Allein hole ich ihn hier nicht mehr raus.

Dazu kam noch, dass Kai die 7. Klasse am Gymnasium wiederholen musste. Das heißt, er musste sie nicht wiederholen, ich habe es ihm aber ans Herz gelegt. Denn mit Mathe Vier kannst du entweder gleich auf die Realschule gehen oder du machst die 7. Klasse noch mal. Durch dieses Wiederholungsjahr musste er in den Nachbarort zur Schule. Wir haben zwar hier ein Gymnasium, das läuft aber aus, weil es hier keine 7. Klasse mehr gibt.

Ich hatte dabei auch ein wenig die Hoffnung, dass er möglicherweise in der neuen Schule neue Leute kennen lernt und sich ein wenig von seinem Freund lösen würde. Nach den Ferien stellte sich aber zu meinem Entsetzen heraus, dass eben dieser Freund auch ziemlich schlechte Noten hatte und – ebenso wie Kai – im Nachbarort die 7. Klasse wiederholen würde. Da rief mich noch die Mutti ganz erfreut an und sagte: »Welcher Zufall, jetzt sind unsere beiden Kinder zusammen in der Klasse.« Als ich das hörte, dachte ich: Das darf doch jetzt nicht wahr sein!

Nun waren sie auch in der Schule noch den ganzen Tag zusammen und es ging gar nichts mehr. Ich habe zwar überlegt, ob ich mal versuche, mit dem Freund zu reden, aber dann erinnerte ich mich an das Telefonat mit seiner Mutter und dachte: Nein, das ist nicht dein Kind, du kümmerst dich jetzt um deinen eigenen Sohn. Da hast du genug zu tun. Du kannst jetzt nicht noch mit einem fremden Kind solche Dinge bereden. Dazu fehlt dir die Kraft.

Zwischendurch kamen regelmäßig Briefe von der Polizei, meist wegen Sachbeschädigung. Es wurde immer krimineller. Ich habe in meiner Hilflosigkeit versucht, ihm zu verbieten, abends rauszugehen, habe gesagt: »Du bleibst heute zu Hause.« Natürlich ist er trotzdem einfach los und ich habe jeden Abend hier gesessen und gebangt: Was wird er jetzt wohl gerade anstellen? Irgendwann habe ich versucht ein Kontaktverbot mit diesem Freund auszusprechen. Na ja, auch das hat natürlich nichts gebracht. Sie sind einfach viel zu clever. Aber in meiner Verzweiflung wollte ich es einfach probieren. Etwas anderes fiel mir eben nicht ein in dem Moment. Es gab ständig neue Auseinandersetzungen und auch Streit. Einmal war es ganz heftig, da habe ich ihn richtig festhalten müssen und ich hatte Angst, meine Kraft würde nicht mehr reichen. Er ist ja viel größer als ich und mittlerweile auch viel stärker. In diesem Moment dachte ich: Wenn er jetzt zuschlägt, hast du keine Chance.

Es war wirklich eine traumatische Zeit, denn irgendwann sitzt du als Mutter auf dem Sofa und denkst: Was hast du bloß verkehrt gemacht? Manchmal bin ich mit meinem Freund noch nachts durch die Gegend gefahren und wir haben geguckt, wo sie sind. Wir wussten immerhin, dass sich die Gruppe auf dem Spielplatz trifft. Aber das war natürlich aussichtslos. Später hat Kai mir mal erzählt, dass genau auf diesem Spielplatz alles angefangen hat. Er ist von denen irgendwann mal abends auf dem Spielplatz angesprochen worden und seitdem war er täglich mit ihnen zusammen. Sie haben gequatscht, haben ihm und seinem Kumpel ein Bier spendiert und ein paar Zigaretten dazu und das fanden die beiden einfach klasse. Da sind sie am nächsten Abend wieder hin und dann immer wieder. In dem Alter reichen schon solche kleinen Tricks. Das habe ich aber erst später erfahren. Damals wusste ich das natürlich noch nicht.

Ich habe nur mitbekommen, dass die Musik, die Kai gehört hat, immer härter und aggressiver wurde. Ich bin zwar jetzt im Englischen nicht so bewandert, aber das, was ich verstanden habe, war schon krass.

Das fing irgendwann mit den *Böhsen Onkelz* an. Da sagt man sich aber noch, okay, das hören auch andere. Aber das war eben nur der Anfang. Die Texte, die dann kamen, das waren so Negativtexte. So nach dem Motto, nichts anderes geht mehr, als sich gegen alles aufzulehnen, alles zu zerstören und was weiß ich. Morgens wenn wir zur Schule gefahren sind, hat Kai immer gesagt, er wolle Musik hören und hat dann seine CD reingeschoben. Ich habe mich darauf eingelassen, um einfach mal zu hören, was das denn ist. Ich habe ihn auch ausgefragt, was das für eine Gruppe sei und wo die herkämen und lauter solche Sachen. Ich habe dabei immer gedacht, das darfst du jetzt bloß nicht vergessen und wenn ich dann am Computer saß, habe ich sofort ins Internet geguckt, immer mit der Angst im Nacken, das könnte jetzt etwas ganz Schlimmes sein, irgendetwas Verbotenes.

Im Internet kann man eine ganze Menge finden. Es gibt da spezielle Seiten gerade auch für Schüler: »Wie kannst du zu erkennen geben, dass du einer von uns bist? Wenn du in deiner Klasse solche Leute findest, gehe gezielt auf sie zu und sprich sie an, sie helfen dir weiter.« Das Internet war in dem Moment für mich eine wichtige Quelle, um überhaupt erst einmal dahinter zu steigen.

Früher habe ich mich ja damit nie beschäftigt. Ich habe es wahrgenommen und fand es ganz schlimm, aber das war es auch schon. Es gab ja auch keine Berührungspunkte. Obwohl doch, einen Berührungspunkt hatten wir mal. Und zwar war mein Exmann damals bei seinem besten Freund eingeladen. Kai war bei meinen Eltern und da habe ich zu meiner Freundin gesagt: »Lass uns tanzen gehen!« Als wir spät abends zurückkamen, brannte bei uns zu Hause Licht. Ich war völlig überrascht, denn wäre es mein Mann gewesen, hätte er sicherlich im Bett gelegen und geschlafen. Als ich die Tür aufschloss, stand der Freund meines Mannes im Flur und hat die Tür zum Bad zugehalten. Er war überall blutig und sagte nur zu mir: »Geh da jetzt nicht rein, du guckst dir das nicht an!«

Ich wollte natürlich wissen, was los ist und als ich ins Bad kam, hatte mein Exmann in seinem Gesicht einen Abdruck von einem Schuh. Das ganze Gesicht war geschwollen, das Blut floss, die ganzen Klamotten waren blutdurchtränkt und die Kacheln verschmiert. »Was war denn bloß los?«, habe ich ihn gefragt. »Ja, wir haben da gesessen und gefeiert und plötzlich kamen irgendwelche Rechte. Und wir haben erst mit ihnen diskutiert, dann wurden sie plötzlich aggressiv und haben zugeschlagen.« – »Wie kann man nur so dumm sein?« Als mein Sohn anfing, habe ich ihm das auch erzählt, dass sein eigener Vater von solchen Typen mal verprügelt wurde. Mein Mann hat diesen Typen angezeigt. Aber ich hatte einfach Angst, dass dieser Typ sich den Namen von meinem Mann merkt und dann natürlich auch schnell die Adresse hat. Ich habe damals zu ihm gesagt: »Das ist unverantwortlich von dir. Du hast eine Frau, wir haben ein Kind. Du bringst uns in Gefahr.« Das war diese eine Begebenheit, die hatte ich aber nach einer gewissen Zeit wieder vergessen.

Wenn ich mir das heute vorstelle, wie naiv mein Exmann und sein Freund waren. Sie dachten wirklich, wenn sie mal mit denen reden, dann kommen sie von ihrer Gesinnung los. Sie hatten wirklich Glück, dass nicht noch mehr passiert ist. Man denkt ja immer, man wohnt hier so weit weg, hier passiert das nicht. Gerade das ist aber das Gefährliche, wenn nämlich alle denken, hier passiere das nicht, reagiert auch keiner, wenn es passiert.

Am Anfang hatte ich ja auch überhaupt keine Ahnung von diesen ganzen Musiksachen. Aufmerksam wurde ich erst, als wir bei Freunden auf einer Geburtstagsfeier waren. Sie haben auch einen Sohn und Kai hat ihn gebeten, ein paar CDs aus dem Internet runterzuladen und deshalb verschwanden die beiden auf dem Dachboden. Am nächsten Tag rief mich der Sohn an und sagte: »Weißt du eigentlich was Kai da für Musik hört? Die Gruppe heißt *Landser* und die sind verboten.« Da habe ich noch völlig naiv gefragt: »Wie kommst du denn jetzt darauf?« – »Na ja, die sollte ich ihm gestern runterladen.«

Also alle Hinweise verdichteten sich immer mehr und ich saß da und habe überlegt: Wie weiter? Ich habe es mit der Familie versucht, in der Schule angefragt, Freunde um Hilfe gebeten und nichts ist passiert. Ich brauche jetzt professionelle Hilfe.

Also Jugendamt. Ich habe dort angerufen und mir wurde gesagt, ich solle mich an die Erziehungsberatungsstelle wenden. Nachdem ich kurz mein Problem geschildert hatte, bezog sich gleich die erste Nachfrage auf die familiären Verhältnisse. Sie wollten mich sofort in eine Schublade stecken. Ich musste mir dann anhören, das sei ja klar, Kai sei ein Scheidungskind und das sei jetzt seine Art zu rebellieren. Ich dachte in dem Moment: Hallo, das meinen Sie jetzt nicht wirklich! Aber dieser Berater ritt immer wieder auf dieser Scheidungskiste rum und meinte, wir sollten einfach mal weit wegfahren und alle unsere Probleme hinter uns lassen. »Das wird schon wieder.« Und je länger er redete, desto mehr regte sich in mir der Wunsch, schnellstmöglich diesen Raum zu verlassen. Ich habe gemerkt, okay, das bringt hier gar nichts.

Ziemlich verzweifelt habe ich überlegt, was man denn noch tun könnte. Ich dachte, es muss doch irgendeine Art von Hilfe geben, wenn schon von den Lehrern keiner will, der Direktor sagt, so was gibt es bei ihm nicht und das Jugendamt meint, es läge an meiner Scheidung – irgendwie wurde meine Angst immer größer. Ich dachte, das sei eine

Art Sumpf, in dem man immer tiefer versinkt und irgendwann stellt man fest, hier kommt man nie wieder raus.

Durch Zufall bin ich in Greifswald auf das *Mobile Beratungsteam* gestoßen. Ich weiß noch, dass das extrem schwierig war, es überhaupt zu finden. Ich glaube, ich bin im Internet auf deren Seite gestoßen. So genau weiß ich es jetzt gar nicht mehr, nur noch, dass es sehr lange gedauert hat und dass es wahnsinnig schwierig war – das hat Monate gedauert.

Diesmal bin ich mit meinem Exmann dorthin gefahren und wir hatten beide Angst, dass man uns wieder nicht helfen könnte, dass wir wieder nur als Scheidungseltern behandelt werden würden. Deshalb haben wir dort die heile Familie gespielt. Kein Wort von Scheidung. Wir sind eine ganz normale Familie und uns ging es prächtig, bis unser Sohn abgedriftet ist. Ich brauchte erst einmal ein gutes Gefühl. Da war ständig die Angst: Na, da sagt dir bestimmt gleich wieder jemand, das läge daran, dass wir geschieden seien.

Aber schon nach dem ersten Gespräch hatten wir beide eigentlich ein gutes Gefühl. Wir haben erzählt, was sich bei Kai verändert hat und der Mitarbeiter hat gleich gesagt, das höre sich an, als ob organisierte Strukturen dahinter wären. Später haben wir vom Verfassungsschutz erfahren, dass es tatsächlich so ist. Bei uns in der Gegend gibt es eine Art Rädelsführer. Das wäre ein Typ, der wohl schon sehr lange dabei war und auch schon wegen diverser Sachen im Knast war und der, als er wieder entlassen wurde, angefangen hat, Sympathisanten zu rekrutieren. Sie haben bei uns im Dorf angefangen, irgendwas auszubauen. Ich weiß aber bis heute nicht, wo das genau ist, das soll irgendwo eine Scheune sein. Dort treffen sich diese Leute und gerade im ländlichen Bereich versuchen sie, gezielt Jugendliche zu werben. Der Verfassungsschutz hat gesagt, es gäbe Anhaltspunkte, dass dieser Rädelsführer wohl der Drahtzieher wäre, aber sie bräuchten noch mehr Beweismaterial. Allerdings haben sie uns damals bei dieser Versammlung im Rathaus auch gewarnt. Wir sollten darauf achten, dass unsere Kinder abends nach 22 Uhr nicht mehr draußen seien, denn in Kürze stünde eine große Aktion bevor und dann würden alle, die auch nur im Verdacht der Nähe stehen, erst einmal mitgenommen.

Na ja, jedenfalls lief dieses Gespräch mit dem *Mobilen Beratungsteam* sehr erfolgreich und ich hatte das erste Mal das Gefühl: Hier versteht jemand meine Probleme. Ich bin nach Hause gefahren und dachte, dass da jetzt wirklich endlich mal jemand ist, der bereit sei, uns zu helfen. Plötzlich fielen alle angestauten Ängste völlig von mir ab. Der Berater hat mir auch erzählt, dass er früher schon in Berlin mit solchen Jugendlichen gearbeitet hat und das hat für mich das Gefühl bestärkt: Ja, das ist der Richtige, er ist auch fachlich versiert. Ich glaube, ich habe ihm beim zweiten Treffen schon gesagt, wie froh ich über diesen Strohhalm bin, der da plötzlich auftauchte und an den ich mich klammern will. Einfach so diese Aussicht, da ist jetzt jemand und der will dir helfen, oder besser gesagt, uns helfen. Das war so wichtig.

Parallel dazu passierte allerdings etwas, womit ich nun überhaupt nicht gerechnet hatte. Mein Kind kam plötzlich an und sagte: »Ich weiß nicht mehr, wie ich da wieder rauskommen soll. Bitte hilf mir, lass mich abends nicht mehr irgendwo hingehen.« Was konkret der Auslöser war, weiß ich bis heute nicht. Ich vermute einfach, dass ihm alles irgendwie zu extrem und zu massiv wurde. Ich habe ihn gefragt: »Hat dich jemand gehauen oder hat dir jemand etwas angedroht?« Aber er meinte immer: »Nein.« Ich habe es so eingerichtet, dass ich ihn wieder jeden Morgen in die Schule gefahren und ihn auch jeden Nachmittag wieder abgeholt habe, damit er gar nicht erst mit irgendwelchen Leuten im Schulbus fahren muss.

Ich habe nur gemerkt, er hat Angst, aber er hat nie konkret darüber gesprochen. Ich habe immer wieder nachgefragt: »Ist irgendwas an der Schule? Lauern sie dir auf? Willst du die Schule wechseln?« – »Nein«, hat er gesagt, »es ist völlig egal, ob ich hier oder dort zur Schule gehe, sie sind überall.« Es hieß immer nur sie, er hat nie gesagt, wer. Da fielen nie irgendwelche Namen, ich habe nur mitgekriegt, dass es Ältere sein müssen.

Als er gezeigt hat, dass er da raus will, habe ich gesagt: »Okay, ich helfe dir. Ich mache dir einen Vorschlag. Gehe einfach zu zwei deiner besten Freunde, zu denen du wirklich Vertrauen hast und sage ihnen: Ich stecke da ganz tief drin und ich will unbedingt hier wieder raus. Bitte helft mir, gebt mir Halt.« Mir war es wichtig, dass er in dieser schwierigen Phase nicht ganz alleine steht, sondern dass er auch von Gleichaltrigen Rückendeckung bekommt.

Er hat das auch gemacht, ist zu diesen Freunden hingefahren und hat mit denen darüber geredet. Sie haben ihm gesagt: »Wir sind da, wenn du uns brauchst. Kein Thema. Wir helfen dir.« Parallel dazu habe ich noch die Mütter der beiden angerufen und ihnen geschildert, was Kai plant. Denn ich dachte, vielleicht verbieten sie ihren Söhnen den Umgang mit Kai. Man kann ja nie wissen, sie haben das ja auch mitgekriegt. Sie waren aber beide sehr offen und sofort bereit, Kai zu unterstützen. Ich glaube, das war auch für Kai sehr wichtig. Er konnte an alte Freundschaften wieder anknüpfen, das waren seine besten Kumpels aus dem Kindergarten. Sie haben sich gefreut, dass Kai wieder normal geworden war. Sie haben auch erzählt, dass sie zwischenzeitlich überhaupt nicht mehr mit ihm klar gekommen seien, denn Kai hätte ständig solchen Mist gequatscht und sie hatten ihn eigentlich schon abgeschrieben. Irgendwann kam Kai auch mal nach Hause und sagte zu mir: »Ich habe heute die Mutti von Markus getroffen und sie hat gleich gesagt: Na Kai, triffst du dich wieder mit den richtigen Freunden?« Solche kleinen Erlebnisse hat er mir sofort erzählt und ich habe gemerkt, dass sie ihm wieder so einen kleinen Antrieb gegeben haben.

Ich denke, das war ganz doll wichtig, dass einfach Freunde da waren und dass diese Freunde sich darauf eingelassen haben. Ich meine, in dem Alter ist das ja nicht selbstverständlich.

Für mich kam noch dazu, dass ich an Krebs erkrankt bin. Während dieser Zeit hatte ich wieder so einen Verdacht. Ich musste operiert werden und man hatte mir gesagt, die Chancen stünden fünfzig zu fünfzig. Ich hatte wahnsinnige Angst – ich wusste, wenn es diesmal etwas Böses ist, dann musst du eine Chemotherapie machen oder Bestrahlung. Das bedeutet, dass du überhaupt keine Zeit mehr hast, dich um dein Kind zu kümmern, weil du im Krankenhaus bist. Und du hast auch keine Kraft mehr, weil du dich erstmal um dich selbst kümmern musst.

Ich hatte solche Angst, dass mir mein Kind dann vollends entgleitet. Ich habe zu dem Berater vom *Mobilen Beratungsteam* gesagt: »Sie müssen sich unbedingt um mein Kind kümmern!« – »Aber wie stellen Sie sich das denn vor? Dafür habe ich doch gar keine Kapazitäten.« Ich hatte das Gefühl, er war ganz schön erschrocken, mit welchem Nachdruck ich meine Verzweiflung an ihn herangetragen habe. Ich habe zu ihm gesagt: »Vielleicht reicht es mir ja auch nur, wenn Sie mir das einfach so versprechen. Ich brauche einfach für mich ein ruhiges Gewissen, dass da jemand da sein wird.«

Das war eine ganz große Angst in mir. Ich habe auch große Zweifel gehabt, dass sich Kais Vater richtig kümmern wird. Er macht eher so einen unbeholfenen Eindruck. Für mich war klar: Wenn ich hier nicht energisch genug um meinen Sohn kämpfe, kriegen wir das gar nicht mehr hin.

Sein Vater hat auch überhaupt nicht die Gefahr dahinter erkannt. Ich weiß nicht, ich habe oft eine Ahnung und dann tue ich etwas, das kommt sehr aus dem Bauch heraus. Vielleicht liegt es daran, dass wir uns charakterlich sehr ähnlich sind – das sagt sein Vater jedenfalls – und ich deshalb viel eher spüre, wenn irgendetwas nicht stimmt. Ich meine, ich habe ihn ja auch die ganze Woche und bei ihm ist er nur am Wochenende. Vielleicht kann ich ihn ja auch viel besser beobachten.

Insofern war ich erst einmal erleichtert, als sich plötzlich eine Art Wende abzeichnete und das mit seinen alten Freunden so gut geklappt hatte. Als ich diese neue Situation dem Berater schilderte, schlug er vor, einen Kontakt zu einem Aussteiger zu vermitteln, der mit meinem Sohn reden sollte. Ich war aber sehr misstrauisch und habe gesagt: Den gucke ich mir erstmal selbst an und habe mich mit ihm getroffen.

Ich hatte ja auch selbst viele Fragen an diesen jungen Mann. Nach dem Gespräch habe ich mir gesagt, okay, ich kann mir jetzt vorstellen, dass dieser junge Mann sich mit meinem Sohn trifft. Gemeinsam haben wir überlegt, wie machen wir das bloß? Ich konnte ja nicht einfach zu Kai gehen und sagen: Du, ich habe da jemanden, mit dem musst du dich mal unterhalten. Das hätte er bestimmt sofort abgelehnt. Das wollte ich auch nicht. Das musste ich schon irgendwie geschickter anstellen, so dass er es nicht merkt.

Der Berater hat zwar gesagt, wir sollten doch ehrlich sein und ihm das sagen, ich habe aber lange überlegt und bin dann zu dem Entschluss gekommen, dass ich es nicht tun werde, dass ich Kai erst einmal nicht einweihe.

Ich habe einfach zu ihm gesagt, ich hätte über meine Arbeit jemanden kennen gelernt, der totaler *Böhse Onkelz*-Fan sei. Als ich ihm erzählt habe, dass mein Sohn auch so auf diese Band steht, habe er gesagt, dass er ihn unbedingt mal kennen lernen wolle. Ja, so lief das. Wir haben einen Termin gemacht und mein Sohn war total begeistert von dieser Idee. Die beiden haben sich hier bei uns zu Hause getroffen und das Gespräch hat sehr lange gedauert.

Ein paar Tage später hat mich dieser Aussteiger angerufen und mir erzählt, was Kai so gesagt hat.

Allerdings habe ich sehr gestaunt, dass Kai auch schon selbst ankam und anfing, von diesem Gespräch zu erzählen. Das kam ziemlich unvermittelt, es muss ihn wohl sehr beschäftigt haben: »Stell dir vor, der war früher mal richtig in der Szene drin, hast du das gewusst? Der war in Rostock mit dabei, als sie in Lichtenhagen diese Asylbewerberheime angezündet haben.«

Das war natürlich eine ziemlich blöde Situation, aber ich habe ganz erstaunt getan: »Was? Oh nein, das habe ich gar nicht gewusst.« – »Er hat erzählt, wie er da in die Szene reingerutscht ist, aber als dort die Menschen angegriffen wurden, kam für ihn selbst der Punkt, an dem er sich gesagt hat: Stopp, was machst du hier eigentlich? – und dann hat er versucht auszusteigen.« – »Das ist ja spannend, nein, das hat er mir nicht erzählt.« Seltsam, wenn man so sein eigenes Kind anlügen muss. Bis heute weiß Kai nicht, dass dieser Kontakt gewollt und inszeniert war. Ich werde es Kai irgendwann sagen, aber momentan kann ich es noch nicht.

In dem Gespräch muss Kai auch viele Tipps und Argumente bekommen haben, wie er auf die anderen reagieren soll, wenn er ihnen sagt: »Ich mache nicht mehr mit.« Das scheint auch ziemlich gut funktioniert zu haben.

Jedenfalls sagte mir der junge Mann in dem Telefonat auch, dass er das Gefühl habe, dass Kai noch nicht so tief drinsteckt und überhaupt nicht mehr rauskommen könnte. Das war für mich eine große Hoffnung, ich habe richtig aufgeatmet und gedacht: Zum Glück, so schlimm ist es noch nicht.

Jedenfalls hat dieses Gespräch sehr viel bei Kai bewirkt. Ich habe das gespürt. Auch Tage danach noch hat ihn das sehr beschäftigt. Plötzlich hat er angefangen, über Dinge nachzudenken, über die er zuvor offensichtlich noch nie nachgedacht hatte. Eines Tages sagte er: »Mutti, stell dir mal vor, wir müssten plötzlich aus Deutschland auswandern und kämen auch in so ein Heim und dann kommen welche und zünden das an. Das wäre doch schrecklich, oder?« Ich war so erleichtert, das kann man sich gar nicht vorstellen. Nach und nach begann sich alles von selbst aufzulösen. Seine T-Shirts verschwanden, auch die Bomberjacke war plötzlich weg. Ich weiß bis heute nicht, wo er seine Sachen eigentlich gelassen hat.

Einmal kam er plötzlich ganz aufgeregt aus der Schule: »Mutti, heute haben sie wieder diese Schulhof-CDs verteilt. Das ist ja voll krank, was da für Lieder drauf sind!« – »Ja, Kai, jetzt erschrickst du plötzlich selbst und sagst so was, weißt du noch, wie es bei dir damals war? Weißt du noch, was du für Musik gehört hast? Es hätte nicht viel gefehlt, dann wärest du genauso drauf gewesen, hättest vielleicht selbst auf dem Schulhof gestanden und die CDs verteilt.« – »Ach ja, zum Glück ist ja alles noch einmal gut gegangen«, hat er gesagt.

Jetzt können wir wenigstens über solche Sachen reden. Das war ja früher nicht möglich. Und ich kann ihm auch sagen, dass ich ganz dolle Angst um ihn hatte. Ja, jetzt ist er selbst froh, dass es vorbei ist. Aber das war ja nicht von heute auf morgen vorbei, das war auch nicht einfach in einem halben Jahr vorbei. Das war ja wirklich eine lange Zeit.

Es war auf jeden Fall richtig, dass wir immer wieder versucht haben, das nicht hinzunehmen. Wir haben immer wieder geredet, egal wie oft das auch ins Leere ging. Ich denke, das war schon wichtig. Auch, dass er gemerkt hat, er ist uns nicht egal, es war richtig, dass wir um ihn gekämpft haben. Ich habe immer gedacht: Wenn du mit deinem Kind nicht mehr reden kannst – das sage ich auch heute noch – dann hast du es verloren. Egal, worum es geht, wenn die Kommunikation nicht mehr funktioniert, hat man als Mutter verloren. Ich denke, es war auch wichtig, dass wir immer wieder versucht haben, mehr darüber zu erfahren, um einfach die Hintergründe zu durchschauen. Auf jeden Fall war es richtig zu sagen: Wir schaffen es nicht allein!

Heute sagt er manchmal: »Weißt du noch, Mutti, als wir uns damals so gestritten haben?« Er meint, es tue ihm furchtbar leid und er sieht jetzt, dass ich Recht hatte. Das finde ich eigentlich schön, dass er hinterher sagen kann: »Es tut mir leid und es war gut, dass du da warst.« Dann sage ich mir, soviel kann ich doch nicht verkehrt gemacht haben.

Nach den Landtagswahlen kam er ganz aufgeregt zu mir: »Hast du schon gehört, die sitzen jetzt im Landtag. Das ist ja total schlimm.« Ja, für solche Sachen ist er sensibler geworden.

Aber ich habe immer noch wahnsinnige Angst, dass irgendetwas passieren könnte. Angst, dass sie sich an Kai rächen, dafür, dass er ausgestiegen ist.

Ich kann mich noch genau an seinen 15. Geburtstag in diesem Jahr erinnern. Wir sind gemeinsam mit seinen Freunden in einer Bowlingbahn gewesen. Ich wollte nicht, dass die Jungs abends allein zurück müssen, denn der Weg nach Hause führt genau an diesem Spielplatz vorbei.

Plötzlich ging die Tür auf und da kamen ein paar Typen rein, die ich vom Sehen her kannte. Sie waren so etwas von unsympathisch und unangenehm; kahl geschoren, tätowiert und in Bomberjacken. Sie hatten ein richtig feindseliges Auftreten, setzten sich an einen Tisch und tranken Bier. Im Laufe des Abends wurden sie immer mehr. Mir ist bald das Herz stehen geblieben, solche Angst hatte ich vor denen. Ich dachte die ganze Zeit: Mein Gott, was wollen die jetzt hier? Sie müssen gewusst haben, dass die Jungs heute Abend hier bowlen. Ich dachte: Wenn die Jungs hier allein nach Hause gehen, passiert etwas. Kai aber sah das ganz gelassen: »Ach Mutti, die tun mir nichts.« Ich konnte ihm das nicht glauben. Ich dachte die ganze Zeit: Sie haben so einen Groll, dass Kai nicht mehr bei ihnen mitmacht, sie lassen ihn nicht einfach so gehen. Die Jungs wollten aber partout nicht nach Hause gefahren werden, sondern wollten allein laufen. Ich bin schon eher los und saß die ganze Zeit völlig aufgelöst hier rum. Ich dachte immer: Du hast ja auch Verantwortung für die anderen. Was machst du, wenn die jetzt verprügelt werden? Glücklicherweise ist aber nichts passiert. Vielleicht hat man auch mehr Angst, als berechtigt ist. Ich weiß es nicht. Aber auch heute habe ich noch diese Ängste: Was machst du bloß, wenn die sich Kai mal irgendwo schnappen und ihn zusammenschlagen? Diese Angst geht einfach nicht weg. Kai weiß auch, dass ich mir da Sorgen mache, aber er sagt immer, da passiere nix. Ich weiß nicht, ob er wirklich davor keine Angst hat oder ob er es nicht zugibt. Kürzlich war hier Dorffest und da wollte er auch hin. Ich habe gesagt:

Muss das wirklich sein? Aber was soll ich machen? Ich kann ihn ja nicht einsperren. Ich kann nur immer wieder reden: Lass dich nicht auf irgendwelche Auseinandersetzungen ein. Ich weiß, dass er auch gern provoziert und wenn dann so ein Wort das andere ergibt, das geht doch schnell. »Ach, Mutti«, sagt er immer »ich bin vorsichtig, aber wenn mir einer was Böses will, dann weiß ich mich auch zu wehren. Ich lasse mir nicht alles gefallen. Du brauchst dich nicht sorgen. Ich habe schon genug Freunde, die dann da sind.« Trotzdem mache ich mir Sorgen. Ich denke manchmal, wenn man eine Tochter hätte, wäre das Gefühl anders.

Es ist sehr schwierig, in einer Gegend wie dieser Verbündete zu finden. Wenn man sich hier im Ort mal umschaut, ist es nicht unbedingt sehr intelligentes Klientel, was hier so wohnt. Ich hatte nun auch nicht direkt Lust, hier eine Selbsthilfegruppe zu gründen. Ich denke schon, dass sich viele hier einsam fühlen. Ich fühle mich aber nicht einsam, weil ich hier wirklich diese Ruhe genieße nach Feierabend. Und wenn ich irgendetwas erleben will, dann habe ich Greifswald in der Nähe. Damals nach meinem Fernstudium in Berlin, dachte ich jedes Mal wenn ich zurückkam: Was ist das hier nur für ein Kaff? Berlin wäre tausendmal besser. Andererseits dachte ich auch immer: Aber Berlin ist für dein Kind nicht gut, denn dein Kind ist leicht zu beeinflussen. Er würde nur auf Abwege geraten. Und als das alles hier losging, da dachte ich: Das hast du nun von deinem Dorf!

Ich war nur entsetzt, als ich hörte, dass jetzt eventuell die Mittel für das *Mobile Beratungsteam* gekürzt werden sollen. Ich finde das absurd. Es war so schwierig, die überhaupt zu finden. Sie hatten keine Flyer, keine Anzeigen in den Zeitungen, nichts. Die müssten doch überall präsent sein!

Es gibt ja auch Leute, die haben gar kein Internet oder wenn, sind sie vielleicht nicht so in der Lage, gezielt zu recherchieren. Ich will ja jetzt nicht sagen, dass ich super intelligent bin, aber selbst mir ist es schwer gefallen, diese ganzen Zeichen zu decodieren. Das ist eine Wissenschaft für sich. Da müsste viel mehr Aufklärung betrieben werden.

Ich fand auch diese Art der Gespräche so heilsam. Nie wurde gesagt: So müssen Sie das jetzt machen und nur das ist richtig. Sondern es wurde immer wieder versucht, etwas in den Raum zu stellen, was man auch annehmen kann, wo man selbst für sich sagen kann: Das ist es jetzt. Das ist das Richtige für uns. Bei anderen Kindern und bei anderen Eltern ist das wahrscheinlich wieder anders. Es gibt kein Patentrezept. Wir sind sehr dankbar, dass dieser Berater für uns da gewesen ist. Ich habe mich irgendwann einmal bei ihm bedankt für die Hilfe und zu ihm gesagt: »Wir haben unser Kind wieder!«

»Ich glaube an das Reich und an den deutschen Sieg.

Ich glaube an mein Volk und an den weißen Rassenkrieg.

Ich glaube an den Führer, er war Deutschlands größter Sohn.

Ich glaube an die Wiedergeburt der weißen Nation.«

CD »Vorwärts für Deutschland« der Band »Bataillon 500« (Quelle: Verfassungs-schutzbericht 2005)

Das ist wie ein Puzzlespiel,
da fehlen noch viele kleine Teile

Als ich gerade den Klingelknopf gedrückt habe und mich Jürgens und Uwes Mutter durch die Gegensprechanlage begrüßt, kommt aus dem Nachbareingang ein völlig tätowierter Mann mit Hund auf die Straße. Als ich mich nach ihm umdrehe, sehe ich an seinem rechten Arm ein Hakenkreuz. Er scheint betrunken, torkelt etwas unsicher den Weg entlang. Plötzlich bleibt er stehen und hebt seine Hand zum Hitlergruß. In dem Moment öffnet sich die Haustür. Oh Gott, nein, diesen Mann hätte sie hier noch nie gesehen, sagt Jürgens und Uwes Mutter. Sie scheint ähnlich schockiert wie ich.

Eigentlich habe ich erst angefangen, mit Freunden darüber zu sprechen, als ich schon den Elterngesprächskreis gefunden hatte. Selbst mit sehr guten Freunden konnte ich nicht über dieses Thema sprechen. Da kreiselte ständig der Gedanke im Hinterkopf: Wer weiß, was die darüber denken? Mittlerweile wissen es einige wenige, aber nur sehr gute und ausgewählte Freunde. Für mich ist das ein Thema, womit man auch nicht unbedingt hausieren gehen sollte. Das ist eine sehr persönliche Geschichte. Bei mir ist es ja so, dass es beide Söhne betrifft. Jürgen, der Große, ist jetzt 23 und Uwe, der Kleine, ist 17, na ja, fast schon 18. Mit diesem Thema beschäftige ich mich schon seit vielen Jahren und es hört einfach nicht auf.

Die ersten Anzeichen hat man ja damals noch nicht so wahrgenommen oder vielleicht auch nicht wahrnehmen wollen. Man hat sich ständig gesagt: Das ist bestimmt nicht das, was man vermutet. Ich hatte schon Verdacht geschöpft, aber ich konnte mir einfach nicht vorstellen, dass der eigene Sohn so denkt und in solche Kreise kommt, weil man selbst in keinerlei Weise damit Berührung hat. Ich bin nicht unbedingt politisch desinteressiert, aber ich hatte nie das Bedürfnis, mich irgendwo aktiv politisch zu engagieren.

Bei meinem Exmann war das anders. Er war immer in der SED und nach der Wende in der PDS.

Am Anfang war Jürgen ja auch ganz anders. Ich kann mich entsinnen, dass er einmal mit grünen Haaren vor mir stand. Das war kurz nach der Jugendweihe, die Zeit, wo er so langsam anfing, abends wegzugehen. Ich war damals sehr entsetzt und dachte: Um Himmels willen!

Ein Bekannter gab mir den Tipp, das einfach zu ignorieren: »Das vergeht schon wieder«, sagte er, »das ist nur eine Phase«. Tatsächlich war es auch nach ein paar Wochen vorbei. Aber plötzlich ging es dann komischerweise in die andere Richtung.

Ich weiß noch nicht einmal, ob es plötzlich kam. Wahrscheinlich nicht, aber ich habe einfach zu wenig auf die Zwischentöne geachtet. Ganz extrem wurde es, als er in Springerstiefeln, mit hochgekrempelter Hose und Glatze vor mir stand. Das war wirklich von einem Tag auf den anderen, da gab es keinerlei Vorzeichen. Die Haare waren zwar vorher auch schon kurz, aber nun waren sie ganz weg. Das war der Moment, wo ich endgültig einen Schock bekommen habe. Sicherlich gab es vorher schon Anzeichen, aber eher äußerlich, nicht so sehr von seinen Meinungen her. Er ist sowieso nicht so der kommunikative Typ und wir haben uns nie ausführlich über Politik unterhalten. Dann dachte ich eine Weile: Vielleicht ist es auch ein Stück Opposition zu der politischen Haltung seines Vaters.

Dazu muss ich sagen, dass wir getrennt leben. Da ich die Kinder damals nicht aus ihrer gewohnten Umgebung rausreißen wollte, bin ich ausgezogen – wir haben aber ein gemeinsames Sorgerecht vereinbart. Aus der heutigen Perspektive gesehen, würde ich so etwas nie wieder machen, denn leider hat sich mein Exmann sehr wenig um Jürgen und Uwe gekümmert. Besonders Jürgen aber hat immer um die Gunst seines Vaters gebuhlt und er hat sie nie wirklich bekommen.

So waren die beiden oft sich selbst überlassen und in diesen Berliner Neubaugebieten findet man ja leicht irgendwelche Leute, die sich in dunklen Ecken rumtreiben. Die Rechten sind damals auch äußerlich sehr erkennbar gewesen, was ja heute gar nicht mehr so ist. Abends war Jürgen also oft unterwegs und niemand wusste so richtig, wo er sich eigentlich aufhält. Ich habe das Ganze nicht so richtig mitgekriegt, denn ich habe ja nicht mehr dort gewohnt. Ab und an habe ich meinen Exmann angerufen und gefragt, ob ich helfen soll. Er war oft dienstlich unterwegs und ich habe ihm angeboten, wenn er Hilfe braucht, komme ich abends vorbei. Aber offensichtlich konnte er nicht zugeben, dass er Hilfe braucht, denn dann wäre ja sein Kartenhaus, was er sich so schön aufgebaut hatte, nämlich, dass er immer für die Kinder da sei, eingestürzt und er würde sein Gesicht verlieren.

Also ist Jürgen bald jeden Abend weggegangen und keiner wusste, wo er war, wie lange er weg war und wann er wiederkam. Es hat einfach niemanden interessiert, keiner hat sich so richtig gekümmert. Ich bin immer davon ausgegangen, er wäre dort gut versorgt und alles sei in Ordnung. Damals war er so 15 oder 16.

Mein Exmann hat damals um das Sorgerecht gekämpft und ich dachte, okay, jetzt teilen wir uns die Verantwortung, dann wird er auch gut für beide sorgen. Ich bin einfach von mir ausgegangen und glaubte, er kümmert sich so, wie ich es auch machen würde. Leider war das nun überhaupt nicht so, doch das habe ich erst viel später mitbekommen. Zu mir ist Jürgen auch nicht mehr gekommen, weil ich in seinen Augen immer Probleme gewälzt habe. Natürlich habe ich ihm ständig Fragen gestellt und wollte wissen, was mit ihm ist, das war ihm offensichtlich unangenehm. Da hat er sich den Weg des geringsten Widerstands gesucht. Bei seinem Vater hat sich niemand für seine Sachen interessiert und zu mir ist er nicht mehr gekommen. Nun war er damals auch in einem Alter, wo ich ihn ja nicht zwingen konnte, zu mir zu kommen.

Das war in seiner Abiturzeit und so hatte er auch immer eine Ausrede: »Mutti, ich muss lernen, ich schaffe es momentan nicht, bei dir vorbeizukommen.«

Sein Vater ist ja auch nicht der kommunikative Typ und wenn er abends von der Arbeit kam, hat er sich mehr oder weniger auf die Couch gesetzt und geschwiegen. Da gab es keine Gespräche so nach dem Motto: Wie war dein Tag?

Irgendwann hat Jürgen Kontakt zu einer rechten Burschenschaft gekriegt. Die suchen ja ihren Nachwuchs auch nur in bestimmten Ecken, also im gymnasialen Bereich. Sie haben ihn angesprochen und er war dafür empfänglich. In dieser Burschenschaft ist er heute noch.

Soviel wie ich weiß, ist er in einer Kneipe angesprochen worden. Er saß da mit seinen rechten Kumpels und plötzlich tauchte dieser Typ auf und erzählte von der Burschenschaft. Dieser Typ hat später noch versucht, auch Uwe zu werben und deshalb hatte ich einmal eine ziemlich heftige Auseinandersetzung mit ihm. Dabei erzählte er mir, er habe Jürgen angesprochen, weil er für ihn der Klügste in der Runde gewesen sei.

Jürgens rechte Freunde waren ja keine Kriminellen, die irgendwo grölend durch die Straßen liefen, sondern das lief ganz ruhig und leise ab. Sie haben sich regelmäßig getroffen und ab und zu mal ein Bier miteinander getrunken. Aber wenn sie dann alle dort in ihrer vollen Montur saßen, ergab das einen ziemlich eindeutigen Anblick. So ist wahrscheinlich dieser Typ auf sie aufmerksam geworden. Da Jürgen nicht sehr viel redet, sind das immer nur Bruchstücke, die ich erfahre und ich setze mir mein Bild selbst zusammen. Das ist wie ein Puzzlespiel, ich muss mir bis heute vieles einfach zusammenreimen. Da fehlen noch viele kleine Teile.

Meinen Exmann brauche ich nicht fragen. Er weiß nichts davon, weil er ja nichts mitgekriegt hat. Wenn ich ihn mal darauf angesprochen habe, kam zurück: »Du machst ja aus einer Mücke einen Elefanten. Das verwächst sich alles, du bist völlig hysterisch.« – Wer weiß, dachte ich dann, vielleicht übertreibst du wirklich.

Als es aber immer eindeutiger wurde, war mir klar, dass ich leider nicht übertreibe, dass es nicht einfach so eine Phase ist, die kommt und wieder geht. Das mag bei anderen so sein, ich war mir aber sicher, bei meinem Sohn nicht.

Als er das erste Mal mit Springerstiefeln und hoch gekrempelten Hosen vor mir stand, war ich erst einmal völlig geschockt: »Wie siehst denn du aus?« Ich habe nicht gesagt: Zieh das sofort aus! – Weil ich damals schon ein anderes Verhältnis zu ihm hatte, da war schon viel Distanz dabei. Ich habe zu Jürgen eine ganz andere Beziehung als zu meinem jüngeren Sohn, Uwe. Das ist vielleicht einerseits eine Charakterfrage, aber andererseits auch die Tatsache, dass ich in einer Phase, wo er mich gebraucht hätte, nicht da war. Das begreife ich aber heute erst langsam, mit dem zeitlichen Abstand.

Heute sage ich mir, ich hätte viel schärfere Grenzen setzen müssen, hätte ihn beobachten müssen, und wenn ich jeden Tag dorthin gefahren wäre.

Ich bin immer noch sehr enttäuscht über meinen Exmann. Ich sage mir, wenn man als Vater Verantwortung übernimmt, dann muss man sie auch wahrnehmen. Das habe ich aber alles viel zu spät mitbekommen. Heute würde ich sofort das alleinige Sorgerecht beantragen, aber nun sind sie beide groß, jetzt ist es dafür zu spät.

Es hat sehr lange gedauert, bis ich für mich als Mutter eine adäquate Haltung dazu gefunden habe. Ich kann mich noch sehr lebhaft an eine Situation im Einkaufszentrum erinnern. Ich bin dort langgeschlendert und plötzlich kam jemand von hinten auf mich zu. Das war Jürgen, er wollte mich im Spaß so erschrecken, hat mich von hinten umarmt und gesagt: »Hallo, Mutti.« Ich habe mich umgedreht und er stand vor mir, in voller Montur: wieder Springerstiefel, hoch gekrempelte Hose und Glatze. Ich habe mich so geschämt! Hoffentlich sieht dich hier keiner, schoss es mir durch den Kopf. Das war eines der Erlebnisse, wo ich gedacht habe: Das ist nicht dein Sohn! Das kann nicht dein Sohn sein! Man fängt ja dann pausenlos an, sich selbst Vorwürfe zu machen. Hast du etwas falsch gemacht? Hättest du etwas anders machen müssen?

Er war für mich der verlorene Sohn. Ich wollte keinen Nazi als Kind. Mittlerweile habe ich aber meine Haltung etwas modifiziert. Seit einem halben Jahr haben wir wieder einen viel besseren Draht zueinander. Wir fangen langsam an, aufeinander zuzugehen. Das liegt aber daran, dass ich versuche, für mich bestimmte Dinge abzuspalten.

Ich sage mir, okay, er wohnt jetzt dort, er hat ein Zimmer in der Burschenschaft. Aber ich als Mutter muss einfach lernen, zu unterscheiden: Das eine ist mein Sohn und das andere ist das Leben, wofür er sich entschieden hat.

Das Positive ist, dass er sehr ernsthaft sein Studium durchzieht und ein Ziel vor Augen hat. Er studiert Volkswirtschaft mit sozialwissenschaftlicher Richtung. Natürlich kommt diese eiserne Disziplin über die Burschenschaft, das ist deren Gemeinschaftszwang. Da wird sehr darauf geachtet, dass bestimmte Regeln eingehalten werden. Da kann sich Jürgen keine Aussetzer leisten, das weiß er, sonst müsste er da raus und er würde gleichzeitig sein Zimmer verlieren. Die Immobilie gehört ja der Burschenschaft und diese vermietet die Zimmer an ihre Mitglieder zu einem sehr moderaten Preis. Dafür würde man wohl sonst in Berlin kein Zimmer finden.

Andererseits ist da aber noch die Beziehung zu meinem Sohn. Früher habe ich immer gesagt: »Ich komme dich dort nicht besuchen.« Ich dachte immer, das sei quasi eine Einverständniserklärung zu seinem Leben und seinen Ansichten. Heute sehe ich es anders, weil Jürgen genau weiß, wie ich darüber denke. Ich betone ihm gegenüber regelmäßig, dass ich seine Gesinnung nicht gut finde. Aber ich möchte ihn als Sohn nicht verlieren und er ist mir als Mensch sehr wichtig.

Ich weiß nach wie vor nicht, woher seine Empfänglichkeit für solch ein revanchistisches Weltbild kommt. Da gibt es Einladungen zu sogenannten *Grenzlandfahrten*, also Fahrten nach Polen, wo dann die alten Ostgebiete wieder besucht werden und sie sich die Grenzen zurück wünschen. In der Einladung wird explizit betont, dass auf einem deutschen Bauernhof übernachtet wird. Da sage ich mir, das kann doch alles irgendwie nicht wahr sein. Das ist eine Generation, welche – Gott sei Dank – den Krieg nie erlebt hat. Diese Grenzen sind damals so anerkannt worden und das muss man einfach akzeptieren. Deutschland hat schließlich diesen Krieg angefangen. Wenn ich so etwas höre, da kann ich nur die Hände über dem Kopf zusammenschlagen.

Wir diskutieren mittlerweile sehr oft über solche Dinge und dann spüre ich auch ganz viele Widersprüche. Aber mir gibt immer noch ein bisschen Hoffnung, dass Jürgen wirklich gut diskutieren kann. Er ist rhetorisch sehr geschickt. Zwar diskutiert er mit mir nicht so gerne, denn ich sehe die Dinge eher von der menschlichen und emotionalen Seite, aber mit meinem Vater kann Jürgen sich eher von der politischen Seite her austauschen. Die beiden diskutieren oft miteinander. Jürgen hat mir irgendwann einmal gesagt, dass er gern mit Opa redet, auch wenn es kontrovers ist.

Bei mir ist es ja so, da bin ich ganz ehrlich, ich musste mich an bestimmte Sachen erst herantasten, weil mich das vorher nie interessiert hat. Geschichte war nicht unbedingt mein Lieblingsfach. Ich habe viel im Internet recherchiert, denn die Diskussionen waren sehr spezifisch.

Es ging um kleinste Details bei der Bombardierung Dresdens, da bin ich einfach schnell am Ende mit meinem Wissen. Ich habe oft meinen Vater gebeten, mit ihm zu reden, weil ich wusste, von ihm würde er eher gewisse Dinge annehmen. Außerdem, denke ich, es ist auch wichtig, denn in meinem Vater hat Jürgen den männlichen Widerpart, der ihm immer gefehlt hat. Er hat zwar einen Vater, aber mit dem kann er nicht reden. Und ich kann ihm den Vater nicht ersetzen.

Was eine Mutter machen kann, das habe ich gemacht, da brauche ich mir auch überhaupt keine Vorwürfe machen. Aber es gibt einfach bestimmte Sachen, wo Söhne ganz doll ihren Vater brauchen. Und den Vater hat er immer vermisst. Er war nie da. Und wenn, dann hat er immer etwas auszusetzen gehabt an dem, was er macht. Es gab nicht einmal den Punkt, wo er gesagt hat: »Mensch, das hast du super gemacht!« Wenn er eine Drei nach Hause brachte, kam automatisch die Frage: »Warum ist das keine Zwei?« Sogar, wenn eine Drei für Jürgen schon richtig gut war.

Das war letztlich auch der Streitpunkt in unserer Ehe: Ich habe immer alles falsch gemacht und er hat immer alles richtig gemacht – das funktioniert auf Dauer nicht. Irgendwann muss man sich trennen.

Ich weiß noch, wie mich Jürgen auf der Arbeit anrief und sagte: »Ich gehe jetzt in die Burschenschaft.« Damals war er gerade 17 und wieder war ich erst einmal ziemlich überfordert, ich habe sofort im Internet geguckt. Denn zwar hatte ich das Wort Burschenschaft schon mal gehört, aber ansonsten war das für mich überhaupt kein Begriff. Ich habe lange recherchiert und wenn man dann so Seite für Seite durchblättert, merkt man schon, in welche Richtung es geht: Treu sein, Deutsch sein, National sein – das sind die Begriffe die immer wieder fallen. Wir hatten daraufhin auch ein heftiges Streitgespräch, weil ich der Meinung war, dass es nicht richtig ist, da einzutreten. Aber wenn er von etwas überzeugt war, dann hat er sich von mir als Letzte etwas sagen lassen. Ich war wirklich die Letzte, auf die er gehört hat.

Das ist ja nun nicht nur irgendeine Burschenschaft, das ist eine schlagende Verbindung. Jürgen hat seinen Schmiss jetzt auf der Schulter. Sie haben da ganz klare Regeln: Sie fechten nur mit Helm, aber mit freiem Oberkörper. Wenn sie sich die Wunden zufügen, ist immer ein Sanitäter dabei, das wird sofort fachmännisch verbunden. Das ist für solche Leute ein Zeichen des Männlichseins. Die Wunde wird ja dann auch ohne Betäubung genäht.

Als er damals eingetreten ist, habe ich gesagt, dann will ich mir das wenigstens mal angucken. Obwohl es ja nur für Burschen ist, also für männliche Besucher, laden sie auch ab und an Frauen ein. Das war schon seltsam, sie waren ausgesprochen nett und zuvorkommend. Wenn man ganz blauäugig da rein käme, könnte man denken: Das sind ja alles sehr höfliche und intelligente Menschen. Wenn man da so durch die Räume geht, hängen überall Fotos: einerseits von großen Festgelagen, andererseits aber auch von den Schmissen, also den Wunden, die sie sich gegenseitig zufügen. Dabei gilt, je größer die Wunde, desto erfolgreicher. Das ist für mich jetzt mal eine Sache, wo ich denke: Na ja, wenn sie es brauchen, dann sollen sie es tun. Ich persönlich finde es unmöglich, ich würde mich niemals freiwillig verletzen lassen und ich brauche so etwas auch nicht, um mein Selbstbewusstsein zu stärken, um zu sagen, guckt mal, wie toll ich bin. Aber das andere ist natürlich die Ideologie, die dahinter steckt.

Ich finde es sehr schwierig, Informationen über Burschenschaften zu bekommen. Ich weiß, dass Leute, die früher mal in der NPD waren, dort in der Burschenschaft Vorträge gehalten haben. Aber ich weiß nicht, ob es irgendwelche offiziellen Verbindungen zur NPD gibt. Ich habe jedenfalls im Internet nichts gefunden. Es gibt sehr wenig kritisches Material über Burschenschaften, deshalb ist es auch so verdammt schwierig, sich davon ein Bild zu machen. In meinen Augen werden solche Burschenschaften viel zu wenig beobachtet, da findet sehr viel im Verborgenen statt.

Das hat vielleicht auch etwas mit der intellektuellen Ebene zu tun. Sie rennen nicht grölend durch die Straßen, sondern das passiert alles sehr zivilisiert, fast möchte man meinen, nur in den Köpfen. So werden sie auch kaum straffällig. Finanziell sind sie ja bestens ausgestattet, oft durch ehemalige Burschenschaftler, die richtig viel Geld und Einfluss haben. Diese Macht ist nicht zu unterschätzen.

Das Gemeinschaftsgefühl steht an erster Stelle. Seitdem Jürgen dort wohnt, hat er eigentlich kaum mehr Freizeit. Immer ist irgendwas, ein Vortrag, ein Fest, ein Gesangsabend. Ab und an finden da auch Aktionen statt, zu denen hätten wir früher Subbotnik gesagt. Sie nennen es

Hausarbeitstag, da werden das Haus und der Garten gesäubert und alle machen mit. Das sind so Sachen, wo ich denke, gar nicht so schlecht vom Grundgedanken her. Aber insgesamt gesehen, steckt ja immer eine Ideologie dahinter. Und ich befürchte fast, dass dieses ständige Eingebundensein auch schon wieder eine Ideologie ist, denn wenn ich unablässig beschäftigt werde, habe ich nie eine Chance nachzudenken.

Meine Konsequenz war dann, zu sagen: Wenn ich Jürgen schon verloren habe, will ich es bei Uwe wenigstens besser machen. Er kommt in eine Schule bei mir in der Nähe und wird auch bei mir wohnen. Wir hatten von vornherein ein ganz anderes Verhältnis zueinander, das war viel offener und kommunikativer. Wir sind wirklich gut miteinander klar gekommen.

Das Schlimme war, dass die Burschenschaft keine Ruhe gab. Sie wollten auch Uwe haben. Ich hatte schon immer die leise Befürchtung, dass Jürgen versuchen würde, seinen Bruder da mit reinzuziehen. Ich habe ihm aber explizit gesagt, wenn das passiert, kriegt er mit mir Ärger.

Also haben sie es über einen Mittelsmann gemacht, auch ein Mitglied in der Burschenschaft. Dieser Typ hat Uwe ab und an heimlich von der Schule abgeholt und ihn eingeladen, so ganz harmlos, auf eine Cola nach der Schule oder auch zur Sonnenwendfeier. Das ist für so einen jungen Menschen ein Erlebnis, das kann ich auch verstehen. So etwas beeindruckt natürlich. Von diesen heimlichen Treffen wusste ich aber nichts.

Plötzlich kam ein Brief ins Haus geflattert, an Uwe persönlich gerichtet. Das war eine Einladung zu einer *Grenzlandfahrt*. Uwe wollte unbedingt an dieser *Grenzlandfahrt* teilnehmen, aber ich habe es ihm verboten und dann gab es Theater. Das war das erste Mal, dass ich mit ihm eine richtig tolle Auseinandersetzung hatte.

Trotzdem hat Uwe weiter versucht, zu dieser Burschenschaft Kontakt zu halten. Er ist auch irgendwann einmal zu diesem Haus gefahren und hat mir nichts davon erzählt. Ich hatte zu ihm ein so gutes Vertrauensverhältnis und als ich davon erfuhr, war ich schon schockiert.

Dann hat er sich Klamotten besorgt, so Klamotten mit wirklich heftigen Sprüchen drauf, aus den einschlägigen Versandhäusern. Ich weiß nicht mal mehr, was da stand, das sind alles Dinge, die ich ausgeblendet habe. Ich kann mich nur noch an diese alte deutsche Schrift erinnern und weiß, dass es totaler Mist war. In schwarz-weiß-rot und ganz eindeutig.

Diese Sachen habe ich konfisziert, er musste sie mir im Wohnzimmer auf einen Haufen legen, daraufhin hat er vier Wochen nicht mehr mit mir gesprochen. Da lag eine total angespannte Stimmung in der Luft. Das war ganz schlimm und ich habe einfach gedacht, das musst du jetzt durchziehen.

Ich bin damals allerdings auch an die Schränke gegangen, habe mir alles genau angeguckt. Ich weiß, dass das manche Mütter nicht machen würden. Sie sagen, das ist die Privatsphäre ihres Kindes. Das stimmt ja auch, aber es ist meine Wohnung. Und ich möchte nicht, dass so etwas bei mir in der Wohnung ist.

Auf dem Schulhof war mal ein Hakenkreuz in der Bank eingeritzt und Uwe wurde verdächtigt. Davon hätte ich allerdings nie etwas erfahren, wenn ich nicht sowieso einen Termin beim Direktor gehabt hätte, um den ich gebeten hatte, nachdem ich seine Klamotten fand. Er war ja mit diesen Naziklamotten in der Schule und ich wollte wissen, warum mich keiner darüber informiert. Die Begründung lautete: Die Schule habe lediglich einen Bildungsauftrag und keinen Erziehungsauftrag.

Das Kuriose war ja: Ein paar Wochen vorher ist Uwe auf dem Klo beim Rauchen erwischt worden. Dafür hat er einen Tadel bekommen, den ich in dreifacher Ausführung unterschreiben musste. Ein Exemplar für unsere Unterlagen und zwei Exemplare mussten wieder zurück an die Schule. Aber dass sie ihn gleichzeitig verdächtigen, ein Hakenkreuz in eine Bank geritzt zu haben und mich darüber nicht informieren, das fand ich schon extrem. Da wird ein Tadel gegeben, wegen Rauchen auf dem Klo, aber wegen einer eventuellen rechten Schmiererei wird man nicht informiert.

Irgendwann hatte ich allerdings begriffen, dass mein Reden und Flehen gar nichts hilft und habe mich nach einer externen Beratung umgeschaut. Ein Bekannter erzählte mir dann von einem Elternkreis, der sich regelmäßig trifft.

Er hat mich mit *Lichtblicke* bekannt gemacht. Dorthin kommen Eltern, welche genau dasselbe Problem haben wie ich, deren Kinder in die rechtsradikale Ecke abdriften und die sich nicht mehr zu helfen wissen. Natürlich, es gibt auch Eltern, die selbst rechts sind. Die machen sich natürlich um so etwas keinen Kopf. Aber ich konnte es mir überhaupt nicht erklären: Warum sind meine Kinder für so etwas empfänglich? Sie haben nie irgendein Leid erfahren. Ich meine, die Kriegsgeneration hat viel Leid erfahren, dass sich dort in irgendeiner Weise Hass festsetzt, ist ja fast noch zu verstehen. Aber diese Jugend, selbst meine Generation, ist in Frieden aufgewachsen und es bleibt für mich so unverständlich, wie man einen solchen Hass gegen andere Menschen oder gegen Ausländer entwickeln kann.

Mein Gott, wir haben einfach Glück gehabt, dass wir hier geboren sind, dass wir nicht irgendwo in Afrika aufwachsen müssen, wo es Hunger und viele Krankheiten gibt. Aber daraus kann ich doch keinen Stolz ableiten, dafür habe ich doch nichts getan. Klar gibt es immer irgendeinen Grund, wo man mal meckern kann, aber größtenteils geht es den Leuten hier doch wirklich super. Das ist meine volle Überzeugung. Meinen Kindern ging es auch immer gut. Meine Söhne haben weder schlechte Erfahrungen gemacht, noch haben sie großartigen Kontakt zu Ausländern gehabt. Das bleibt mir bis heute unbegreiflich.

Diese Fragen hoffte ich durch den Elterngesprächskreis beantworten zu können. Das erste Gespräch dort hat mir total gut getan. Vielleicht bin ich ja doch nicht ausschließlich daran schuld, dass es so weit gekommen ist. Ich dachte die ganze Zeit, ich hätte etwas in der Erziehung falsch gemacht. Und wenn jetzt das zweite Kind auch noch dahin geht, habe ich alle Felle davonschwimmen sehen. Ich konnte das überhaupt nicht nachvollziehen.

Uwe macht jetzt eine Ausbildung, er sollte ursprünglich nach Pirna gehen. Als ich das hörte, war ich ganz schön erschrocken, denn aus dieser Ecke hört man ja eine ganze Menge, ich denke da nur an die *Skinheads Sächsische Schweiz*. Und wenn er einmal weg ist, kann man als Mutter nicht mehr überblicken, was er eigentlich so treibt. Das war genau in dieser Phase, als ich Uwe endlich davon überzeugt hatte, nicht in diese Burschenschaft zu gehen. Er hat sich dann auch von mir überzeugen lassen.

Ich habe ihm von meinen Ängsten erzählt, davon, dass ich ihn nicht verlieren will, wie schon seinen Bruder und dass ich befürchte, dass er in falsche Kreise geraten könne. Er hat mir versprochen, dass er aufpassen werde.

Was willst du da machen? Mehr als Vertrauen kann ich erst einmal nicht einfordern, sonst müsste ich ihn ja den ganzen Tag einsperren. Er muss trotz alledem selbstständig werden und seine Erfahrungen machen.

Ich fühle mich insofern in der Verantwortung, dass ich ihn darauf hinweise, wenn ich merke, dass er den falschen Weg einschlägt. Ich kann ihn nicht zwingen, einen anderen Weg zu gehen, ich kann ihn nur mit Argumenten überzeugen. Jeder Jugendliche macht ja diese Phase des permanenten Suchens und Findens durch, da gibt es große Brüche und Widersprüche, die sich erst allmählich in gefestigte Bahnen bewegen. Solange sie minderjährig sind kann man ihnen ja noch sagen: »Du, ich bin für dich verantwortlich.« Klar, ich bin immer verantwortlich als Mutter, auch wenn meine Kinder 18 oder älter sind. Aber man hofft einfach, dass man sie bis dahin auf einen Weg gebracht hat.

Ich kann noch nicht sagen, mein Kind sei außer Gefahr. Es sind einfach so kleine Bemerkungen, an denen man merkt, dass Uwe sich immer noch intensiv mit diesem Thema beschäftigt und auseinander setzt. Er ist sehr national – wobei man da ja auch differenzieren muss. Ich denke, die Deutschen haben teilweise wirklich ein Problem mit ihrer Identität. Für mich ist das nicht wichtig, da bin ich ganz ehrlich. Wenn ich halt Engländer wäre, wäre ich Engländer und wenn ich Afrikaner wäre, dann wäre ich Afrikaner. Ich empfinde da überhaupt nichts. Für meine Söhne allerdings ist es sehr wichtig, sie empfinden einen Stolz dafür, Deutsche zu sein. So etwas brauche ich nicht. Bis heute weiß ich aber nicht, warum es eigentlich für sie so wichtig ist. Ich merke, sie verbinden damit ein Stück Identität und ich muss irgendwie akzeptieren, dass es für sie wichtig ist.

Für mich ist es erst einmal wichtig, eine Beziehung zu beiden zu finden. Mit Jürgen hatte ich teilweise monatelang gar keinen Kontakt.

Irgendwann machte es aber bei mir Klick – da habe ich mir gesagt, ich bin die Erwachsene, ich bin die Mutter und das ist mein Kind. Und wenn dein Sohn nicht zu dir kommt, dann musst du zu deinem Sohn gehen. Es kann passieren, dass er dich abweist oder aber wir finden eine Beziehungsebene. Und er hat mich nicht abgewiesen. Heute kann ich ihm viel besser zeigen, dass er mir wichtig ist, dass ich ihn lieb habe.

Ich weiß heute, dass er dachte, dass ich ihn nicht mehr liebe, dass ich ihn verstoße und nichts mehr mit ihm zu tun haben will – aufgrund seines Andersseins. Das war nie so, ich konnte aber einfach mit der Situation nicht umgehen. Ich habe ihn einfach nicht verstanden.

Vor einem halben Jahr hatten wir eine Auseinandersetzung. Sie war einerseits sehr ernst, beruhte aber eigentlich auf einem Missverständnis. Allerdings habe ich selbst auch nicht so super reagiert. Das schaukelte sich alles so hoch und ich merkte an einem bestimmten Punkt: So geht es nicht weiter!

Ich bin dann zu ihm gefahren, ohne mich anzumelden, stand vor seiner Tür, habe ihn angerufen und gefragt, ob er runterkommen kann. Ich war mir überhaupt nicht sicher, was passieren würde. Als die Tür aufging, hat er mich angeschaut und ich habe, wie in einer Instinkthandlung, meine Arme ausgebreitet. Er kam zu mir und ich dachte, Gott sei Dank hast du das gemacht. In dem Moment habe ich gespürt: Er hat sehr starke Gefühle, kann sie aber nicht zeigen.

Wir haben dann ganz lange miteinander geredet: »Weißt du eigentlich, Jürgen, dass wir sehr wenig voneinander wissen. Du weißt sehr wenig von mir, was mein Leben betrifft, was ich denke, was ich fühle, was ich mache. Und ich weiß total wenig von dir. Und wenn wir mal Kontakt haben, wissen wir gar nicht, worüber wir reden sollen oder es entstehen ganz schnell irgendwelche Missverständnisse, weil wir einfach zu wenig voneinander wissen. Lass uns doch ganz sporadisch mal sagen, okay, ich komm mal raus, und dann gehen wir mal zusammen einen Wein trinken oder mal zusammen essen oder wir quatschen auch einfach nur mal so. Du musst mir jetzt nicht sofort eine Antwort darauf geben.« – »Ja, darüber denke ich mal nach, das hört sich gut an.«

Seitdem hat sich unser Verhältnis gewandelt: Weihnachten hat er mir hier *MSN* eingerichtet. Und wenn er gemerkt hat, dass ich online bin, hat er mir erzählt, was so war, was er gerade macht, wie sein Tag läuft. Ich glaube, seitdem geht es ihm viel besser und mir auch. Ich fühle mich damit viel wohler.

Es geht nicht darum, ihn auf einen anderen Weg zu bringen, das ist sicherlich zu spät. Wichtig ist unsere Beziehung, die Beziehung zwischen Mutter und Sohn. Ich habe ja immer noch die Hoffnung, dass das Thema, welches uns trennt, für ihn irgendwann weniger wichtig wird. Vielleicht lernt er ja mal später neue Leute kennen. Man weiß ja von sich selbst, welche Einflüsse es im Erwachsenenleben noch gibt, die einen verändern können.

Ich glaube nicht, dass er ganz davon wegkommt, denn schließlich war es eine Phase in seinem Leben, wo er sich sehr intensiv damit beschäftigt hat, aber vielleicht sieht er später einmal aufgrund seiner Lebenserfahrung bestimmte Dinge anders. Das wäre schon gut.

Er ist hoch sensibel, was die Sache manchmal schwierig macht. Nach außen tut er so, als ob ihn nichts schocken könne, aber nach innen ist der hoch empfindlich. Manchmal erzählt er mir von irgendwelchen Veranstaltungen und dann frage ich nach, was das für einen Hintergrund hatte und wer da konkret da war und dann erzählt er darüber. Das bewerte ich eher als positiv, weil ich mir sage: Immerhin erzählt er mir noch etwas davon.

Entweder ich lasse die Dinge dann im Raum stehen, oder, wenn es mich wirklich interessiert, frage ich genauer nach. Er weiß natürlich, dass er keine Bestätigung von mir dafür bekommen wird.

Ich mag zwar politisch nicht ganz so auf der Höhe sein, aber ich habe eine humanistische Weltanschauung und die sagt mir: Ich habe nicht das Recht, mich einfach über andere Leute zu stellen. Wenn ich in einem Entwicklungsland leben würde und ich hätte die Möglichkeit, meine Familie zu retten, indem ich in ein anderes Land gehe und dort ganz legal die Gesetze nutze, dann würde das jeder Mensch auf dieser Welt machen. Das sage ich meinem Sohn immer wieder: Dann würdest auch du mit deiner Familie da hingehen, dann würdest auch du dort Sozialhilfe beantragen. Dann sind das nämlich keine Schmarotzer und keine, die anderen die Arbeit wegnehmen. Ich sehe es nicht im politischen Kontext, sondern ich diskutiere oft auch sehr emotional, als Mutter eben. Jeder will versuchen, sein Leben so sinnvoll und erfolgreich wie möglich zu gestalten. Jürgen und Uwe haben nur das Glück, hier geboren zu sein und nicht in einem Land, wo sie vielleicht hungern müssen. Und dafür sollten sie dankbar sein!

Was ich viel schlimmer finde ist, dass es mittlerweile einen sehr hoffähigen Alltagsrassismus gibt. Das fällt mir immer wieder auf und erschreckt mich zutiefst – sei es in der Kneipe oder auch im Bekanntenkreis. Das sind so kleine, schnell hingesagte Halbsätze über Ausländer und Asylbewerber. Da merkt man, die Parolen der NPD sind in der Mitte dieser Gesellschaft angekommen. Und keiner sagt etwas dagegen. Es ist mir oft passiert, dass ich deutlich mein Missfallen gegenüber solchen rassistischen Sprüchen artikuliert habe und plötzlich feststellen musste: Hoppla, ich bin hier ganz allein mit dieser Meinung.

Ich verstehe nicht, woher dieser Alltagsrassismus kommt. Ich sage mir immer: Ich bin gesund, ich habe glücklicherweise Arbeit. In meiner Familie sind alle gesund, ich habe ein Dach überm Kopf. Ich kann mir ein paar Dinge leisten im Leben und mir geht es gut. Wenn dann Leute kommen, denen es wesentlich schlechter geht, weil sie aus Ländern kommen, wo die Voraussetzungen einfach viel schlechter sind, dann habe ich doch nicht das Recht zu sagen: Die müssen jetzt raus. Ich finde das anmaßend und kann aber auch ganz wenig darüber diskutieren, weil ich einfach die Argumente nicht nachvollziehen kann. Erschreckenderweise kommen solche Sätze ja meist von Menschen, denen es gar nicht so schlecht geht und ich verstehe immer nicht: Was wollen die denn noch?

Und solche Sätze, wie »Alle Ausländer sind Kriminelle« kann ich einfach nicht mehr hören, was soll denn das? Es gibt genügend Deutsche, die auch kriminell sind. Mich interessiert es nicht, ob unter mir oder über mir oder irgendwo im Haus Ausländer wohnen. Ich würde denen genauso freundlich guten Tag sagen, wie jedem anderen. Ich empfinde Ausländer eher als Bereicherung. Sie haben eine ganz andere Kultur, das ist doch toll. Man kann so viel von ihnen lernen. Ich weiß nicht, warum die Leute so eine Scheu haben. Ich würde da immer offen herangehen.

Manchmal habe ich auch darüber nachgedacht, woher meine Einstellung kommt. Ich bin nicht so erzogen worden, das ist einfach mein absoluter Gerechtigkeitssinn, der irgendwo in mir drin ist. Und solche Sprüche sind einfach ungerecht, weil man alle Menschen als Gruppe über einen Kamm schert. Das ist doch absurd!

Ich habe die Sachen, die ich damals konfisziert habe auch nicht weggeschmissen. Ich habe sie bis heute bei meinen Eltern deponiert. Ich warte auf den Tag, wo ich Jürgen und Uwe diese Sachen zeigen kann und sie noch einmal damit konfrontieren kann. Also einen Tag, an dem das, was wir gerade erleben, in der Vergangenheit liegt. Ich weiß allerdings nicht, ob dieser Tag einmal kommen wird.

Ein halbes Jahr nach diesem Gespräch treffe ich mich noch einmal mit der Mutter von Uwe und Jürgen. Wir verabreden uns in einem Café, sie hat Fotos mitgebracht, Postkarten aus Südafrika, auf denen Uwe mit »Heil dir!« angesprochen wird und die mit Grüßen »aus unserem Südosten« schließen.

Seine Ausbildung macht Uwe jetzt in Chemnitz. Ich war froh, dass er nicht nach Pirna gegangen ist – obwohl, vielleicht ist auch alles egal, denn kürzlich hat er mir erzählt, dass er Kontakt zu den *Freien Kräften Sachsen* aufgenommen hat. Laut Internet ist das ja eine ganz schlimme Truppe aus dem Umfeld der *Skinheads Sächsische Schweiz*. Er war auch bei der NPD-Demo zum 13. Februar anlässlich der Bombardierung Dresdens mit dabei und erzählte, dass man dort etwas richtig stellen müsse, denn da werde Geschichtsfälschung betrieben. So was hatte ich ja nun schon mal von Jürgen gehört.

Er beteuert immer wieder, dass er in keiner Gruppe drin sei und andererseits tröste ich mich ein bisschen mit der Tatsache, dass er mir ganz offen davon erzählt. Das ist doch erst einmal ein gutes Zeichen, oder?

Ich weiß nicht, in unserer Familie scheint irgendetwas schief zu laufen. Vor ein paar Monaten ist meine Nichte zum Islam übergetreten, sie hat einen Marokkaner geheiratet und trägt jetzt Kopftuch. Meine Eltern verkraften das alles nur sehr schwer. Sie haben drei Enkelkinder – zwei sind rechts und eine ist Muslima. Das verstehen sie einfach nicht. Und ich auch nicht, ehrlich gesagt.

»Zehn kleine Negerlein, die kam'n nach Deutschland rein,
einer hatte Beulenpest, da waren's nur noch neun.
Neun kleine Negerlein haben Drogen mitgebracht,
Russenmafia mach' bum, bum, da waren's nur noch acht.
Acht kleine Negerlein, die wären gern geblieben,
da kam ein Rudel Hammer-Skins, da waren's nur noch sieben.
Sieben kleine Negerlein, die spielten mit 'ner Flex,
doch Neger nix von Technik weiß, da waren's nur noch sechs.
Sechs kleine Negerlein die rappten ständig live,
doch nachts um drei wird Spießer wach, da waren's nur noch five.
Fünf kleine Negerlein, die stinken Dir und mir,
drum wurde einer aufgeknüpft, da waren's nur noch vier.
Vier kleine Negerlein, waren bei 'nem Bruch dabei,
einer wurde abgeknallt, da waren's nur noch drei.
Drei kleine Negerlein, die waren öfters high,
der eine hat zuviel geschluckt, da waren's nur noch zwei.
Zwei kleine Negerlein, die schrien Nazi-Schwein,
'ne Wehrsportgruppe kam vorbei, und Bimbo war allein.«

Aus dem Lied »Zehn kleine Negerlein« der Band »Zillertaler Türkenjäger«
(Quelle: Informations- und Dokumentationszentrum für Antirassismusarbeit in
Nordrhein-Westfalen)

Ich habe da auch ganz viel verdrängt

»Sprich doch mal mit Rosa«, sagt mir eine Freundin, als ich ihr er-zähle, woran ich gerade arbeite. »Sie hat doch auch solche Prob-leme mit ihrem Ältesten.« Ich kenne Rosa vom Sehen her, so wie man bestimmte Gesichter immer wieder trifft, sich manchmal auch grüßt, ohne eigentlich zu wissen, was der oder die andere eigent-lich macht.

»Klar, können wir machen«, antwortet sie spontan auf meine Fra-ge nach einem Gespräch, »obwohl ich gar nicht so recht weiß, ob ich Tom nun als Rechtsradikalen einordnen soll. Bestimmte An-sichten finde ich gar nicht so verkehrt, aber wenn man das laut sagt, wird man ja selbst gleich in die rechte Ecke gestellt.«

Natürlich habe ich mir ganz oft die Schuldfrage gestellt, habe mir tausendmal gesagt: Ich bin dafür verantwortlich, dass mein Kind so geworden ist!

Tom war ja damals als Teenager auch hochgradig kriminell. Er hat Autos geklaut und nachts wilde Rallyes durch die Stadt veranstaltet. Tagsüber hat er die Schule geschwänzt und ich musste zum Direktor zum Gespräch. Und dann lag noch eine Anzeige wegen Hakenkreuz-schmierereien im Briefkasten. Da kam für mich alles zusammen: Kri-mineller, Schulverweigerer und Rechter. Ich habe mich verdammt schuldig gefühlt. Das war auch ein großes Thema für mich in der The-rapie. Dort habe ich versucht diese Geschichte mit Tom zu klären. Es hat aber Jahre gedauert und noch heute bin ich nicht fertig damit.

Das hat auch sicher viel mit der Wende zu tun, es war ja nicht nur politisch eine völlig entfesselte Zeit, auch privat hat sich bei mir alles verändert. Wir waren praktisch bis zur Wende eine ganz stinknormale, sozialistische Familie: Vater, Mutter und drei Kinder – ohne große Vor-stellungen von Bürgerfreiheit, Mitbestimmungsrecht oder Demokratie. Mein Mann, der Vater meiner beiden jüngeren Kinder, aber auch der soziale Vater von Tom, war Offizier und offizieller Mitarbeiter der Staatssicherheit. Als ich ihn kennen lernte, war ich Studentin der Elektrotechnik und hatte ganz unbewusst diesen Wunsch in mir, eine gute Offiziersfrau zu sein. Ich bin ja auch sehr rot erzogen worden und alles was danach kam, nach der Wende sozusagen, das war für mich Neuland. So nach und nach habe ich eigentlich erst mitbekommen, was eigentlich Bürgerfreiheit bedeutet.

In dieser Zeit voller Umbrüche habe ich auch die Entscheidung getroffen, mich von meinem Mann zu trennen. Ich lernte plötzlich soviel Neues kennen, Dinge von denen man in der DDR noch nie etwas gehört hatte. Ich war neugierig, offen, voller Elan und wollte die Welt mit verändern. Das ging ja vielen Menschen so. Durch die Wende war plötzlich alles in Bewegung. Jeder entdeckte etwas Neues: Die einen wollten sich gesund ernähren, die anderen wollten frauenbewegt sein, die nächsten reformpädagogisch. Ich erinnere mich noch gut, dass in dieser Zeit ganz viele Menschen in meinem Wohnzimmer saßen und wir nächtelang diskutierten, ich wusste gar nicht, wo die alle herkamen. Ja, das war eine wilde Zeit damals. Plötzlich schien alles möglich!

Ich verschlang ein Buch nach dem anderen über Reformpädagogik und wollte unbedingt eine freie Schule gründen. Das hatte sicherlich auch mit Tom und seiner Schulverweigerung zu tun. Das war auch schon vor der Wende so, dass er mit dieser Institution Schule nichts anfangen kann. Das war mein Gespür dafür, aber vor der Wende habe ich mir keinen Kopf darum gemacht, ich war so in meinem Trott drin. Jeder musste zur Schule gehen, basta. Er selbst hat sich auch in dem Alter noch nicht getraut, zu schwänzen, aber er hatte schon immer diese Einstellung: Was soll ich eigentlich hier?

Ich erinnere mich noch gut, dass ich ihn später in den Gesprächen mit dem Direktor immer wieder verteidigt habe. Es ging mir dabei um das Abhängigkeitsverhältnis zwischen Lehrer und Schüler. Das ist ja per se eine ungerechte Machtkonstellation und ich habe nur meinen Sohn verteidigt. Da war ich auch völlig blind. Ich habe gar keinen Blick dafür gehabt, dass er sich schon ein bisschen danebenbenimmt oder vielleicht auch ganz heftig. Ich habe aber immer nur darauf gedrängt, dass das pädagogische Personal auch seine eigene Position hinterfragt.

Durch meine Blindheit und Naivität konnte sich vielleicht bei ihm auch nicht der Blick dafür entwickeln, dass er in der Schule Grenzen überschritten hat, die nicht überschritten werden sollten. Mein Enthusiasmus für die Reformpädagogik war ja ganz frisch und meine Haltung dazu noch sehr unausgegoren. Wie das eben so ist, wenn man etwas ganz Neues kennen lernt. Genau das war aber das Gefährliche: Ich wollte meine Kinder frei erziehen, war der Meinung, Kinder haben einen natürlichen Instinkt für Grenzen und Erwachsene sollten da nicht regulieren. Das war natürlich Gift, das kannst du nicht machen. Vorher hatten meine Kinder ganz normale Grenzen und plötzlich durften sie alles. Nach wie vor mache ich mir in dieser Beziehung große Vorwürfe, ich habe einfach kein normales Maß gefunden. Das war natürlich verheerend für alle drei.

In dieser Zeit habe ich vieles auch nicht an mich herangelassen. Sicher, ich war oft mit Tom bei der Jugendgerichtshilfe. Ich habe mir aber gar nichts weiter dabei gedacht, das war schon fast normal. Erst als die Anzeige wegen dieser Hakenkreuze kam, hatte ich Angst. Das war ein enormer Druck, ich dachte immer: Oh Gott, jetzt muss er ins Gefängnis. Ich wusste, wenn das passiert, ist es aus. Denn mir war klar, aus dem Knast kommt man schlimmer raus, als man reingeht. Glücklicherweise hat Tom aber damals nur Arbeitsstunden bekommen. Das war eine große Erleichterung für mich.

Als er dann offen anfing, rechts zu werden, habe ich das wieder nicht richtig eingeordnet. Damals war er 14, noch ein halbes Kind, aber eindeutig als Nazi erkennbar: Klamotten und Haarschnitt, alles perfekt.

Natürlich war ich damals mit der ganzen Situation überfordert. Drei Kinder allein großziehen, eine freie Schule gründen und jeden Tag die Überraschungen der Wendezeit, das war eindeutig zu viel. Ich war sehr mit mir selbst beschäftigt. Auch die Trennung von meinem Mann musste ich erst verarbeiten. Gut, es war meine Entscheidung, aber es fiel mir trotz allem schwer: Mein Leben war plötzlich so extrem anders. Damals habe ich auch mit einer Therapie angefangen. Ich wollte Schritt für Schritt Klarheit bekommen.

Wir sind dann in eine neue Wohnung gezogen, die war riesig: 160 qm in einem unsanierten Haus. Schon allein Toms Zimmer war 30 qm groß. Er hatte damals einen großen Freundeskreis und deshalb war es bei uns immer so ein bisschen wie im Jugendklub. Seine Freunde waren natürlich auch alle rechts. Ich habe das aber nie als rechtsextremen Szenetreff gesehen, für mich waren das die Freunde meines Sohnes. Ich glaube, ich habe da sehr viel verdrängt.

Als sie sich in der Wohnung getroffen haben, bin ich schon ab und an mal in das Zimmer gegangen, aber ich konnte mit ihnen nichts anfangen. Das hat auch etwas mit dieser Kultur zu tun, die mich eigentlich schon immer ganz schön erschüttert hat – auch jenseits der Ideologie: Bier saufen bis zum Umfallen und dazu rauchen – dieses Prollige eben. Obwohl Tom das immer abgelehnt hat, war er voll mit dabei. Er hat genauso mitgesoffen und geraucht. Eigentlich war es grausig. Aber ich war auch froh, dass sie dort einen Treff hatten. Das war für mich einfach ein Ort, wo sich junge Leute treffen konnten und ich wollte sie für mich auch nicht so radikal aburteilen. Andererseits hat mich ihre Kultur völlig abgestoßen. Aber wenn ich so in ihre Augen geschaut habe, dann dachte ich immer: Oh mein Gott, das sind alles kleine sehnsüchtige Jungen. In diesen Gesichtern steckte ja auch so viel Unsicherheit drin – und diese Unsicherheit wurde geschickt verborgen durch die Springerstiefel und die Bomberjacken, die ja auch so ein kräftiges Kreuz machen und dann die abrasierten Haare dazu. Das war so ein extremer Widerspruch.

Es war ganz schön schwierig für mich, eine Position dazu zu finden. Als ich begriffen hatte, dass ich jetzt eigentlich bestimmte Sachen verbieten müsste, war es einfach schon zu spät. Tom war ja mittlerweile 16. Das ist wirklich ein Problem, wenn man anfängt etwas zu verbieten, zu einer Zeit, wo ein Kind eigentlich sagen könnte: Dann gehe ich eben. Ich wollte die Jungs nicht rausschmeißen, weil ich wirklich Angst hatte, auch meinen eigenen Sohn mit zu verlieren.

Ich weiß auch nicht, es gab einfach bei mir nie das große Entsetzen, so von wegen: Hilfe, mein Kind ist rechtsradikal! Das hatte ich nie. Ich bin generell erst einmal sehr offen für andere Menschen und deren Ansichten. Für mich war und ist es immer bedeutsam zu spüren, was jemand eigentlich will. Ich möchte einfach ein Gefühl dafür bekommen, was sich hinter bestimmten Gedanken verbirgt. Ich habe mich weniger mit dieser Ideologie auseinander gesetzt, das war für mich nie das Hauptthema.

Wir hatten eigentlich immer ein sehr offenes Verhältnis und konnten uns immer sagen, was wir denken. Insofern habe ich seine Meinungen erst einmal akzeptiert. Ich habe ihn nicht abgeurteilt. Ich habe auch für mich gelernt, ihm meine eigene Position darzulegen. Am Anfang habe ich immer nur zugehört und versucht, zu verstehen, was sich dahinter verbirgt.

Im Laufe der Jahre habe ich aber gemerkt: Nein, so geht es nicht weiter, ich muss Position beziehen. Ich möchte ihn als Menschen nicht aburteilen und fallen lassen. Aber zu dem Thema an sich muss ich ihm deutlich sagen, wo meine Grenzen sind. Ich muss auch sagen können: Stopp, das ist einfach Mist. Ich erinnere mich daran, dass unsere Gespräche immer sehr offen waren. Wir haben uns nie gestritten, das war ein gegenseitiges Zuhören. Es war auch nie der Gedanke dahinter: Der eine will den anderen überzeugen. Er wollte verstanden werden, das ist klar und sicher. Er hätte sich gewünscht, dass ich das mittrage. Das ist ja logisch, aber es war nie so, dass es ein Kampf war.

Dieses platte, du bist rechts und ich bin links, das war schon von Anfang an eher nicht das Thema. Ich selbst würde mich auch nicht links einsortieren. Ich kann mit diesen Begriffen wenig anfangen. Er selbst wollte auch nie so ganz glatt rechts einsortiert werden. So nach dem Motto: Das sind die, die den Holocaust verleugnen und die alten Verhältnisse wieder haben wollen. Da hat sich ganz viel entwickelt, so, wie er sich auch entwickelt hat.

Er sagt von sich, er sei nicht rassistisch, aber er wünsche sich für die Deutschen ein gesundes Nationalbewusstsein. Das ist ja nun tatsächlich so, dass wir das zu DDR-Zeiten nicht gelernt haben. Ich selbst spüre da auch nichts. Bei ihm hat das irgendwann mal angefangen, dass er darüber nachgedacht hat. Und irgendwann hat er ein Gefühl dafür entwickelt, dass er stolz darauf ist, Deutscher zu sein. Ich kann damit nichts anfangen. Ich habe es auch nicht gelernt und manchmal stehe ich dann einfach mit einem großen Fragezeichen im Kopf da. Mir geht es nicht so. Ich habe dieses Bedürfnis nicht. Ich kann dieses Verlangen nach dem Stolz nicht nachvollziehen. Trotzdem habe ich durch ihn eine Ahnung bekommen, dass so etwas ja auch schön sein kann.

Er sagt, er möchte sich nicht als Deutscher schämen müssen und er will auch nicht, dass Deutschland seine Grenzen so verwischt, mit der

EU zum Beispiel. Er will trotzdem ein Gefühl dafür haben, dass er in Deutschland ist. Er möchte nicht, wenn die Grenzen jetzt so aufgehen, dass sich das so als ein Brei vermischt. Er sucht bei diesem Deutschsein auch seine Identität. Er kann mir aber nur sehr schwer erklären, was dieses Deutschsein für ihn bedeutet. Das frage ich ihn immer wieder: Was ist das für dich? Ist es dieses: Ordnung, Pünktlichkeit und Sauberkeit? Dann sagt er: Ja, das sei für ihn wichtig geworden, er möchte Strukturen haben. Ich denke, das hat auch ganz viel damit zu tun, dass ich damals alle Grenzen habe fallen lassen. Er braucht etwas Klares und Abgegrenztes. Er hat auch eine enorme Pünktlichkeit entwickelt. Da kriege ich schon immer einen Schreck. Wenn wir verabredet sind, kommt er regelmäßig fünf Minuten früher. Aber er meckert nicht mit mir, wenn ich später komme. Ich bin nämlich nicht so pünktlich.

Ich stelle mir dieses Verlangen nach deutscher Identität so vor, wie mein eigenes Ringen darum, mich als Frau wohl zu fühlen. Das hat ja nichts damit zu tun, dass ich mich besser als ein Mann fühle, aber trotzdem möchte ich ein Gefühl dafür haben, dass ich eine Frau bin. Vielleicht ist das bei ihm so ähnlich. Er möchte nicht nur ein Mann sein, sondern er möchte ein Deutscher sein. Keine Ahnung, was ihn da bewegt, das kann er auch selbst nur schwer erklären. Ich frage ihn immer wieder danach und er guckt mich dann an und sagt: »Mensch Mutti, das habe ich dir doch schon tausendmal erklärt!« Vielleicht kann ich es auch wirklich nicht erfassen, weil ich selbst das Bedürfnis nicht habe.

Ich denke mir, na ja, gut, wenn er stolz darauf ist ein Deutscher zu sein, dann ist das erst einmal in Ordnung für mich, auch wenn ich es nicht nachvollziehen kann. Ich schaue aber auch in diesem Moment danach, ob er sich anderen Nationen gegenüber aufwerten will. Das ist der Moment für mich, wo ich einhake: Pass auf, es mag sein, dass du stolz darauf bist ein Deutscher zu sein, aber deswegen bist du keineswegs ein besserer Mensch – nicht besser als ein Negermensch oder ein Franzose oder sonst wer.

Früher hat er eindeutig behauptet, die deutsche Rasse sei die beste und allen anderen überlegen. Mittlerweile ist das für ihn nicht mehr der Punkt. Er sagt es zwar noch nicht so explizit, aber er verhält sich anders. Früher hat er sich auch geweigert, bei Ausländern einzukaufen, heute geht er da hin und kauft dort ein. Er hat auch mit ausländischen Leuten persönlichen Kontakt. Er sagt nun nicht mehr so deutlich, dass ihn Ausländer in Deutschland stören. Ich habe das Gefühl, dass es für ihn selbst nicht mehr so wichtig ist. Es ist ganz schwer zu sagen, wie sich das konkret äußert, eigentlich eher indirekt, ich habe erlebt, wie er sich entwickelt hat.

Mit der Gewalt war es ähnlich. Früher hat er Gewalt eindeutig befürwortet. Er meinte, sie wäre ein legitimes Mittel, um Ansprüche durchzusetzen. Er hat mir mal von einer Situation in der Straßenbahn erzählt, seine Kumpels haben jemanden zusammengeschlagen und er hat nicht eingegriffen. Angeblich habe er selbst nie Ausländer zusammengeschlagen, das hat er mir zumindest gesagt. Ich muss aber ehrlich sagen, an manchen Stellen bin ich mir sehr unsicher, ob er mir wirklich alles gesagt hat, ob er immer ehrlich war. Mich würde es nicht wundern, dass er in dieser Zeit, wo er so besonders abweisend und aggressiv drauf war, mitgemacht hat.

Die letzten beiden Jahre, als er noch zu Hause wohnte, hatten wir auch auf anderen Ebenen heftige Auseinandersetzungen: Das war einfach die Pubertät, auch ein Stück Ablösung von mir. Wir hatten richtig schlimme Machtkämpfe miteinander. Als er ausgezogen war, hat er erst einmal gesagt: Jetzt ist Schluss, ich will die Alte nicht mehr sehen!

Ich habe ihn damals mit all seiner ganz heftigen Wut erlebt und deshalb glaube ich, es gibt durchaus Momente, wo ihn jemand dazu bringen kann, dass er Gewalt anwendet. Wo er auch zuschlägt. Aber das ist weniger ein ideologisches Ding, sondern mehr die Frage, wie weit man an seine Reizschwelle kommt.

Kürzlich hat er mir sogar erzählt, dass er auch mal selbst zusammengeschlagen wurde. Das war ganz neu für mich. Ich weiß momentan nicht, von wem, das hat er mir nicht erzählt. Ich weiß also nicht, ob das nun Linke waren oder ein Racheakt seiner eigenen Leute.

Ich weiß viele Dinge nicht, ich denke, die werde ich so im Laufe der nächsten Zeit erfahren. Im Moment ist das Vertrauen sehr groß und er erzählt mir Stück für Stück Dinge, die schon weiter zurückliegen. Dinge aus dieser Zeit damals.

Er hat eine hohe Affinität zu Uniformen und Waffen. Die teilt er mit seinem Vater, der war ja schließlich Offizier. Er hat sich auch selbst dafür entschieden, zum Bund zu gehen. Er wollte wissen, ob er das gut durchsteht. Auch bei diesen Sandspielen hat er immer mal wieder mitgemacht. Das hört man ja ab und zu, dass die in die Heide ziehen und dort irgendwelche Kriegsspiele machen. So richtig habe ich das immer noch nicht durchschaut. Das vermischt sich so mit diesen alten germanischen Kampfspielen und dazu dann dieses rechte Gedankengut.

Ich habe in der Zeitung gelesen, dass die so genannten Rechten Völkerschlachten inszenieren. Tom hat das wohl in einem kleineren Rahmen mitgemacht. Er erzählte mir eines Tages: Wir waren wieder in der Sandgrube und haben unsere Spiele gemacht. Er hat es mir so ein bisschen beschrieben und ich dachte immer: Um Gottes willen, was ist denn hier los? Das ist auch so eine unheimliche Allianz von Kinderspielen und ernsthaften militärischen Übungen. Das hat so viel Ernst durch diesen ideologischen Hintergrund. Einerseits spielen sie das mit Stöcken, andererseits mit imitierten Pistolen. Ich glaube, er hatte schon das Bedürfnis, mir das zu erzählen. Das hat er ja auch gemacht, aber instinktiv hat er wahrscheinlich genau an der Stelle stopp gemacht, an der es irgendwie kritisch wurde. Deshalb weiß ich wahrscheinlich nur die halbe Wahrheit. Ich glaube, da hat er auch ein sehr gutes Gespür dafür, an welcher Stelle ich ausrasten oder zumindest deutliche Grenzen setzen würde. Ich hatte schon das Gefühl, dass er mir diese Spiele als etwas Harmloses verkaufen wollte, harmloser, als sie eigentlich waren. Das hat sich eigentlich erst in der Zeit geändert, als mir bewusster wurde, was da eigentlich passiert. Ich habe dann natürlich auch genauer nachgefragt und da kam deutlich: »Das will ich dir nicht sagen!« Das war für mich aber allemal besser als dieses Wischiwaschi vorher.

Wenn er zu den NPD-Demos geht, sagt er mir das. Er geht regelmäßig zu den NPD-Demos. Das bietet immer wieder neuen Diskussionsstoff. Natürlich gehe ich da auch hin und gucke mir es an, weil ich wissen will: Wo ist mein Sohn? Ich demonstriere da nicht mit, das ist ja klar, aber ich gehe zu fast jeder Demonstration, wenn ich weiß, dass er da ist. Ich möchte einfach ein Gefühl dafür kriegen, was das ist, wo er mitrennt. Wenn wir darüber diskutieren, sagt er, er wolle nichts mit Parteien zu tun haben, er sähe auch nicht das Programm der NPD als sein Programm, aber er sieht dort eine Möglichkeit in irgendeiner Weise öffentlich auftreten zu dürfen – mit seinen Gedanken.

Ich sage dann zu ihm: »Du lässt dich missbrauchen von der NPD! Wenn du das wirklich nicht mitträgst, was da propagiert wird, dann kannst du auch dort nicht mitgehen.« Ich konfrontiere ihn mit den Dingen, die ich dort erlebe. Wenn ich diese Texte höre, von diesen Liedermachern oder Rednern und wenn ich die Losungen sehe, dann sage ich ihm ganz deutlich: »Wenn du dort mitgehst, dann demonstrierst du auch dafür, dass der Holocaust geleugnet wird, dann demonstrierst du dafür, dass es richtig war, dass die Juden verbrannt wurden.« Na ja, dann windet er sich ganz schön. Aber er denkt auch viel darüber nach. Das wurmt ihn irgendwie.

Er sagt, er fühle sich im wahrsten Sinne des Wortes nationalsozialistisch. Das ist sein Thema. Wenn man die beiden Worte auseinander nimmt, kann man ja auch erst einmal nichts dagegen sagen. National ist nichts Schlimmes, wenn es im gesunden Maße bleibt und nicht menschenverachtend wird – und sozialistisch ist, wenn es nicht so gemacht wird, wie damals, auch nicht verwerflich. Er nimmt dieses Wort auseinander, zerlegt es in seine Einzelteile. Das ist Seins und das ist das, wo er sagt, das will er!

Mittlerweile würde er auch nicht mehr generell behaupten: »Ausländer raus!« – Touristen dürfen hier sein, das ist keine Frage für ihn. Aber andererseits wünscht er sich, dass nicht immer so platt gesagt wird: »Alle Ausländer rein, wir sind ein offenes Land.« Bei der Arbeitsverteilung sollen in Deutschland die Deutschen an erster Stelle stehen. Ich merke schon, das ist ein etwas komisches Ding, dieses »Arbeit zuerst für Deutsche«, aber manchmal frage ich mich auch. Da wird eine totale Offenheit propagiert, für alle, die reinkommen und die Frage ist, ob wir das überhaupt in diesem Maße verkraften. Er wünscht sich, dass diese Frage öfter in den Vordergrund gestellt wird.

Ich habe ja selbst meine Fragen an diese Gesellschaft. Zum Beispiel: Wie offen sind wir? Wie viele ausländische Bürger und Bürgerinnen können zu uns reinkommen? Ich selbst habe noch nicht das Gefühl, es ist zu viel. Ich habe aber auch keine Berührungspunkte damit. Mich stören sie nicht. Ich kann mir aber vorstellen, dass es an irgendeiner Stelle ein Problem wird. Ich versuche, das für mich zu vergleichen, mit einer ganz persönlichen Situation. Ich habe eine Wohnung, hier ist ein Zimmer frei, hier können gern Gäste kommen. Dieses Zimmer ist für sie. Aber ich kann keine 20 Personen in dieser Wohnung aufnehmen. Andererseits muss ich ehrlich zugeben, dass mir das Wissen darüber fehlt, wie hoch der Anteil der Ausländer eigentlich in Deutschland ist und ob es irgendwo Bereiche gibt, wo die Tschechen und die Polen die Arbeit kriegen und die Deutschen nicht, weil sie eben für viel weniger Geld arbeiten. An solchen Stellen ist es für mich wirklich problematisch. Ich hatte aber bisher keine Idee für Lösungen, weil das ja immer irgendwelche Hintergründe hat. Kleine Betriebe wiederum können nur überleben, wenn sie Ausländer beschäftigen, sonst würden sie eingehen. Das ist alles so widersprüchlich, ich sehe auch, das Wirtschaftssystem, das dahinter steht, lässt vielen einfach keine Chance. Trotzdem ist es so, dass Deutsche arbeitslos bleiben. Dann muss ich einfach sagen, das ist für mich kein dummes Gerede, wenn gesagt wird, die Arbeitsplätze sollen vor allem für Deutsche freigehalten werden. »Arbeit zuerst für Deutsche«, natürlich klingt das platt, aber wenn du dir die Sachen genauer anschaust, dann ist es schwierig, Lösungen zu finden. Es kann doch nicht die Lösung sein, die ausländischen Arbeitskräfte hierher zu holen und die Deutschen bleiben arbeitslos. Aber mir fehlt einfach der Gesamtüberblick.

Tom sagt auch, dass die Dönerbuden langsam die Bockwurststände verdrängen. Das klingt erst einmal ganz komisch, aber es ist für ihn sehr wichtig. Er sagt, er sähe hier kaum noch einen Deutschen, der einen Imbissstand betreibt. Natürlich diskutieren wir sehr viel darüber und ich sage ihm immer: Das liegt aber auch an den Käufern und Käuferinnen. Die entscheiden doch, was gegessen wird. Wenn du deine Bockwurstbude hinstellst und keiner kauft Bockwurst, dann kann das zehnmal eine deutsche Bockwurstbude sein, dieser Imbiss wird eingehen.

Damit habe ich nun kein Problem, aber generell stellt sich auch für mich die Frage der Kultur. Sobald ausländische Menschen hier hereinkommen, kommt auch die Kultur mit rein. Da gibt es ja immer wieder Probleme, gerade mit den islamischen Menschen. Zum Beispiel meine Tochter – sie ist in Deutschland groß geworden und dann kommen die türkischen Macker an und machen sie in einer Weise an, die sie einfach anwidert. Was soll ich ihr denn dann sagen? Soll ich sagen, du musst immer nett sein zu allen Ausländern?

Wie kriegt man das hin, dass sie hier sein dürfen, aber trotzdem die deutsche Kultur respektieren? Wie weit dürfen sie sich ausbreiten? Wo sind unsere Grenzen als Deutsche?

Ich kann verstehen, dass meine Tochter stinksauer ist, wenn sie so angemacht wird – zum Beispiel von Türken. Das ist ja jetzt nur als Symbol gemeint, für Männer, die aus einer anderen Kultur kommen, die das einfach so gewöhnt sind. Trotzdem hat meine Tochter ein Recht, zu sagen: Verpiss dich hier! Dann wird sie aber sofort als ausländerfeindlich angemacht, einfach, weil sie einem ausländischen Bürger ihre Grenzen setzt.

Diese Gespräche mit Tom sind oft sehr mühsam. Aber ich glaube, seine Position ist jetzt weniger radikal. Das hängt bestimmt auch damit zusammen, dass er in den letzten drei Jahren seine ganzen Schulabschlüsse nachgeholt hat. Er war an der Abendschule. Ich habe ihn ja vorher auch an sich selbst sehr unsicher erlebt und an dieser Stelle habe ich eine enorme Entwicklung gesehen. Er hat jetzt mit 26 gerade seinen Realschulabschluss gemacht. Vorher hatte er ja gar keinen Abschluss. Jetzt will er auch noch das Abitur machen. Das war vor drei Jahren für ihn überhaupt noch kein Thema. Als ich zu ihm gesagt habe, du hast die Intelligenz, das Abitur zu machen, hat er erwidert: »Ich bin froh, wenn ich die achte Klasse schaffe.« Im September fängt er nun mit dem Abitur an. Dieser Schulabschluss bringt für ihn auch eine ganz andere Sicherheit. Sie basiert nicht mehr nur auf Äußerlichkeiten, wie Uniform und Ideologie. Das kommt wirklich von Innen, das spüre ich ganz stark. Irgendwie habe ich das Gefühl, dass es damit auch zusammenhängt, dass er jetzt nicht mehr besser sein muss, als Deutscher.

Durch diese Abendschule hat er sogar Kontakt mit Leuten aus der linken Szene. Vielleicht kriegt er dadurch mit, dass auch die Ausländer oder die Linken ganz normale und brauchbare Menschen sind. Da ist jetzt vielmehr Offenheit bei ihm da. Und auch ein ganz anderer Stolz. Sowohl, dass er es geschafft hat, als auch, dass er es als Klassenbester geschafft hat.

Tom war ja früher in der Schule auch nicht dumm, im Gegenteil. Er fing in der vierten oder fünften Klasse schon an, Lexika zu lesen. Allerdings fing er in fünften Klasse auch mit dem Schwänzen an. Er war damals schon ein extrem auffälliges Kind und hat oft in der Schule gestört. Seine Lehrerin hat mir später mal erzählt, sie fände es sehr schade, dass Tom so oft fehle. Denn wenn er da ist und im Unterricht mitarbeite, wäre das jedes Mal eine enorme Bereicherung, weil er gute Fragen stelle und viel Hintergrundwissen habe. Aber leider war er nicht sehr oft da.

In der Zeit vor der Abendschule hat er beim Kolpingwerk eine Ausbildung als Garten- und Landschaftsbauer gekriegt. Damit hat er aber eigentlich nur angefangen, weil ihn ganz viele gedrängt und ihm zu verstehen gegeben haben, er soll doch froh sein, dass er überhaupt etwas kriegt. Das Kolpingwerk ist ja eigentlich für Leute mit Lernschwierigkeiten. Das war ja von seinen geistigen Potenzen her überhaupt nicht sein Niveau. Aber er hat dort angefangen, einfach auch, damit er finanziell versorgt war. Er wusste, wenn er die Ausbildung macht, bekommt er drei Jahre regelmäßig Geld. Er hat sich aber in dieser Zeit ganz oft krank schreiben lassen. Damals hatte er überhaupt keine Verantwortung für sein eigenes Leben. Am Ende schaffte er die letzte Prüfung nicht. Ein Jahr später hat er sie wiederholt und wieder nicht geschafft. Danach hat er sich gegen den Abschluss entschieden.

Nun erlebe ich ihn ganz anders. Dieser Schulabschluss war ein wichtiger Meilenstein in seinem Leben. Er hat jetzt zum Beispiel gerade vier Wochen Ferien und er ist einfach losgefahren, hat sich vorgenommen, vier Wochen unterwegs zu sein. Mit Zug und per Anhalter, einfach so, ohne vorher zu wissen, wo er schläft. Er will bis nach Italien runter. Ich denke immer, wenn er auf solche Sachen noch offen reagieren kann und sich auch auf Abenteuer einlässt und ins Ausland fährt, dann besteht vielleicht noch eine Chance, dass er an dieser ideologischen Stelle auch offener wird und sich nicht so verbeißt.

Er ist oft unterwegs, aber immer mit seinen Leuten, bis in die Ukraine ist er schon gereist. Aber da ist wieder diese Mischung. Einerseits fährt er in die Ukraine, um die Nationalsozialisten dort zu treffen, also die menschlichen Kontakte im Ausland sind immer die gleiche Szene. Und andererseits hat er aber doch ganz viel Interesse an den Menschen und Orten dort, auch außerhalb der Szene. Das ist komisch, es ist beides da. Das ist meine Hoffnung, dass er nicht nur dort Interesse hat, sondern auch andere Dinge sieht und anderen Menschen begegnet. Vielleicht einer Frau, mit der er einmal eine Familie gründet. Bisher waren seine engen Liebesbeziehungen immer innerhalb des rechten Umfeldes. Da teilen die Frauen diese Auffassungen ja mehr oder weniger.

Ich wünsche mir einfach, dass er es nicht mehr braucht, sich an solchen ideologischen Dingen festzuhalten. Er hätte damals wahrscheinlich genauso gut in eine linksextreme Gruppe geraten können. Er hat wirklich einen Halt gebraucht: Familie kaputt, Mutter setzt keine Grenzen mehr, kein Schulabschluss. Ihm fehlte einfach ein stabiles Gerüst.

Er hat zwei Seiten in sich: Einerseits dieses ganz Nachdenkliche, dieses differenzierte Nachdenken und immer wieder neu sich anregen lassen. Aber andererseits gibt es dieses extrem Festgefahrene, fast möchte man sagen, Sture. Das liegt bei ihm ganz dicht nebeneinander. Wo dort Veränderungen möglich sind, weiß ich nicht. Ich muss gestehen, ich hatte auch nicht damit gerechnet, dass er sich durch diese Schulerfahrung in den letzten drei Jahren so öffnet. Das kam schon überraschend.

Er hat auch eine sehr soziale Ader, dieser Bereich ist ihm sehr wichtig. Wenn zum Beispiel die Rechten ihre Familienfeste machen, dann regt sich Tom auf und sagt: Wieso stempelt ihr uns ab als unsozial? Wir haben soziale Ziele. Das Schwierige ist, ein Gespür dafür zu kriegen: Wo benutzen sie es nur und wo meinen sie es ehrlich? Ich kann meinem Sohn nicht unterstellen, dass er es nur benutzt. Ich habe ein Gespür für ihn als Menschen, und ich weiß, dass er soziale Themen sehr wichtig findet. Was willst du da machen?

Dann höre ich meinen Sohn sagen: Wie anmaßend seid ihr eigentlich? Wir finden soziale Probleme genauso wichtig. Wieso behauptet ihr, das wäre Rattenfängerei?

Einerseits sage ich, du hast recht, andererseits sage ich mir, ich habe Angst. Ich habe Angst, wenn die NPD immer stärker wird, dann haben wir die Gefahr, dass sich solche Zustände wie im Dritten Reich langsam entwickeln. Das kann ich ihm mittlerweile auch sagen, ich habe Angst davor. Damit kann er viel mehr anfangen, als wenn ich rein ideologisch mit ihm diskutiere. Er beschwichtigt dann und meint: Ja, das könne er verstehen, aber so sei es nicht gemeint. Er will nicht, dass solche Zustände wieder aufkommen. Aber er kann meine Angst verstehen und das ist für mich viel wert.

Ich finde, da machen es sich bestimmte Leute zu einfach, die da sagen, die NPD benutzt alles für sich. Das ist zu simpel.

Bei uns waren immer das Ideologische und das Menschliche sehr dicht beieinander. Wir haben nie den Kontakt verloren und Tom hat auch immer sehr darauf vertraut, dass ich ihn als Mensch nicht fallen lasse. Das hat er mir auch einmal gesagt. So nach dem Motto: »Mutti, ich weiß genau, selbst wenn ich ein Mörder werde, du wirst als Mensch immer zu mir halten. Du würdest auch zu mir ins Gefängnis kommen.« Da hat er auch Recht. Ich habe das durch ihn gelernt, diese beiden Sachen auch voneinander zu trennen. Er weiß genau, dass ich einen Mord verurteilen würde, dass er aber trotzdem mein Sohn bleibt.

Das hängt sicherlich auch mit meiner eigenen Geschichte zusammen. Ich habe es selbst erlebt, dass aus ideologischen Gründen Familienverbindungen unterbrochen wurden. Meine Mutter ist als Kind kirchlich erzogen worden. Als sie meinen Vater kennenlernte, wurde sie Kommunistin. Sie hat aber noch einen Bruder und eine Schwester. Ihr Bruder ist vor '61 in den Westen gegangen, weil er dieses System nicht mittragen konnte und seitdem hat dieser Bruder nicht mehr existiert. Ich habe erst mit 14 erfahren, dass ich noch einen Onkel habe – und das noch nicht einmal von meiner Mutter, sondern von meiner Tante. Also ihrer Schwester, die in der kirchlichen Richtung geblieben ist. Solche Sachen haben mich sehr entsetzt.

Bei meiner Schwester war es genauso. Mein Schwager hat offiziell bei der Staatssicherheit gearbeitet, in der Auslandsspionageabwehr. Beide waren in der Partei. Ihr großer Sohn hat dann versucht, über Ungarn abzuhauen. Meine Schwester und mein Schwager haben ihn nie im Gefängnis besucht. Das sind solche Sachen, die verstehe ich bis heute nicht. Ich finde es schrecklich, wenn aus ideologischen Gründen heraus menschliche Beziehungen gekappt werden.

Insofern bin ich innerhalb dieser Familie auch schon immer ein bisschen herausgefallen. Ich konnte mit dieser Ideologie nie etwas anfangen, auch schon zu DDR-Zeiten nicht. Ich war keine Bürgerrechtlerin, mir war das alles nur irgendwie suspekt. Ich wollte einfach nur ehrlich sein. Ich habe auch immer gesagt: Was soll ich in der *Deutsch-Sowjetischen-Freundschaft*? Ich kann doch auch so mit russischen Menschen Freundschaften halten, dazu muss ich ja nicht in so einen Verein gehen.

Ich bin auch nie in die Partei eingetreten. Das hatte aber eher etwas mit einer menschlichen Seite zu tun. Ich war nie eine Systemkritikerin. Natürlich bin ich auch von meinen Eltern mit einer rosaroten Brille erzogen worden. Ich habe erst einmal alles geglaubt. Meine Eltern haben gesagt, der böse Westen lässt uns ausbluten und alle Fachkräfte wandern ab. Also müssen wir die Mauer bauen, um uns zu schützen. Das war für mich immer logisch. Aber was da eigentlich für ein unmenschliches System dahinter stand, das habe ich erst viel später entdeckt. Ich lebte einfach in dieser rosaroten Wattewelt. Ich habe das erst durch die Wende kapiert und erfahren, was da dahinter steckt. Und trotzdem konnte ich mit dieser ganzen Parteischiene nie etwas anfangen.

Und als ich damals Schichtleiterin war und sie mir sagten, ich solle mal etwas mehr aufschreiben, als tatsächlich an diesem Tag produziert wurde, da habe ich gesagt: »Nein, das mache ich nicht.« Das war etwas ganz Naives und Ehrliches und trotzdem habe ich damit dieses Lügensystem radikal infrage gestellt. Völlig unbewusst.

Deshalb habe ich vielleicht mit dieser Einsortierung von rechts und links immer wieder meine Probleme, weil ich spüren muss, was dahinter steckt. Rechtsextrem – ich kann noch nicht einmal sagen, ob ich meinen Sohn als rechtsextrem einsortieren würde. Das ist einfach schwer zu fassen. Ich glaube, Tom hat eine ganze Menge von mir übernommen, indem er genauer hinguckt und auch differenzierter guckt. Deshalb driftet er auch nicht in diese platte Richtung ab, wie zum Beispiel: Komm wir gehen jetzt Ausländer abschlachten. Er hat einen wesentlich differenzierteren Blick. Trotzdem gibt es auch Grenzen, wo ich sagen muss, das kann ich nicht mittragen.

Ich erinnere mich noch deutlich an eine Situation, in der ich einfach hoffnungslos überfordert war. Die Jugendweihe meines kleinen Sohnes. Das war keine offizielle Jugendweihe, sondern ein persönlich organisiertes Fest von mehreren Jugendlichen und ihren Familien. Wir haben auf einem großen Hof gefeiert, wo ein paar von den Jugendlichen wohnten. Einer der Väter, der auch auf dem Hof wohnte, arbeitet in einem Projekt, das sich stark in der Arbeit gegen Rechtsextremismus engagiert.

Maik hat natürlich seinen großen Bruder Tom eingeladen und er ist auch gekommen. Das war für uns selbstverständlich. Als dieser Mann aus dem Projekt aber erfahren hat, in welchen Kreisen Tom verkehrt, hat er gesagt, wenn er das früher gewusst hätte, hätte er Tom vom Hof geschmissen. Ich war völlig entsetzt, als ich das hörte. Das war für mich das erste Mal, dass ich in einer Situation war, wo ich dachte: Was hättest du gemacht, wenn das wirklich passiert wäre? Dann wäre ich mit meiner Familie gegangen. Das wäre für uns kein Thema gewesen, dass einer von unserer Familie rausgeschmissen wird.

Das war einfach auch ein Moment, wo ich persönlich sehr betroffen war und auch tief verletzt. Meine Freundin hat mir natürlich versucht zu erklären, es sei doch selbstverständlich, dieser Mann arbeite in diesem Bereich, der sich entschieden gegen Rechtsextremismus engagiert und dann kommt ein Rechtsextremer auf seinem Hof, um zu feiern. Natürlich kann ich das aus ihrer Position heraus verstehen. Trotzdem habe ich gemerkt, da habe ich einfach als Muttertier reagiert. So nach dem Motto: Mein Kind soll irgendwo rausgeschmissen werden? Nein!

Das hat mich ganz tief getroffen, mein Herz hat es getroffen. Das war aber auf dieser Mutterebene, wo ich ganz instinktiv reagiert habe, wo ich das erste Mal eigentlich begriffen habe, wie viel dort eigentlich dranhängen kann. Natürlich verstehe ich die Position, wenn dieser Mann sagt, mit Rechtsextremen will ich nichts zu tun haben. Aber andererseits sage ich mir, man muss mit ihnen auch reden. Man kann ja nicht einfach aussortieren und so tun als wären sie nicht da. Im Grunde genommen ist mein Sohn abgewertet worden und ich dazu als Mutter.

Für mich bedeutet es immer ein Stück Hoffnung, wenn Tom seine Position ein wenig modifiziert hat. Natürlich finde ich es nicht toll, wenn er Gewalt eindeutig befürwortet. Das war immer das Thema, welches mich am meisten interessiert hat. Nicht so sehr, ob die Deutschen ein gesundes Nationalbewusstsein haben oder nicht. Für mich waren immer die menschlichen Themen wichtig: Was bedeutet es, Ausländer zu hassen? Das ist für mich eine Abwertung von anderen Menschen, von anderen Leben. So etwas kann ich nicht tolerieren. Da hat es mich auch nicht mehr interessiert, warum er so ist. Da konnte ich einfach nur noch formulieren, dass ich so etwas nicht mittragen kann.

Mit der Gewalt war es ähnlich. Da habe ich immer gesagt: Auch wenn du eine andere Meinung hast und andere Leute bescheuert findest, für Gewalt gibt es für mich keine Entschuldigung und auch keine Berechtigung. Das habe ich auch immer wieder angesprochen. Und jeder Moment, in dem er sich von dieser Befürwortung der Gewalt wegbewegt hat, war für mich wie eine Art Rettungsring. Das ist die schlimmste Vorstellung, die man als Mutter haben kann, dass das eigene Kind gewalttätig ist, anderen Menschen gegenüber.

Seine jetzige Position ist, dass er sagt, er greife niemanden an. Aber wenn er angegriffen wird, dann wehre er sich. Notfalls auch mit Gewalt. Er ist noch nicht so weit, dass er aus dieser Situation rausgehen würde oder gar versucht, Gewalt zu verhindern. Ich hoffe, da ändert sich noch etwas. Andere Dinge werden sich wohl nicht mehr ändern. Man sagt ja auch, je älter sie werden, desto mehr verfestigt sich diese Ideologie.

Tom wehrt sich heftig dagegen, dass die rechte Szene in der Öffentlichkeit immer automatisch mit Gewaltbereitschaft verknüpft wird. Das sei ein Klischee. Er kennt natürlich seine Leute innerhalb der Gruppen und sagt, da gäbe es welche, die tatsächlich gewaltbereit seien. Das wären aber die, mit denen er nichts zu tun haben wolle. Die Mehrheit wäre eindeutig nicht gewaltbereit. Das sind Leute, die sagen: Ich möchte einfach, dass es respektiert wird, wenn ich diese Meinung habe. Solche Leute würden sich allerdings nie prügeln oder niemanden überfallen, bloß weil er schwarzhäutig ist. Das ist ein ganz neuralgischer Punkt und er betont immer wieder, dass er nicht in diese Schublade gesteckt werden will: Rechts gleich gewaltbereit.

Seine Geschwister sind politisch ganz anders. Meine Tochter war eine ganze Weile lang sehr unpolitisch. Es hat sich jetzt aber so entwickelt, dass sie auf einer Demo auf der linken Seite läuft, am allerliebsten aber bei der bürgerbewegten Fraktion, die ja nun auch nicht ganz linksradikal einzuordnen ist. Für sie ist auch weniger die Ideologie wichtig, sondern das Menschliche. Früher hat sie sehr darunter gelitten, wenn ihr großer Bruder als Rechter beschimpft wurde. Sie hat ihn immer verteidigt. Das war etwas ganz Komisches, Zwiespältiges bei ihr: Sie hat ihn zwar verteidigt, hat aber diese rechte Ideologie nicht mitgetragen. Sie konnte das damals überhaupt nicht trennen. Sie war auf alle wütend, die ihn kritisiert oder auch beschimpft haben. Sie hat einfach dieses Menschenverachtende seiner Position nicht gesehen, wollte es wahrscheinlich nicht sehen. Sie war eher auf dieser Schiene: Mein armer Bruder. Sie liebt ihn sehr, auch heute noch.

Und der Kleine ist ja nun 19. Er hat mehr in der linken Szene zu tun. Tom und Maik haben sich schon ein paar Mal gefragt: Wie wird das wohl sein, wenn wir uns auf einer Demo mal treffen? Maik ist bei den Linken und Tom bei den Rechten. Das ist ganz seltsam. Die beiden haben sehr wenig Kontakt miteinander, aber sie mögen sich trotzdem. Manchmal versuchen sie auch, darüber zu reden, da bin ich aber nicht dabei. Da sind sie immer in Maiks Zimmer gegangen, als er noch bei mir wohnte. Aber das ist schon komisch, auch für mich, als Mutter.

»Bei der Revolution im alten Frankreich
Erfand man diesen Blödsinn alle Menschen wären gleich
Jetzt predigen sie schon die Mischung der Rassen
Nigger ficken weiße Frauen, das könnte euch so passen
Niemals, niemals niemals sage ich
Denn der KuKluxKlan besteht ewiglich
Niemals, niemals niemals sage ich
Denn der KuKluxKlan besteht ewiglich (...)
Irgendwer wollte den Niggern erzählen
Sie hätten hier das freie Recht zu wählen
Recht zu wählen ham sie ja auch
Strick um den Hals oder Kugel in den Bauch!«

Aus dem Lied »Niemals« der Band »Landser« (Quelle: Informations- und Dokumentationszentrum für Antirassismusarbeit in Nordrhein-Westfalen)

An unserer Hauswand
stand ganz groß: »NAZISCHWEIN«

Ich sitze auf der Couch, mir gegenüber die Schrankwand. Dort sehe ich Bilderrahmen mit lächelnden Kindern. Blond, hübsch, große neugierige Augen. Das sind Sven und sein jüngerer Bruder, ein verschmitztes Grinsen im Gesicht und eine große Zuckertüte im Arm.
Soll das der Sven sein, der wegen Körperverletzung verurteilt wurde? Sven, der mittlerweile als Sprecher jeder NPD-Demo öffentlich im Fernsehen auftritt?
Svens Mutter jedenfalls fällt es noch immer sichtlich schwer, den kleinen Jungen von damals mit dem Neonazi von heute zusammenzubringen.

»Wie könnt Ihr Sven nur an diese Schule geben? Die ist doch total rechts! Das weiß doch jeder.« Als meine Freundin das zu mir sagte, dachte ich noch: Na hör mal, denkst du, wir können unser Kind nicht erziehen! Ich war einfach völlig naiv, ich habe da keinen Zusammenhang gesehen.

Wir dachten einfach, unserem Sohn wird so etwas schon nicht passieren. Wer weiß, was die da erzählen, vielleicht ist das alles übertrieben. Die Schule hat damals richtig gut für sich selbst Reklame gemacht: Sie haben Computerkurse angeboten und ganz viele verschiedene Sportarten. Es war auch keine Gesamtschule und sie war hier in der Nähe, all das zusammen hat uns dazu bewogen, dass wir gesagt haben, er geht hier auf die Schule.

Ja, und das war wahrscheinlich die dümmste Entscheidung unseres Lebens. Es fing mit der Kleidung an – Haare, Musik und so weiter. Ich habe es am Anfang überhaupt nicht ernst genommen. Sven legte plötzlich seine Hiphop-Sachen ab und das fanden wir natürlich toll. Er trug dann schicke Cordhosen und diese *Lonsdale*-T-Shirts und was es sonst noch alles gibt. Aber wir kannten uns da ja nicht aus und wussten nicht die Bedeutung. Wir dachten nur: Oh schön, das sieht ja wunderbar aus. So gepflegt! Später kamen Schuhe dazu, die vorn so ein bisschen verstärkt sind. Das waren noch keine Springerstiefel, erst einmal so halbhohe Schuhe. Und von heute auf morgen waren auch die Haare ganz kurz. Dazu veränderte sich sein ganzes Wesen: Er wurde immer aggressiver. Und dann kamen die ersten Rückmeldungen von der Schule. Das war wahrscheinlich der Punkt, an dem uns so langsam ein Licht aufging.

Das erste Mal wurden wir informiert, als Sven sich das *White Power*-Zeichen am Hinterkopf einrasieren lassen hat. Wir haben es auch zu Hause gesehen, aber was sollten wir machen? Ehrlich gesagt wusste ich damals auch noch nicht so richtig, was das bedeutet. Man rutscht ja da als Eltern so nach und nach mit rein. Aus der heutigen Perspektive heraus betrachtet, muss ich sagen: Oh Gott, wie dumm warst du nur? Aber damals war ich völlig ahnungslos, das muss ich einfach zugeben. Damit ist er natürlich sofort in der Schule aufgefallen und deshalb hat uns der Schulleiter informiert. Der Direktor hat verlangt, dass es bis zum nächsten Tag verschwunden sein soll. Das war wohl so der Anfang.

Wir haben dann mit ihm gesprochen und verlangt: »Geh zum Friseur und lass dir das sofort wegmachen!« Das hat er zwar getan, aber natürlich mit großem Widerwillen. Er hat uns erzählt, er habe eine Wette abgeschlossen. Ein paar Kumpels hätten zu ihm gesagt, er würde sich das nie trauen und er wollte ihnen beweisen, dass er den Mut hat.

Wir dachten wirklich ganz lange, das sei eine pubertäre Phase, das hört wieder auf. Aber im Gegenteil: Es wurde von Tag zu Tag schlimmer. Auch die Aggressionen nahmen zu.

Mein Sohn war eigentlich schon als Kleinkind wesentlich komplizierter als sein jüngerer Bruder. Mit Sven mussten wir immer ein bisschen strenger umgehen als mit dem Jüngeren. Er hat immer wieder die Grenzen überschritten. Er hat ununterbrochen ausgetestet: Wie weit kann ich gehen? Man konnte ihm einmal sagen: »So nicht!« Doch er brauchte mindestens ein zweites Mal, oft sogar ein drittes. Es war oft so, dass er mehrere Aufforderungen brauchte, man musste sehr energisch mit ihm sein.

Als der Direktor bei uns anrief, war uns das natürlich sehr unange- nehm. Ein bisschen kannten wir es ja schon von der Grundschule, weil er dort auch schon ab und zu mal unangenehm aufgefallen war. Er hat oft die anderen Kinder geärgert. Natürlich war immer wieder der Ge- danke da: Was hast du nur verkehrt gemacht? Die ewige Frage nach dem Warum.

Irgendwann haben wir auch von der Schule ein Formular bekom- men. Dort waren alle Marken aufgelistet, die künftig an der Schule ver- boten sind. Das waren eben Sachen wie *Lonsdale* und anderes. Wir mussten dieses Formular auch als Eltern unterschreiben. Damals wus- ste ich aber auch schon, was *Lonsdale* bedeutet. Schritt für Schritt ha- ben wir die ganzen Zeichen und Codes kennen gelernt. Letztendlich wurde es von den anderen Jugendlichen an der Schule auch nicht ein- gehalten. Wir haben versucht, es bei unserem Sohn durchzudrücken. Es gab da natürlich immer wieder Ärger, er hat gesagt: »Wieso, die an- deren halten sich ja aber auch nicht daran.« – »Wir haben das unter- schrieben und damit ist es für uns verbindlich.« Dadurch, dass ich zu Hause war, habe ich ihn ja auch früh gesehen und konnte kontrollie- ren, wie er aus dem Haus geht. Die entsprechenden Klamotten haben wir dann konfisziert. Aber Sven ist ja auch clever. Er hat sich einfach etwas Neues besorgt und die Sachen vor uns versteckt.

Andererseits haben wir auch genügend Schüler gesehen, die dort in Springerstiefeln und den einschlägigen T-Shirts herumsprangen. Wir sind zur Schulleitung gegangen und haben gefragt: »Wie kann das sein?« Wenn man schon solche Zettel verteilt, die Eltern zu Hause unterschreiben müssen, sollte auch von der Schule konsequent vorge- gangen werden, wenn das nicht beachtet wird. Es müsste morgens eine Kontrolle geben und die Schüler, die das Falsche anhaben, werden wie- der zurückgeschickt. Denen müsste gesagt werden: So nicht! Nach Hause und umziehen. Wenn man ein Verbot ausspricht und es am Ende nicht kontrolliert, hat das wenig Sinn.

Wir haben oft versucht, mit Sven zu sprechen. Was haben wir uns den Mund fusselig gequatscht, aber er hat es überhaupt nicht eingese- hen. Das Problem war, dass er auch gleich an die richtigen Leute ge- raten ist – und mit richtig meine ich Leute, die aktiv in der NPD wa- ren. Das waren sehr gefestigte Strukturen. Sven wurde dort richtig geschult. Das war einfach unser Pech. Gegen diese Indoktrination hatten wir einfach keine Chance. Das ging so schnell, ich hätte nicht gedacht, dass man einen Menschen so schnell fangen kann. Sie haben ihn einfach irgendwann mal mit zur NPD-Zentrale genommen und er wurde immer verdrehter im Kopf. Das war eine richtige Gehirnwäsche. Es war extrem schwer, an ihn heranzukommen und ihm irgendwie zu erklären, was er dort macht und was das alles überhaupt bedeutet. Aber natürlich haben wir die ganzen kleinen Details erst viel später mitbekommen.

Anfangs hat er seine Kumpels aus der Schule mit nach Hause gebracht. Und als die alle so in ihrem uniformen Kleidungsstil durch unseren Flur rannten, ist uns schon einiges klar geworden, aber leider immer noch nicht klar genug. Das ganze Ausmaß des Dilemmas blieb mir nach wie vor verborgen. Je aggressiver er wurde, desto weniger war ein Herankommen an ihn möglich – er hat uns nicht verstanden und wir ihn nicht. Als wir spürten, dass es keine Änderung geben wird, haben wir einen Schulwechsel organisiert. Wir dachten, auf einer anderen Schule würde sich die Situation entspannen und verbessern, vielleicht würde er dort neue Leute kennen lernen. Aber damals war er einfach schon zu tief drin. Da führte kein Weg mehr raus. Es änderte sich überhaupt nichts. Damals war er in der neunten Klasse.

Wir haben sowohl mit der Direktorin und auch mit der Lehrerin an der neuen Schule sehr eng zusammengearbeitet, da fanden oft Gespräche statt. Die Lehrerin wollte ihn auch nicht ausschließen. Sie hat versucht, mit ihm gemeinsam einen Weg zu finden. Sie wollte ihn wieder auf die richtige Bahn bringen, wollte auch, dass er in der Schule angenommen wird. Das fand ich gut, dass sie ihn nie ausgegrenzt hat. Sie hatte auch viel Verständnis. Nie hat sie versucht, uns die Schuld zuzuschieben. Wir haben gemeinsam versucht, Wege zu finden, damit es halbwegs gut läuft. Aber es gab immer wieder Ärger! Meist Ärger mit Mitschülern und körperliche Auseinandersetzungen – irgendwann musste er auch einmal zur Strafe zu Hause bleiben. Er hatte eine Woche Schulverbot.

Von so einer Strafe halte ich, ehrlich gesagt, nicht viel, denn er hat es natürlich überhaupt nicht als Strafe empfunden. Er hat sich einfach gefreut, dass er nicht in die Schule muss. Ich denke, da hat es sich die

Schule auch einfach gemacht. Sie schicken ihn weg und denken, dann müssen sie sich nicht mehr mit ihm auseinandersetzen. Schluss. Aus. Fertig. Und er reibt sich derweil die Hände. Das hat doch mit einer Strafmaßnahme nichts zu tun.

Für mich war das eine extrem anstrengende Zeit. Dieses ständige Nachdenken darüber: Was kannst du tun? Und gleichzeitig zu begreifen: Du bist völlig machtlos. Diese Machtlosigkeit ist wahrscheinlich das Schlimmste. Ich fühlte mich völlig ausgeliefert.

Wir haben schließlich Kontakt zu einer Schulpsychologin aufgenommen und versucht, uns dort Hilfe zu holen. Vielleicht hat das ein bisschen geholfen. Ich weiß nicht, zumindest was seine schulischen Leistungen betrifft, die damals sehr in den Keller sanken. Die Schulpsychologin hat erst mit Sven allein gesprochen und uns später mit einbezogen. Damals hatte ich allerdings das Gefühl, das bringt alles überhaupt nichts, aber wenn ich jetzt darüber nachdenke, habe ich das Gefühl, dass es ja doch vielleicht ein Stück geholfen hat. Es hat uns zumindest geholfen, nicht aufzugeben.

Allerdings habe ich auch gemerkt: Egal, was wir anstellen, ob mit Psychologin oder ohne, ich kriege ihn nicht mehr raus. Für mich wurde da klar, Sven ist so fest da drin, das schaffen wir nicht mehr.

Zu Hause gab es nur noch Stress, es war überhaupt kein schönes Zusammenleben mehr. Es ging immer nur um das eine Thema, eine normale Unterhaltung war fast gar nicht mehr möglich. Jeden Tag habe ich geguckt: Was hat er heute wieder mitgebracht? Was hat er an? Es drehte sich einfach alles nur noch um dieses Thema, man hat sich mit überhaupt nichts anderem mehr beschäftigt.

Er hat ja auch das ganze Schulungsmaterial zu Hause in seinem Zimmer aufbewahrt. Die ganzen Flyer und Aufkleber und Aufnäher. Immer wenn ich etwas gefunden habe, habe ich es genommen und weggeschmissen. Da gab es natürlich wieder das nächste Theater: »Wie könnt ihr an meine Sachen gehen? Das ist mein Eigentum!«

Manchmal hatte ich auch Angst, dass er mich selbst angreift. Mein Mann musste ihn bei irgendwelchen Auseinandersetzungen auch schon ziemlich doll festhalten. Das war ganz schlimm, wo wir dachten, der flippt total aus.

Ich hatte oft Momente, wo ich dachte: Das ist nicht mehr mein Sohn. In mir war ein ständiges Auf und Ab zwischen Liebe und Hass. Von einem Tag auf den anderen war manchmal ein Wandel da – zum Guten wie zum Schlechten. Wir dachten manchmal, jetzt ist etwas im Gehirn irgendwie umgesprungen. Aber dann war das plötzlich wieder vorbei. Auch die Großeltern haben immer wieder versucht, mit ihm zu reden. Ich weiß nicht, jetzt wo er älter ist, denke ich manchmal, vielleicht hat es doch ein bisschen geholfen, dass er permanent Widerstand hatte, dass er jetzt anfängt, auch ein bisschen nachzudenken. Schulisch hat er ja von den Großeltern auch viel Hilfe bekommen. Sein Großvater ist ja sehr gebildet und konnte mit ihm viel in Mathe und Englisch machen.

Mit den Großeltern haben wir uns auch immer wieder untereinander ausgetauscht: Was können wir machen? Was können wir noch versuchen?

Mit anderen Familienmitgliedern und Bekannten haben wir allerdings gar nicht darüber gesprochen. Das wollten wir nicht, man hat sich ja irgendwo auch dafür geschämt!

In der Schule gab es allerdings auch niemanden, mit dem ich mich mal austauschen konnte. Die anderen Eltern reagierten sehr kühl und distanziert. Da war jeder so auf dem Trip: Bloß nicht anmerken lassen, dass dein Kind rechts ist! Ich war ja nicht die Einzige, die ein rechtsradikales Kind hat. Aber niemand wollte darüber sprechen.

Er war vom Kopf her völlig verdreht. Man hat deutlich gemerkt, er sagt Dinge, die können nicht von ihm allein kommen. Schon die Art, wie er argumentiert hat, das ist eigentlich für einen 14- oder 15jährigen völlig untypisch. Manchmal haben wir uns angeguckt und gedacht: Das kann nicht sein. Sven wusste stellenweise über Sachen Bescheid, wo man selbst erst einmal überlegen musste – gerade dieses Geschichtliche. Er weiß Dinge, die gehen so sehr ins Detail, da kommt man mit einer normalen Allgemeinbildung nicht hinterher. Ich habe selbst angefangen zu recherchieren, wie denn nun die Fakten tatsächlich sind und ob das alles stimmt, was er mir erzählt.

Und fast jeden Monat gab es eine neue Anzeige. Meist wegen Verwendung verfassungsfeindlicher Kennzeichen, wie zum Beispiel Aufkleber verteilen. Und was war noch? Ich weiß es gar nicht mehr, lauter Kleinigkeiten. Beim Hitlergruß wurden Sven und seine Kumpels auch erwischt. Das war in einem Einkaufszentrum, da gab es Ärger mit irgendwelchen Ausländern und daraufhin haben sie alle den Hitlergruß gezeigt. In der Anzeige stand: Verwendung verfassungsfeindlicher Kennzeichen. Das kann erst einmal alles sein. Teilweise wurden die Verfahren wieder eingestellt. Bei drei Dingen wurde er verurteilt.

Hier in der Nähe gibt es einen Bunker. Dort haben sich wahrscheinlich ein paar Leute regelmäßig getroffen, Sven natürlich auch. Dieser Bunker ist irgendwann von der Polizei geräumt worden und daraufhin gab es bei uns eine Hausdurchsuchung. Früh morgens, noch fast in der Nacht, klingelt es: »Hausdurchsuchung! Bitte öffnen Sie die Tür.« Das war das allererste Mal, wo mir so richtig bewusst wurde, wie tief er eigentlich drin steckt. Fünf Leute standen vor der Tür und wir waren gerade neu in die Wohnung eingezogen. Das war mir extrem peinlich. Man steht völlig überrascht da und denkt: Oh mein Gott! Man kommt sich vor wie ein Schwerverbrecher. Man weiß überhaupt nicht, was soll man jetzt machen? Zum Glück haben sie nur sein Zimmer durchsucht. Bei uns haben sie einfach so durchgeguckt. Sie hätten eigentlich das Recht gehabt, auch unsere Schränke durchzukramen, aber darauf haben sie verzichtet. Sie haben CDs gefunden, ein paar Flyer und Bücher. Nicht allzu viel. Das lag daran, dass wir selbst schon oft genug in seinem Zimmer waren und Zeug weggeschmissen haben, was wir dort gefunden haben, auch Plakate an der Wand.

Sie haben Sven mitgenommen. Ich glaube, er war selbst ein bisschen überrascht. Er war ganz ruhig. – Und ich blieb zurück, völlig geschockt. Mein Mann war schon auf Arbeit und Tobias, mein jüngerer Sohn, auch einigermaßen verwirrt. Er hat seinen großen Bruder genauso wenig verstanden wie wir. »Wie kann jemand nur so dumm sein?«, hat er immer wieder gesagt. Allerdings ist er aber auch charakterlich ganz anders. Ich denke, gerade durch diese Geschichte hat er eine ganze Menge gelernt. Das war für ihn auch eine Lehre. Wir haben ihn aber von vornherein an eine andere Schule gegeben. Man lernt ja aus solchen Dingen. Seine Interessen gehen auch in eine ganz andere Richtung. Er ist sehr sportbegeistert und ist Mitglied im Verein. Das haben wir bei Sven auch versucht, wir haben beide gleichermaßen an sportliche Sachen herangeführt. Aber der Große wollte irgendwann nicht mehr, er wollte lieber schwimmen gehen, da haben wir gedacht, okay, soll er schwimmen gehen. Dann wollte er Handball, da haben wir gedacht, okay, soll er Handball machen, er ist nie so richtig bei einer Sache geblieben. Dazu kam noch, dass er generell Probleme hatte mit Sachen, bei denen man sich zeitlich festlegen musste. Das war überhaupt nicht sein Ding.

Interessanterweise hat sich das bei diesen Schulungen komplett geändert. Dort lief er freudig hin und es hat ihm überhaupt keine Probleme bereitet, dass man auch regelmäßig hingehen muss. Das haben wir überhaupt nicht verstanden. Da war er plötzlich regelmäßig da und hat sich auch durch nichts abbringen lassen.

Das Schlimmste war wohl diese Nacht, als die Polizei ein zweites Mal an unserer Tür klingelte. Wir wurden aus dem Schlaf gerissen: »Ihrem Sohn wird eine schwere Körperverletzung vorgeworfen. Wir wissen noch nicht, ob das Opfer überlebt.« Wir haben es gar nicht geglaubt, standen da und dachten: Das kann nicht sein! Das geht zu weit. Aber leider war es wahr. In diesem Moment schoss es mir durch den Kopf: Jetzt ist alles aus, jetzt ist alles verloren.

Sven war dann in Untersuchungshaft. Sie waren zu dritt unterwegs und Sven galt als der Hauptschuldige. Irgendwo hatten sie etwas getrunken, dann war der Alkohol alle und sie brauchten Nachschub. Das geriet offenbar außer Kontrolle. Sie konnten nicht bezahlen, aber der Imbissverkäufer hatte es abgelehnt, anschreiben zu lassen. Da sind sie wieder gegangen, aber irgendwann muss die Entscheidung gefallen sein: Wir gehen wieder zurück und holen uns das Zeug mit Gewalt. Und dann sind sie völlig ausgerastet und haben den Verkäufer mit einer Latte zusammengeschlagen. Später haben sie ausgesagt, der Verkäufer sei sofort aggressiv geworden und deshalb sei es eskaliert. Der Verkäufer, ein Ausländer, hatte eine starke Schädelverletzung. Er musste sofort ins Krankenhaus und wurde operiert.

Am nächsten Tag war das natürlich das Topthema in den Zeitungen. Selbst in den Fernsehnachrichten konnte ich meinen Sohn sehen. Sie haben ihn zwar nicht richtig gezeigt, denn er war ja damals noch minderjährig, aber in der Zeitung stand sein Vorname ausgeschrieben und der Anfangsbuchstabe vom Nachnamen.

Jedes Mal, wenn ich jemandem im Haus begegnet bin, hätte ich im Erdboden verschwinden können. Das war so peinlich, so unangenehm. Es kam ja auch noch dazu, dass von der linken Seite aus Flugblätter verteilt wurden. Das hatten wir schon einmal in der alten Wohnung erlebt. Da wurden auch Flugblätter verteilt und an der Hauswand stand ganz groß: »NAZISCHWEIN!«

Das Flugblatt klebte direkt an der Eingangstür, da war auch sein Foto drauf und in aller Ausführlichkeit stand da, was Sven für eine Gesinnung hat. Das wurde überall bekannt gemacht.

Als er in der neunten Klasse war, wurde er mal von Linken auf dem Schulweg überfallen. Sie haben ihm seine Schultasche entrissen und in dieser Schultasche war auch das Foto, was später auf dem Flugblatt klebte. Diese Flugblätter waren überall: an Bushaltestellen, Geschäften, Haustüren.

Damit wurde alles öffentlich. Das war genau das, was wir eigentlich nicht wollten. Das war ja unsere Angelegenheit! Doch nun wusste praktisch das ganze Wohngebiet, wie es um uns stand. Einmal habe ich es erlebt, dass eine Mieterin aus dem Haus auf uns zugekommen ist. Sie hat gesagt, dass wir doch mal mit unserem Sohn reden sollen, dann würden diese Flugblätter und die Schmierereien schon aufhören. Gut, sie war ja nun eine Außenstehende. Trotzdem hat mich das geärgert. Was denken sich denn diese Leute? Denken die, dass wir noch nicht mit unserem Sohn darüber geredet hätten?

Man fühlte sich so richtig mies. Am Ende hatte man das Gefühl, jetzt denken die Leute, diese Schmierereien gibt es nur, weil wir nicht in der Lage sind, unseren Sohn zu erziehen und nicht mit ihm reden würden. Guckt doch mal die an, die hat alles falsch gemacht! Ständig bildete ich mir ein, alle würden mit dem Finger auf mich zeigen.

Dazu kam noch die Angst, dass unser Sohn irgendwo überfallen wird. Oder auch wir. Man wusste ja nicht, wo das alles hinführt. Schließlich hatten sie seine Adresse und wussten genau, wo er wohnt, in welche Schule er geht – sie wussten praktisch alles.

Ich war mir nicht sicher, ob unsere Freunde und Bekannten sofort darauf kommen würden, dass das Sven in der Zeitung sei. Es stand ja nur sein Vorname und Sven ist ja relativ häufig. Deshalb dachte ich, vielleicht kommen sie ja nicht gleich auf meinen Sohn. Aber andererseits dachte ich mir: Wer uns kennt, weiß Bescheid. Und so war es auch. Eine Freundin sagte irgendwann: »Wir wissen es, es stand in der Zeitung.« Da kam bei mir der totale Zusammenbruch. Ich habe fürchterlich angefangen zu weinen.

Wir haben ständig überlegt, wer uns noch helfen könnte. Als die erste Hausdurchsuchung war, haben wir gefragt, ob es nicht bei der Polizei irgendetwas gibt, wo wir uns hinwenden können. Aber die wussten auch nichts. Wir fanden einfach niemanden, der uns sagen könnte, wo wir uns mit unseren Sorgen hinwenden können.

Ich kann mich noch ganz genau erinnern, bei der Hausdurchsuchung sagte ein Polizist zu meinem Sohn: »Weißt du eigentlich, was du deiner Familie antust? Das solltest du dir einfach einmal überlegen!« So etwas ist haften geblieben. Ich war ziemlich erleichtert, dass wenigstens die Polizei uns nicht als Schuldige hinstellt. So nach dem Motto: Sie haben jetzt in der Erziehung versagt. Das tat damals gut, so etwas zu hören. Ich dachte, endlich sagt ihm das mal jemand anderes. Genau das ist der Punkt: Dass er sich endlich einmal überlegen soll, was er seiner Familie eigentlich damit antut. Wenigstens wurde man nicht als eine völlig hilflose Mutter kategorisiert, die völlig in der Erziehung versagt hat.

Diese Rolle hat dann das Jugendamt übernommen. Ich war ja völlig fertig und habe überlegt, was kannst du jetzt noch tun? Irgendetwas musst du machen!

Ich bin also sofort zum Jugendamt und danach fühlte ich mich eigentlich nur noch schlechter. Sie haben die Schuld komplett auf uns geschoben: »Wie alt ist denn eigentlich ihr Sohn?« –»16.« – »16? Dann sollten Sie ihn auch einmal wie einen 16-Jährigen behandeln. Das bedeutet, Sie sollten ihm die Freiheiten geben, die ein 16-Jähriger braucht. Er ist ja nun kein kleines Kind mehr.« Ich habe dieser Frau dort eindeutig gesagt: »Wenn wir ihm diese Freiheiten geben, die andere 16-Jährige vielleicht haben, dann sehe ich schwarz. So etwas spürt man als Mutter, wenn er sich völlig ungehemmt in diesen Kreisen bewegt, passiert etwas Schreckliches.« – »Ja, wenn Sie von vornherein schon so eine negative Einstellung haben, muss ja auch so etwas passieren!«

Hinterher dachte ich nur: Warst du dumm, dorthin gegangen zu sein! Ich habe mich noch viel schlimmer gefühlt als vorher, so als hätte ich noch einmal eine Ohrfeige verpasst bekommen. Nach dem Motto: Ihr seid schuld, als Eltern! Alles wäre nicht so schlimm, wenn Sie Ihren Sohn als Erwachsenen behandelten.

Natürlich überlegt man aber immer wieder, was können wir ändern? Wie können wir ihn anpacken? Wie können wir wieder näher an ihn herankommen? Wir haben beschlossen, doch einmal zu versuchen, ihm mehr Freiheiten zu geben. Wir haben gesagt:»Okay, du kannst länger wegbleiben, du kannst auch mal bei einem Kumpel übernachten.« Ein halbes Jahr später war dieser Überfall. Da habe ich für mich gedacht: Genau das habe ich kommen sehen! Ich weiß nicht, wie ich das beschreiben soll, aber man hat es an seinem Verhalten gemerkt, dass so etwas passieren könnte.

Nach diesem Überfall hatten wir inständig gehofft, dass es bei Sven nun Klick gemacht hat, dass ihm jetzt klar geworden ist, was er da eigentlich treibt und wie er sich selbst und der ganzen Familie damit schadet. Er verbaut sich damit doch praktisch seinen ganzen Start ins Leben. Vielleicht weiß er jetzt besser, wo seine Grenzen liegen.

Die zwei Wochen Untersuchungshaft waren schon eine Lehre für ihn. Denn ins Gefängnis möchte er nicht wieder, das sagt er oft. Es war für ihn eine wichtige Erfahrung, mit diesen ganzen Verbrechern unter einem Dach zu sein.

Einmal durften wir ihn besuchen. Das war schlimm. Ich war ja noch nie in einem Gefängnis. Schon dieses Gefühl, wenn man dort ankam. Man wurde ja selbst durchsucht und die Atmosphäre war grauenhaft. Und dann der Gedanke, du besuchst jetzt deinen Sohn. Ich wusste ja auch nicht, wie geht es nun weiter? Diese Ungewissheit war eine Qual. Ich habe eigentlich gedacht, er kommt dort nicht mehr raus. Er wird verurteilt und bleibt erst einmal drin. Aber er wurde schließlich für drei Jahre auf Bewährung verurteilt.

Er hat Sozialstunden geleistet, die dem Geschädigten zugute kamen. Er hat in einem Park gearbeitet und dort das Grünflächenamt unterstützt. Der Geschädigte hat das Geld, was Sven erarbeitet hat, bekommen. Das hat er freiwillig gemacht. Persönlich entschuldigt hat er sich nicht. Es gab auch vom Gericht keine Auflage, dass er sich entschuldigt. Ich habe ihn natürlich gefragt, ob er sich nicht entschuldigen möchte. Aber er hat zu mir gesagt, nein, das möchte er nicht. Er meinte, er hätte die Stunden absolviert, das habe er freiwillig getan und damit sei es genug.

Leider hat bei ihm gar nichts Klick gemacht.

Als er volljährig war, ist er sofort in die NPD eingetreten. Vorher war er schon in der Kameradschaft sehr stark integriert und engagiert. Die ist ja später auch noch verboten worden. Als er damals in die NPD eingetreten ist, ist er sehr offensiv damit umgegangen. Er hat überhaupt kein Geheimnis mehr darum gemacht. Aber das Vertrauensverhältnis zwischen ihm und uns war sowieso schon völlig zerstört. Es war einfach schon zu viel passiert.

Der Aufnahmeantrag für die NPD lag ganz offen in seinem Zimmer, direkt daneben waren auch noch die Einzahlungsbelege für die Parteimitgliedschaft. Es wurde ja auch im Fernsehen gesagt, dass er Mitglied bei den *Jungen Nationalisten* ist. Mittlerweile tritt er immer öfter im Fernsehen auf. Wir haben ihm zwar gesagt, dass wir ihn nicht öffentlich im Fernsehen sehen möchten, aber daran hat er sich nicht gehalten.

Als ich ihn das erste Mal im Fernsehen sah, bin ich fast von der Couch gefallen! Mit vollem Namen, als Sprecher auf einer NPD-Demo. Als wir mit ihm darüber reden wollten, hat er völlig abgeblockt. Er sei volljährig und das wäre seine Sache. Er hat zwar versucht, sich so ein bisschen zu verkleideten, mit Brille und Mütze, aber jeder wusste trotzdem wer er ist. Das sieht man schon. Er war seitdem auch auf jeder Demo von der NPD und jedes Mal, wenn diese Demo Thema in den Nachrichten ist, können wir auch unseren Sohn sehen. Er wird jedes Mal interviewt und tut jedes Mal seine Meinung kund.

Er wohnt noch bei uns. Seit einem halben Jahr ist er aber sehr unauffällig. Wir merken schon eine Veränderung. Hier zu Hause steht das Thema nicht mehr so im Vordergrund. Es gibt auch nicht mehr diese Auseinandersetzungen und ich sehe auch nicht mehr so viel Material in seinem Zimmer. Er ist ruhiger geworden. Er nimmt jetzt auch seine Schule ernst, zurzeit macht er sein Fachabitur.

In der Woche geht er auch gar nicht mehr weg, was ja früher gar nicht der Fall war. Er war eigentlich immer unterwegs. Ja, von seinem ganzen Verhalten her ist er anders. Jetzt sucht er sogar manchmal Kontakt zur Familie, was vorher ja überhaupt nicht so war. Man hat das

Gefühl, er möchte doch ein bisschen mehr wieder mit der Familie unternehmen.

Ich weiß nur nicht, ob ich dem Frieden so trauen kann. Manchmal denke ich voller Schrecken, vielleicht will Sven sich jetzt auch eine weiße Weste zulegen, damit er richtig Karriere in der NPD machen kann. Mittlerweile halte ich alles für möglich.

»Wer vermischt denn unsere Rasse,
wer dealt im deutschen Land?
Wer ist's, den ich so hasse,
der Kanacke, du hast's erkannt (...)
Mit der Keule, mit dem Gewehr,
Kanacken gibt's bald nicht mehr (...)
Platte Nasen, Knoblauchgestank,
dreckig ist ihr Blut. Weg mit ihnen, es macht mich krank,
weg mit dieser Brut.
Bimbo, Ali, was wollt ihr hier?
Nigger, Kanacken, raus aus dem Revier.«

Von der CD »Der zweite Streich – Nur vom Feinsten« der Band »WAW«
(»Weißer Arischer Widerstand«) (Quelle: Informations- und Dokumentations-
zentrum für Antirassismusarbeit in Nordrhein-Westfalen)

Ich habe nie ein Geheimnis darum gemacht, dass meine Tochter bei den Rechten ist

Sonjas Mutter hat mitten in einer bayerischen Kleinstadt einen Elternstammtisch gegründet und von Anfang an konsequent gegen »das Rattenfängertum« gekämpft. Obwohl die Elterngruppe relativ groß ist, möchte außer ihr niemand mit mir über das eigene rechtsradikale Kind sprechen.

Mehrmals frage ich an, denn dieses konsequente Handeln scheint mir so wichtig: Da schließen sich endlich einmal Eltern zusammen, werden gemeinsam aktiv und könnten für so viele andere ein Vorbild sein, doch sie wollen nicht darüber sprechen. Schade. So bleibt der Bericht von Sonjas Mutter auch stellvertretend für die anderen Eltern, deren Scham nach wie vor zu groß ist, um mit Fremden darüber zu reden.

Eigentlich hat mich das Thema Neonazis schon seit der Schulzeit interessiert. Wir haben es damals im Unterricht behandelt und es hat mich nie wieder losgelassen. Ich habe mich immer gefragt: Was sind das eigentlich für Idioten, die genau so etwas wiederhaben wollen? Ich konnte mir das einfach nicht vorstellen. Mir war völlig unklar, was in deren Köpfen vorgeht und ich habe mich immer gefragt: Blenden die denn alles aus?

Als meine Tochter 14 war, fing es langsam an. Das war ein schleichender Prozess. Nicht so, dass sie plötzlich aufgetaucht wäre und gesagt hätte: Ich bin jetzt in der rechten Szene. Das hatte auch viel mit ihrem sozialen Umfeld zu tun und ging Stück für Stück.

Es gab in unserem Ort einen Treffpunkt, wo sich immer die Jugendlichen versammeln und eines Tages kamen da Neue an. Sie haben auch ihre Musik mitgebracht und gerade die Texte fanden viele sehr einleuchtend und dachten: Das ist ja gar nicht so verkehrt, was die da singen.

Sonja hatte damals einen Freund und beide waren regelmäßig bei diesem Treffpunkt. Ihr Freund war anfangs noch ganz normal und plötzlich kam er mit Glatze an. Zwei Monate später kamen dann Springerstiefel dazu. Irgendwie hat mich das von Anfang an beschäftigt, ich war sofort misstrauisch. Aber auf alle meine Nachfragen, hat es immer geheißen: »Wir sind Skins.« – »Wie Skins? Was für Skins? Da gibt es ja verschiedene.« – »Ganz normale Skins eben.«

Ich habe damals schon angefangen über das Internet zu recherchieren und versucht, Informationen darüber zu finden, was es für Skins gibt. Und wie man als Mutter so ist, dachte ich: Na ja, wahrscheinlich gehören sie zu den harmloseren. Doch irgendwie schaukelte sich das immer mehr hoch – sie hatten dann irgendwelche Aufkleber mit seltsamen Sprüchen drauf und gerieten immer wieder als Gruppe in so kleine Rangeleien. Sonja hat uns ja immerhin noch erzählt, wo sie waren und was so passiert ist. Da habe ich mir schon gedacht, dass irgendwas dort nicht stimmen kann: Sie sind einfach so unterwegs und dann kommen immer die anderen, gehen plötzlich auf sie los und pöbeln sie an. Sie kriegen pausenlos Ärger mit anderen und haben kleine Schlägereien. Das hat mich misstrauisch gemacht.

Irgendwann habe ich zu Sonja gesagt: »Rück' doch jetzt mal raus mit der Sprache, das kann doch nicht normal sein.« – »Ach da ist nichts, es liegt nur daran, dass die Hopper uns nicht leiden können. Deswegen gehen die ständig auf uns los.« Plötzlich hatte sie einen neuen Freund und der hatte weiße Schnürsenkel in seinen Springerstiefeln. Da habe ich gesagt: »Jetzt reicht es, jetzt will ich wissen, was los ist! Du kannst mir viel erzählen von Skins, das glaube ich dir nicht.« Sie hat ja schon vorher immer versucht vieles zu verharmlosen. Aber ganz so dumm, wie die Kinder manchmal denken, ist man ja doch nicht. Eric war Sonjas zweiter Freund und es dauerte gar nicht lange, bis auch meine Tochter Springerstiefel hatte. Dazu natürlich eine Bomberjacke, genau wie ihr Freund.

Wir leben ja in einer Kleinstadt und sie waren so die Randgruppe innerhalb dieser überschaubaren Gemeinde. Irgendwann aber kam der Einfluss von außen. Da gab es einen in der Gruppe, der schon öfter in

Nürnberg war und dort Kontakte geknüpft hat. Dann kamen auch von anderen umliegenden Städten welche und genau zu dieser Zeit hat meine Tochter auch mit ihrem Freund Schluss gemacht und hat mit Eric eine Beziehung angefangen. Als wir ihn das erste Mal kennen lernten und uns mit ihm unterhalten haben, war für uns als Eltern sofort klar: Das muss ein ganz Schlimmer sein, da steckt viel mehr dahinter. Als wir noch erfahren haben, dass er aus der ehemaligen DDR kommt, dazu aus einer Gegend, welche die Hochburg der rechten Szene ist, läuteten bei mir die Alarmglocken. Schon an der Art, wie er geredet hat, habe ich gemerkt: Das wird gefährlich.

Ich habe mich ja damals schon mit diesem Thema näher beschäftigt, habe viel im Internet gelesen und auch im Fernsehen bewusst geguckt, ob es irgendwelche Berichte über Rechte gibt. Deshalb hatte ich schon ein paar Hintergrundinformationen und habe ziemlich schnell gemerkt: Das ist hier einer, der ist schon geschult. Er hatte überhaupt keine Skrupel, sich mit mir an den Tisch zu setzen und sofort mit dem Diskutieren anzufangen. Ich muss sagen, am Anfang war er mir einfach überlegen. Ich habe immer gedacht: Das kann nicht sein. Das ist nicht normal, wenn jemand ein so detailliertes Geschichtswissen in diesem Alter hat. Dann gab es die ersten kleineren Delikte, also die ersten Strafanzeigen. Da sind wir natürlich auch vorgeladen worden, denn Sonja war ja noch minderjährig. Ich habe gleich den Mann vom Staatsschutz angerufen und ihn um ein Gespräch ohne meine Tochter gebeten.

Hintergrund der Strafanzeige war, dass sie bei einem aus der Gruppe den Computer konfisziert hatten. Dort waren Fotos drauf, wo alle mit Hitlergruß in der Kneipe standen – und meine Tochter natürlich mittendrin. Dazu fanden sie noch eine ganze Menge verbotener CDs. Ich habe diesen Mann vom Staatsschutz gefragt, was ich als Elternteil machen kann, wie ich mich verhalten soll. Eric ging ja nun regelmäßig bei uns ein und aus. Aber mein Mann hat gesagt, er möchte ihn nicht in die Wohnung lassen, weil er mit solchen Leuten nichts zu tun haben will. Der Staatsschutz meinte aber, wir sollten ihn doch einlassen, denn dann hätten wir die ganze Sache wenigstens unter Kontrolle. Wir haben das auch so gemacht. Andererseits habe ich mir aber persönlich vorgenommen, dass ich mich parallel genau informiere, damit ich gut

Bescheid weiß. Ich bin dann regelmäßig zu den Aufklärungsveranstaltungen vom Staatsschutz und von der Stadt gegangen.

Einmal kam auch eine Gruppe Rechter an. Sie wollten die Veranstaltung boykottieren. Sie liefen quer über den Marktplatz, ungefähr 20 Leute – meine Tochter war ganz vorn mit dabei. Als ich das sah, hatte ich natürlich sofort einen Kloß im Hals. Mein Mann hat noch gesagt: »Ach, da kommen sie wieder mit ihrer Kampfkluft.« Er hat immer Kampfkluft gesagt, wenn sie ihre Springerstiefel und ihre Bomberjacken anhatten. Es ist schon seltsam, wenn man sie so marschieren sieht: Ich denke, dass es da viele Menschen gibt, die bei so einem Anblick Angst bekommen.

Aber diese Veranstaltungen waren auch von unterschiedlichem Niveau. Einmal meinte eine Jugendsozialpädagogin, man müsse alle Rechten aus dem Ort rauswerfen. Ich war etwas irritiert und habe erstaunt erwidert: »Aber Sie sind doch Jugendsozialpädagogin, Sie haben doch mit Jugendlichen zu tun, und dann heißt ihre Lösung, alle aus der Stadt rausschmeißen? Toll, damit ist weder den Eltern geholfen, noch den Jugendlichen. Und Sie haben wahrscheinlich ihren Job verfehlt.« Daraufhin hat sie nichts entgegnet.

Eric war damals 19 und meine Tochter war 15. Sie sind die ganze Zeit gemeinsam herumgezogen und er hat Sonja an vorderste Front gebracht. Sie hat zu ihm aufgeschaut und ihn vergöttert. Langsam fing sich unser Kind stark an zu verändern. Sie wurde extrem aggressiv und hatte plötzlich eine sehr erschreckende Art, über Menschen zu reden, speziell über Ausländer. Sie hat dann auch angefangen, sich uns gegenüber immer mehr zu verschließen. Ihr Freund hat einfach alles gewusst und er hatte immer Recht. Unsere Position war natürlich dann, wir wüssten gar nichts und hätten selbstverständlich auch nicht recht.

Ich habe mir gesagt: Jetzt musst du etwas tun! Ich bin zu einem Jugendpsychologen gegangen und habe Sonja mitgeschleppt. Es waren mehrere Sitzungen und sie ist auch mehr oder weniger freiwillig mitgekommen. Sie hat sich zwar ständig darüber mokiert: »Was soll das denn? Was ist das für ein Scheiß?« Aber sie hat es trotzdem gemacht.

Das war mein einziger Ausweg, denn sie ist einfach extrem aufmüpfig uns gegenüber geworden. Sonst konnte man mit ihr immer sehr gut reden und es war ein Gespräch auf eine vernünftige Art und Weise möglich. Plötzlich ging das nicht mehr. Sie ist einfach nur noch aggressiv geworden, hat sich mehr und mehr zugemacht und ist immer verbohrter geworden. Ich habe irgendwann mal zu meinem Mann gesagt: »Eigentlich reden wir nur noch gegen eine Wand.« Deshalb sind wir zu diesem Psychologen, aber leider konnte er uns auch nicht weiterhelfen. Er hat uns nur erzählt, ja sie wäre in der Pubertät und sie versuche, sich zu verselbstständigen. Deshalb sucht sie einen extremen Kontrapunkt. Ich habe daraufhin zu ihm gesagt: »Das kann nicht sein. Sonja bekommt von uns jede Möglichkeit, um sich zu verselbstständigen. Das muss andere Ursachen haben.«

Sicherlich kommt dieser Psychologe sehr gut mit Scheidungskindern klar, oder mit Kindern, die anderweitig Probleme haben, doch mit dem Thema Rechtsextremismus war er einfach überfordert. Ich bin mir sicher: Er hat nie eine Schulung darüber gehabt, wie es ist, wenn Eltern ankommen, deren Kind in der rechten Szene ist. Von daher nehme ich ihm auch nicht übel, dass er uns nicht helfen konnte.

Deshalb habe ich angefangen, selbst Initiative zu ergreifen. Es sind ja ab und zu mal ein paar Namen gefallen. Ich wusste, auch Sonjas Exfreund ist noch in der Gruppe und so habe ich einfach mal seine Eltern angerufen. Sie wüssten auch nicht, was sie machen sollten. Sie würden auch nur reden und reden und reden.

Dann gab es noch eine andere Freundin, deren Eltern habe ich auch angerufen. Der Vater wiederum kannte wieder andere Eltern und am Ende haben wir uns als Eltern das erste Mal getroffen. Einfach ganz privat bei uns zu Hause. Das hat unseren Kindern natürlich überhaupt nicht gepasst. Sie haben sich fürchterlich über uns aufgeregt: »Ja, ihr redet dann über uns, wer weiß, was ihr erzählt.« – »Das ist ganz einfach, ihr könnt gern daran teilnehmen. Damit haben wir überhaupt kein Problem.« Das wollten sie aber dann doch nicht.

Wir haben uns als Elterngruppe regelmäßig getroffen und vereinbart, dass immer, wenn jemand Informationen hat, er sie weiterträgt und wir uns wieder treffen. Wir wollten einfach informiert sein, wollten wissen, wo die Gruppe ist, wo sie sich trifft und dann dort auch hingehen. Das haben wir auch so gemacht. Dort, wo sich die Gruppe getroffen hat, sind wir Eltern auch hingegangen. Als wir erfuhren, dass es eine Stammkneipe gibt, wo sich die Gruppe regelmäßig trifft, haben wir Eltern angefangen, uns auch in dieser Kneipe zu treffen. Einfach um das Ganze ein Stückchen zu boykottieren und die Gruppe zu irritieren. Wir haben gemerkt, es funktioniert – unsere Anwesenheit bringt sie ganz schön durcheinander. Sie konnten sich einfach nicht mehr so frei bewegen und vor allen Dingen nicht so frei reden, wie sie wollten. Wir haben das immer wieder gemacht und sind immer wieder in die Kneipe gegangen.

Klar, unsere Tochter fand das auch nicht lustig, sie hat gesagt: »Was wollt ihr denn da? Ich finde das total Scheiße.« So haben wir das Spielchen ein Weilchen getrieben und konnten auch gut beobachten, wie die Gruppe der Jugendlichen wuchs. Das wurden immer mehr, am Ende waren es dann schon so 20 bis 25 Leute.

Irgendwann habe ich gedacht: Jetzt reicht es. Nur gucken bringt auch nichts. Ich gehe jetzt dahin. Sie waren ja immer in der letzten Ecke des Raumes. Ich bin hin und habe angefangen, mit ihnen zu diskutieren. Wir hatten dann auch ein langes Gespräch. Ich glaube, das ging über mehr als zwei Stunden. Ich habe mich dort ziemlich heftig mit so einem NPD-Typen angelegt.

Eigentlich bin ich ja ein Mensch, der immer ein bisschen locker auf die Leute zugeht. Unter dem Vorwand, dass ich dem Freund meiner Tochter etwas sagen wolle, bin ich dort an den Tisch getreten und sofort hat mich dieser Typ angesprochen. Ich habe mich dann überwiegend mit dem Freund meiner Tochter und diesem NPD-Menschen unterhalten und die anderen haben sehr aufmerksam zugehört. Und ich muss sagen, sie waren sehr freundlich und höflich. Bis auf diesen NPD-Typen.

Ich habe eigentlich erst im Nachhinein erfahren, dass er in der NPD ist. Ich habe mich nur gewundert, dass er so wesentlich älter als alle anderen am Tisch war – so Mitte bis Ende 40. Meine Tochter hat es mir am nächsten Tag erzählt. Mit diesem Typen habe ich am Ende mehr diskutiert als mit den Jugendlichen. Er ist irgendwann relativ laut und garstig geworden und meine Tochter hat später gestanden, sie hätte am liebsten auch etwas gesagt, denn es war ihr sehr peinlich, dass dieser Typ so laut geworden ist. Sie hätte am liebsten gefragt, was ihm einfalle, ihre Mutter derartig anzuschreien. Ich habe ihm aber schon Pfeffer gegeben. Ich hatte sofort das Gefühl: Das ist ein Typ, der ist einfach auf jeden und alles neidisch, der mehr hat als er. Wenn er einen Opel Corsa führe und ein anderer einen Mercedes, dann wäre er neidisch. Und wenn das dann noch ein Ausländer ist, der in dem Mercedes sitzt, das hätte er wahrscheinlich gar nicht mehr verkraftet.

Mit den anderen habe ich auch diskutiert. Irgendwann fragte ich in die Runde: »Ihr seid doch dafür, dass die Ausländer alle raus sollen?« – »Ja«, antworteten sie, »die Ausländer sollen raus. Die Ausländer sollen aus Deutschland raus, am besten dorthin zurück, wo sie herkommen. Zurück in ihr Ursprungsland.« – »Das findet Ihr wohl gut?« – »Dann können sie in ihrem Ursprungsland ihre eigene Wirtschaft ankurbeln.« – »Ihr wisst aber, dass dann die 350 Millionen Europäer, die in Amerika leben, wieder auf Europa verteilt werden müssen. Dann kriegen wir aber ein großes Problem, was die Arbeit angeht.« Da hat mich der eine ganz groß angeguckt und ich habe gesagt: »Ja, du musst dich auch von der anderen Seite mal her schlau machen. Du musst einfach mal ein Stückchen über deinen beschränkten Tellerrand hinweg gucken.«

Dann ging es weiter, wir müssten aus der EU austreten, wir müssten aus der Nato austreten, wir dürften nicht mehr soviel exportieren! »Was denkt ihr denn? Deutschland existiert vom Export. Was denkt ihr wohl, was passiert, wenn wir aus der Nato und aus der EU austreten und allen anderen gegenüber feindlich gesonnen sind, denkt ihr, wir kriegen dann von denen noch was?«

Da waren einige dabei, die haben wirklich die Ohren gespritzt. Sie haben etwas gehört, was sie offensichtlich vorher so noch nie gehört hatten. Bei ihnen heißt es ja immer: Wir haben keine Arbeit, weil es zu viele Ausländer gibt. Das ist ja das ewig schlechte Totschlagargument. Dass Arbeitslosigkeit auch entsteht, wenn Firmen weg gehen und ihre Betriebe schließen und im Ausland wieder öffnen, weil die Arbeitsplätze dort billiger sind, das kriegen die Jungs ja nicht erzählt. Da wird alles nur auf die Ausländer geschoben.

Ich habe den einen dann gefragt: »Hast du dir die Satzung von der NPD mal durchgelesen? – »Nee, eigentlich nicht.« – »Lies dir die Satzung einfach mal durch. Wenn die NPD an die Macht kommt, dann haben wir wieder einen Polizei- und Militärstaat. Das hatten wir schon einmal und das hat nicht funktioniert.«

Ich habe gemerkt, dass sowohl mein Gespräch am Tisch, als auch die Anwesenheit der anderen Eltern Unruhe in die Gruppe gebracht hat. Das war ein ständiges Gewusel unter den Jugendlichen – die sind raus, ein paar Minuten später kamen sie wieder rein und dann sind sie wieder raus. Der eine Vater, der das beobachtet hat, sagte dann zu mir: »Wenn du das noch ein paar Mal machst, kannst du ein paar von ihnen umdrehen.«

Das ging aber nicht lange, denn irgendwann hat die Kneipe dicht gemacht. Es hat geheißen, der Wirt sympathisiert mit denen. Daraufhin sind kaum mehr Leute gekommen, sein Umsatz ging zurück und er musste schließen. So hat man jedenfalls erzählt, ich weiß nicht, ob das stimmt. Das war natürlich einigen im Ort recht, denn sie hatten immer die Idee: Wenn die Kneipe erstmal weg ist, ist der Treffpunkt weg und dann ist auch die Szene weg.

Mir war aber von Anfang an klar und ich habe das auch immer wieder gesagt: Ja gut, aber das Problem ist damit nicht gelöst. Es ist nur verlagert. Ich bin trotzdem drangeblieben und habe mich weiter informiert und schlau gemacht. Ich habe mit meiner Tochter ewige Diskussionen geführt, immer und immer wieder – zum Schluss ist sie richtig aggressiv gewesen.

Natürlich gab es in der Stadt früher auch schon Jugendcliquen und es gab auch schon mal die eine oder andere Schlägerei, aber diese organisierte Struktur kam meiner Ansicht nach von außerhalb. Plötzlich hatte die Sache ein ganz anderes Ausmaß, eine ganz andere Qualität. Die rechte Szene in unserem Ort, das waren nicht mehr als ein paar 20 Leute. Wenn sie sich aber getroffen haben mit irgendwelchen von außerhalb, dann waren es schnell mal 70. Gerade, wenn es irgendwelche Veranstaltungen gab und sie dann gemeinsam losgezogen sind, wirkte das schon sehr bedrohlich.

Einmal habe ich auch versucht, mit Erics Mutter Kontakt aufzunehmen. Irgendwie habe ich die Telefonnummer raus bekommen und sie hat zu mir gesagt, sie fände es überhaupt nicht gut, was er mache. Und dann ging es so hin und her. Ich hatte aber das Gefühl, dass es der Mutter auch mehr oder weniger egal war. Sie war ja im Osten drüben und er war hier, weil er hier eine Lehrstelle hatte. Manchmal sind Sonja und Eric auch am Wochenende rübergefahren. Da habe ich immer gesagt: Na toll, da drüben treffen sie dann die richtigen Profis. Eric hat sie auch überall auf alle Veranstaltungen mitgenommen und eine Kommunikation zwischen uns fand fast gar nicht mehr statt.

Ich habe immer gedacht: Irgendwie muss es doch einen Ausweg geben, habe nächtelang im Internet gesucht und bin mehr oder weniger durch Zufall auf die Seite *Mut gegen rechte Gewalt* gestoßen. Darüber habe ich von der Aussteigerinitiative *Exit* gehört. Ich habe dort eine E-Mail hingeschrieben und kurz geschildert, was Sache ist. Mit *Exit* bin ich dann regelmäßig in telefonischem Kontakt gewesen, sie haben mir Tipps und Ratschläge gegeben, das hat mir enorm geholfen. Ich solle auf Sonja keinen Druck ausüben, denn das erzeuge nur Gegendruck. Es sei ganz wichtig, miteinander zu reden – auch wenn wir das Gefühl hätten, es habe keinen Sinn, sollen wir immer wieder das Gespräch suchen. Das Kind muss einfach wissen: Es hat den Rückhalt der Eltern. Egal was passiert. Ich habe gesagt, das würde ich sowieso machen, ich würde mein Kind niemals irgendwie im Stich lassen.

In unserer Kleinstadt ist damals viel eskaliert. Es gab eine Riesenschlägerei zwischen Punks und Nazis. Es gab neue Strafanzeigen und Gerichtsverhandlungen. Irgendwann war auch ein Punkt erreicht, wo ich gesagt habe: Ich kann einfach nicht mehr! Ich habe mittlerweile fünf dicke Ordner auf meinem Regal stehen, mit Materialien zur rechten Szene. Ich kenne deren Codes und wenn sie irgendwelche Decknamen für Veranstaltungen genutzt haben, wusste ich genau, was da abgeht. Normalerweise bin ich nicht sehr politisch interessiert, aber ich habe mich da so durchgegraben, dass ich mittlerweile zur Expertin für die NPD geworden bin.

Irgendwann ist es einmal so weit eskaliert, dass mein Mann gesagt hat, er ertrage das nicht mehr, diese ganze braune Scheiße in seinem Haus, er ziehe aus. Bevor die Familie kaputtgeht, hat meine Tochter daraufhin gesagt, ziehe sie lieber aus. Da ist sie zu Eric gezogen und wir haben sie gelassen. Bei der Beratung haben sie zu mir gesagt: »Brechen Sie den Kontakt nicht ab, bleiben Sie mit ihr telefonisch in Kontakt. Ihr Kind muss spüren, dass sie ihm immer eine Tür offen lassen.« Das habe ich zu Sonja auch gesagt: »Du weißt, du kannst jederzeit zurückkommen. Du kennst unsere Bedingung.«

Immer, wenn Sonja am Wochenende mit Eric gekommen ist, habe ich gleich angefangen zu diskutieren. Sonja hat sich meist verkrümelt, sie wollte davon nichts wissen, weil sie sich eigentlich für Politik überhaupt nicht interessiert. Am Ende war es immer so, dass ich mit Eric allein blieb. Ich meine, ich habe den Jungen schon ganz gern gemocht. Er war eigentlich ein lieber Kerl und er hat sich bei uns auch wohl gefühlt. Ich habe aber immer wieder versucht, ihm klarzumachen, dass das, was in seinem Kopf ist, eigentlich das Verkehrte sei.

Ich hatte mich ja gut vorbereitet und habe mit ihm sehr heftig diskutiert. Irgendwann hat er auch gemerkt, dass ich einen Punkt erreicht habe, an dem er gegen mich keine Chance mehr hat. Er kannte einfach nur seine Lehrbücher und Lehrsätze, hat sie quasi heruntergeleiert und ich dagegen habe mich immer wieder neu informiert. Ich habe versucht, seine eigenen Widersprüche aufzudecken. Er machte immer neue Themenfelder auf, das fing mit Kultur an und endete bei Religion – da braucht man so ein Gesamtwissen, damit man dagegen überhaupt ankommt, das ist schon gewaltig. Irgendwann hatte ich ihn an einem Punkt, wo ich gesagt habe: Jetzt musst du dir überlegen, was du eigentlich sagst, denn nun verwechselst du nämlich Kultur und Religion. Seine Strategie war es dann, urplötzlich das Thema zu wechseln. Das ist typisch, wenn das Lehrbuch zu Ende ist, versuchen sie schnell das Thema zu wechseln.

Mein Mann ist ja Italiener. Damit habe ich ihn auch konfrontiert, ich habe gesagt:»Wie geht denn das zusammen? Sonja ist halbe Ausländerin.« Da fing er dann an und sagte: »Die Italiener sind etwas anderes, das ist eine Blutslinie.« Da war ich schon einigermaßen erstaunt: »Was ist los? Ich glaube, du tickst nicht richtig, hast du dich mal schlau gemacht, wie die Deutschen entstanden sind und wie die Italiener?« – »Na ja, nicht so richtig.« – »Dann solltest du das vielleicht schleunigst nachholen. Die Deutschen sind nämlich ein völlig zusammengewürfeltes Volk, alles was aus dem Süden, Osten, Westen und Norden hergekommen ist. Daraus ist das deutsche Volk entstanden. Die Italiener wiederum stammen von den Arabern und den Ägyptern ab. Also erzähle mir bitte nichts von einer Blutslinie.« – »Aber sie waren doch mit uns im Zweiten Weltkrieg verbündet.« – »Toll und im Ersten Weltkrieg waren es die Türken.

Aber die wollt ihr ja nicht.« Das sind dann so Sachen, wo er plötzlich das Thema gewechselt hat.

Über Gewalt haben wir auch oft gesprochen. Er hat zwar zu mir immer gesagt, Gewalt wende er nicht an, aber er hatte grundsätzlich ein paar schwarze Lederhandschuhe einstecken. Als ich ihn danach fragte, meinte er, die ziehe er nur an, wenn er bedroht werde, um sich zu wehren und dabei wolle er sich ja nicht die Hände schmutzig machen. Sonja hat uns später mal erzählt, er habe zwar nie angefangen, aber wenn etwas im Gange war, dann war er der erste, der sofort mit dabei war. Andererseits war er aber auch ein guter Redner. Er hat gern Reden gehalten.

Diese ganzen Gruppierungen haben ja alle einen Rädelsführer und dieser Rädelsführer hat wiederum einen Stellvertreter. Eric war der Stellvertreter. Der Rädelsführer ist ja bundesweit bekannt, er wohnt auch hier in der Nähe, war aber lange Zeit in München und hat dort seine Kontakte geknüpft. Ich glaube, die Szene selbst wäre gar nicht so schlimm, beziehungsweise sie wäre nicht so eskaliert, wenn nicht der Einfluss von außerhalb gekommen wäre.

Bei einem weiteren Gespräch habe ich Eric gefragt: »Was soll denn das, wenn ihr dort in Kampfkluft durch die Stadt marschiert? Wollt ihr Angst einflößen?« – »Ja, das ist ein gutes Gefühl, wenn die Leute Respekt vor uns haben.« – »Ihr könntet 50 oder 100 sein, wenn mir einer von euch blöd kommt, kriegt er von mir auf die Backe.« Daraufhin hat er mich blöd angeguckt und ich habe gefragt: »Was willst du machen? Wenn mir einer blöd kommt, dann ist es Notwehr. Und dann zeige ich ihn an.« Irgendwann hat er mal zu meiner Tochter gesagt: »Deine Mutter hat offensichtlich gar keine Angst vor uns.« Er verstehe gar nicht warum.

Ich weiß selbst nicht warum, aber ich habe vor ihnen einfach keine Angst. Ich sehe in ihnen in erster Linie erst einmal den Menschen und auf den zweiten Blick, wenn man genauer hinschaut, sieht man: Das sind alles Kinder.

Mein Mann hat irgendwann mal gesagt: »Hör doch auf, Eric wirst du nicht umdrehen. Da ist doch Hopfen und Malz verloren.« Ich habe es trotzdem immer wieder versucht.

Manchmal habe ich zu Eric in unseren nächte- und wochenlangen Diskussionen gesagt: »Irgendwann denkst du an mich und an das, was ich dir gesagt habe.« Da hat er nur erwidert: »Ich weiß.«

Sonja hat sich in dieser Zeit radikal verschlossen und ständig gemauert, sie ist aber eigentlich gar nicht so ein Typ. Und dann auch diese äußerliche Veränderung. Ich habe ihr gesagt: »Sonja, du hast immer so einen Glanz in deinen Augen gehabt. Und hast auch immer so gelächelt. Wenn man dir jetzt ins Gesicht guckt, dann siehst du aus wie ein wandelndes Elend. Ein böser Blick und kein Lachen mehr.« Das war auch für uns eine angestrengte Zeit. Aber zum Glück haben unsere Freunde sehr hinter uns gestanden und haben uns sehr unterstützt.

Sonja hat damals auch angefangen auf jeden Türken zu schimpfen. Ich habe ihr immer gesagt: »Was soll denn das? Ich hab euch nie so erzogen. Scheißtürken, Scheißausländer. Warum lässt du solche Sachen los? Ich habe euch immer so erzogen, dass ich gesagt habe: ›Egal welche Hautfarbe, egal welches Land, lernt die Leute kennen und lernt sie als Menschen kennen. Danach könnt ihr euch ein Urteil bilden. Es gibt auch genug deutsche Arschlöcher.‹« Ich habe immer versucht, das meinen Kindern zu vermitteln.

Unser Sohn hat ja zwei türkische Jungen als Freunde. Das sind seine besten Freunde und die sind auch ganz oft bei uns zu Hause. Sie haben sich an einem bestimmten Punkt auch nicht mehr so wohl bei uns gefühlt. Ich habe sie beschwichtigt: »Macht euch darüber keinen Kopf, die Tatsache, dass Sonja bei dieser Truppe ist, hat mit uns nichts zu tun.« Komischerweise war es ja auch so, dass, wenn Eric nicht da war, sie sich mit an den Tisch gesetzt hat und sich mit den beiden ganz normal unterhalten hat. Irgendwann habe ich sie auch einmal damit konfrontiert und da hat sie mir gesagt: »Ja, die zwei sind ja anders.« – »Wenn du in dieser Gruppe bist«, habe ich zu ihr gesagt, »machen die keine Unterschiede, da hört in deiner Gruppe keiner drauf.«

Das waren immer diese kleinen Signale, wo ich gemerkt habe: Irgendwas passt hier nicht. Meine Tochter ist anders. Ich habe dann zu meinem Mann gesagt: »Ich glaube, sie will das Ganze gar nicht so richtig.« Wenn Eric gesagt hätte: Wir gehen weg, wir steigen jetzt aus, wäre sie sofort mit dabei gewesen. Das war einfach eine totale Abhängigkeit ihm gegenüber.

Drei oder vier Monate haben Sonja und Eric zusammen gewohnt und ich habe deutlich gespürt, dass Eric versucht hat, sie von uns zu lösen. Es fing damit an, dass sie, wenn sie mit uns telefoniert hat, den Lautsprecher anmachen sollte. Das habe ich aber irgendwann gemerkt und interveniert: »Wenn ich mit meiner Tochter telefoniere, bleibt der Lautsprecher aus! Die Gespräche, die ich mit meiner Tochter führe, die gehen dich nichts an. Ich möchte auch, dass meine Tochter in ein anderes Zimmer geht. Und wenn du dich daran nicht hältst, dann komme ich sofort und haue dir rechts und links eine auf die Backe.« Immerhin, er hat sich an diese Abmachung gehalten. Trotzdem hat es ihm nie gepasst, wenn sie uns besucht oder wenn sie mit uns telefoniert hat.

Innerhalb dieser Zeit hat sie wohl doch gemerkt: Na hoppla, das sind ja vielleicht doch gar nicht so die richtigen Freunde. Von wegen, wenn es einem schlecht geht, sind sie da. Sie hat immer mehr gespürt, dass sie eigentlich im Stich gelassen wurde. Sowohl von ihrem Freund, als auch vom Umfeld – gerade wenn es ihr schlecht ging. Dann hatte sie auch irgendwann mal Geldnot und in dieser Situation hat sie gemerkt, eigentlich sind ja doch nur meine Eltern für mich da. Ich habe ihr gesagt: »Du kannst uns auch jederzeit allein besuchen.« Sie ist dann ab und zu mal für ein Wochenende gekommen. Nur für ein paar Stunden, aber irgendwann wurden diese Besuchsabstände immer kürzer und die Zeit, wo sie hier war immer länger.

Ein Freund meinte irgendwann: »Weißt du, was mir auffällt, immer wenn die Sonja bei euch war, bekommt sie ihr Leuchten in den Augen zurück.«

Und plötzlich hat sie gefragt, ob sie auch einmal übernachten dürfe. Sie hatte sich mit einer Freundin verabredet, die aber bereits aus der Szene ausgestiegen war. Als ich von der Arbeit kam, standen die beiden gerade im Garten und verabschiedeten sich: »Also bis nachher!« – »Wieso bis nachher? Ich denke, du fährst heute wieder.« – »Nein, ich muss mit dir sprechen, das sage ich dir gleich, wenn wir oben sind.«

Da fing sie an und fragte: »Darf ich länger bei euch bleiben?« – »Du kannst, wenn du möchtest, das Wochenende noch dableiben.« – »Nein, ich möchte für immer dableiben. Ich möchte da nicht mehr hin, ich will aussteigen.«

Wir haben uns natürlich wahnsinnig gefreut, obwohl es für uns sehr überraschend war. »Kein Thema, da bleibst du eben da. Dann ruf doch einfach Eric an und sag ihm Bescheid.« –»Nein, das will ich nicht am Telefon klären. Heute ist Versammlung, da gehe ich hin. Ich möchte ihnen das selbst sagen.« Ich war schon ein wenig besorgt: »Hältst du das für eine gute Idee? Du weißt nicht, was passieren wird, wenn du sagst, du steigst aus.« – Nein, hat sie gesagt, sie wolle es persönlich machen.

Sie ist dann zu dieser Versammlung gegangen und als ich bis halb elf immer noch nichts von ihr hörte, habe ich zu meinem Mann gesagt: »Ich rufe jetzt an, ich glaube, ihr geht es nicht gut, das spüre ich irgendwie.« Als ich Sonja anrief, hat sie auch geweint am Telefon: »Ja, ich war dort und habe es ihnen gesagt.« – »Wir holen dich ab.« – »Nein, das braucht ihr nicht, es fährt mich jemand heim.«

Am nächsten Tag sind wir zu ihrem Freund und haben ihre Sachen geholt. Sonja hatte noch versucht, Eric mitzunehmen und zu ihm gesagt: »Steig mit aus. Es ist Scheiße, was wir machen, wir machen uns unser Leben kaputt.« Sie wäre gern mit ihm zusammengeblieben, aber er hat erwidert: »Ich kann mein Leben nicht wegschmeißen.« – »Dann hat es aber mit uns auch keinen Sinn.«

Damit war für sie mehr oder weniger der Ausstieg erledigt. Natürlich nicht ganz, denn es kamen noch ein paar Nachwehen: ständige SMS, irgendwelche Drohungen. Uns kam das damals relativ harmlos vor. Allerdings haben wir später erfahren, dass es gar nicht so harmlos war und dass wir da irgendwie Glück hatten.

Damals hat sie zu mir gesagt: »Jetzt bin ich ganz allein.« Ich habe sie getröstet: »Jetzt musst du erst einmal durch ein tiefes Tal. Aber irgendwo endet dieses Tal auch wieder. Wenn du wirklich wahre Freunde aus der Zeit vorher noch hast, dann stehen sie auch zu dir.«

Sonja ist dann zu all ihren alten Freunden gegangen, die sie noch von früher kannte und von denen sie sich gelöst hatte, seitdem sie in dieser Gruppe war. Sie hat mit ihnen wieder Kontakt aufgenommen und sich entschuldigt. Sie wisse, sie habe absolute Scheiße gebaut und habe jetzt das Gefühl, sie hätte zwei Jahre ihres Lebens in die Tonne geworfen. Alle haben sie sehr herzlich wieder aufgenommen und ihr gesagt: »Wir unterstützen dich und wir helfen dir.«

Sie hat gesagt, sie hätte auch ein wenig Angst, weil sie schon Drohungen bekommen hat. Aber alle Freunde haben gesagt: »Wir halten zu dir.«

Im Sommer war bei uns ein großes Fest. Dort wollte meine Tochter natürlich auch hin. Als Eltern waren wir sehr besorgt. Wir sind ständig dort aufgekreuzt und haben geguckt, wo Sonja ist. Uns war das unheimlich. Wir haben auch beobachtet, dass sie von der Gruppe ständig observiert wurde. Wenn Sonja mit zwei, drei Leuten etwas abseits stand, sind wir ihnen sofort nachgelaufen. Einmal war es sehr angespannt. Sonja ging Richtung Parkplatz und sofort haben sich welche von der rechten Szene hinten drangehängt. Daraufhin bin ich ihnen wiederum mit meinem Mann gefolgt und als einer der Rechten uns erkannte, sind sie in eine andere Richtung. Glücklicherweise ist nie etwas geschehen. Aber ich weiß nicht, ob nicht doch etwas passiert wäre, wenn wir nicht da gewesen wären.

Ein paar Tage später musste Sonja auf eine Gerichtsverhandlung. Sie hat aber Glück gehabt, bei ihr wurde alles eingestellt, weil sie an den entscheidenden Sachen nicht beteiligt war. Es gab aber einen in der Gruppe, der hat sich ständig gekloppt. Er hat am Ende auch 18 Monate gekriegt, ist aber auf Bewährung entlassen worden.

Sonja hatte uns gebeten, sie zu dieser Gerichtsverhandlung zu begleiten. Sie meinte, sie möchte da nicht alleine hin, sie habe Angst. Da wäre der Stefan, vor dem habe sie Schiss. Er pöbele sie immer an, wenn er sie sähe. Mein Mann ist dann gleich im Gerichtsgebäude zu ihm hin und hat gesagt: Mit dem rede ich jetzt! Meine Tochter hat daraufhin gesagt: »Um Gottes willen, mach das nicht!« Sie hatte Angst, er würde ihm irgendetwas tun. Mein Mann ist aber trotzdem hin und hat gesagt: »Pass auf, meine Tochter ist weg von der Szene, sie hat ihr altes Leben wieder – sie lebt ihr Leben und ihr lebt eures. Lasst sie einfach in Ruhe, sonst weiß ich nicht was passiert. Ich sage dir nur eines – ich bin Italiener!« Das hat geholfen. Seitdem war eigentlich Ruhe. Natürlich gibt es noch den einen oder anderen, der sie immer mal wieder dumm anquatscht, aber sie weiß sich dann schon zu wehren. Sie sagt: »Geh mir aus dem Blickfeld, solange ihr Scheiß-Nazis seid, solange will ich mit euch nichts zu tun haben.«

Noch heute sagt Sonja zu mir, sie bedaure es bei vielen, dass die da immer noch dabei sind. Sie mag sie auch ganz gern und sie würde sich auch mal mit ihnen unterhalten, aber solange sie bei dieser Truppe sind, will sie mit ihnen einfach nichts zu tun haben.

Sie hat heute den Standpunkt, dass sie am liebsten die Zeit zurückdrehen würde. Sie ist heute der Meinung, sie habe zwei Jahre ihres Lebens in die Tonne getreten.

Unsere Stadt ist damals sehr durch die Medien gegangen. Lokalzeitung, Radio und sogar Fernsehen. Da gab es irgendwann eine Versammlung und daraufhin wurde beschlossen, dass eine Gruppe von Eltern gegründet wird, die mit dem Problem zu tun haben. Sie sollten vom Jugendamt fachlich betreut werden. Im Prinzip war das die gleiche Runde wie damals in der Kneipe. Als wir uns das erste Mal trafen, hat sich der Mann vom Jugendamt sehr gewundert: »Sie duzen sich ja, kennen Sie sich schon alle?«

Ich finde es auch wichtig, mit den Medien zu sprechen, denn wenn wir von unseren Erfahrungen erzählen, kann man vielleicht andere Eltern ein wenig wachrütteln. Man kann sagen: Ihr seid nicht allein, kämpft um eure Kinder!

Auch meine Tochter hat anfangs mit den Medien gesprochen. Aber irgendwann gab es einen Punkt, wo sie gesagt hat: »Ich will nicht mehr. Jedes Mal, wenn ich ein Interview gebe, rüttelt es alles in mir wach. Da kommt alles wieder hoch. Ich will diese Zeit endlich vergessen.« Das war natürlich durch die ständigen Interviews nicht möglich. Ich war damals auch jedes Mal mit dabei. Irgendwann haben wir vereinbart, sie sagt nichts mehr, damit sie endlich ein wenig Ruhe bekommt.

Sie hat mir mal irgendwann erzählt, diese Szene sei eigentlich wie eine Droge. Bei diesen Versammlungen wird so viel geredet und da wird so viel in dich reingetrichtert, dass du eigentlich nur noch rauskommst und hasst. Du stehst früh auf und hasst und du gehst abends ins Bett und hasst. Aber da ist noch mehr.

Heutzutage ist es ja leider so, dass gerade in Kleinstädten für die Jugend gar nichts mehr geboten wird. Dann kommen solche Veranstaltungen wie Überlebenstraining im Wald, Lagerfeuer und Zeltlager natürlich gerade recht. Damit ködern sie ja die Kinder und Jugendlichen. Da passiert etwas, da wird etwas gemacht, da finden Veranstaltungen statt. Das ist einfach ein Vakuum, welches die Rechten sehr geschickt zu füllen wissen.

Jetzt ist es so, dass ich mich mehr im Hintergrund halte. Ich hole mir zwar nach wie vor regelmäßig meine Informationen und behalte das Ganze schon irgendwo im Auge. Die meisten hier gehen eher davon aus, dass die Szene weg ist aus unserer Stadt. Ihre Ansicht speisen Sie daraus, dass die Szene einen neuen Treffpunkt hat und wenn sie sich hier treffen, dann immer spät abends und dort wo keine Leute sind. Meiner Meinung nach ist aber die Szene nicht verschwunden, sie hat sich nur verlagert. Die Leute denken: Wenn nichts mehr in der Zeitung steht, dann ist es auch weg. Das ist mittlerweile auch offizielle Stadtmeinung. Auf dem Jugendamt haben sie mir aber bestätigt, dass die Szene nach wie vor da ist. Sie hält sich nur im Hintergrund und ist relativ ruhig.

Vor ein paar Tagen erst habe ich erfahren, dass einer aus der Gruppe nach zwei Jahren Gefängnis kürzlich entlassen wurde. Ich habe auch meine Quellen, wo ich meine Informationen her bekomme. Von daher weiß ich, dass er genauso wieder öffentlich auftritt und Reden hält. Meine Tochter wundert sich nur: Wieso haben sie ihn entlassen? Die Bedingung für seine Entlassung war der Ausstieg. Aber offensichtlich reicht sein Lippenbekenntnis, denn er steht genauso wieder da und hält Reden. Sie können sagen, was sie wollen, das überprüft niemand.

Es gab fünf Verhandlungspunkte, die meisten waren Körperverletzung, aber natürlich auch Paragraph 86, also das Verwenden verfassungsfeindlicher Kennzeichen. Er war der Schläger in der Gruppe und er hat auch gern angestiftet. Als er damals in Untersuchungshaft kam, ließen die Schlägereien merklich nach. Vielleicht haben die anderen aber auch nur einen Tipp von ihren Anwälten bekommen, einfach ruhig zu sein, da ja in dem Moment gegen jeden in der Gruppe ein Verfahren gelaufen ist.

Unsere Elterngruppe gibt es immer noch. Gerade wenn neue Eltern dazukommen, kommt sofort die Frage: »Wie hast du das geschafft? Wie hast du deine Tochter da raus bekommen?« Ich sage dann immer: »Es gibt kein Pauschalrezept, bei uns war es das Glück, dass unsere Tochter einfach diese engen Familienbindungen hatte, die hätte sie aufgeben müssen und das wollte sie nicht. In dem Moment war die Familie stärker als die Gruppe.«

Das Wichtigste ist: »Kämpft für eure Kinder und belügt euch nicht selbst. Deckt nicht den Mantel der Verschwiegenheit darüber.« Ich habe nie ein Geheimnis darum gemacht, dass Sonja bei den Rechten ist. Ich habe dazu gestanden. Es hat ja nicht mich betroffen, sondern meine Tochter. Als ich gefragt wurde: »Und nun?« Dann habe ich gesagt: »Ich kämpfe um mein Kind!« – »Und wie machst du das?« – »Ich mache alles, was möglich ist. Jeder Versuch ist es wert, mein Kind da raus zu holen.«

»Wetzt die langen Messer auf dem Bürgersteig;
lasst die Messer flutschen in den Judenleib.
Blut muss fließen knüppelhageldick,
und wir scheißen auf die Freiheit dieser Judenrepublik.«

Aus dem Lied »Blut muss fließen«, einem antisemitischen Lied aus den 1920er Jahren (Quelle: Bundesamt für Verfassungsschutz)

Dieses Lied ist auch heute wieder in rechtsextremen Kreisen sehr beliebt und wird oft auf Konzerten gespielt und vom Publikum mitgesungen.

Dieses Kind, welches du so liebst, ist vielleicht ein rechtsradikaler Schläger

»Kommen Sie bitte recht früh, denn es wäre mir lieb, wenn unser Gespräch um ein Uhr beendet ist. Dann kommt mein Sohn nach Hause«, sagt Marcos Mutter zu mir am Telefon. »Ich möchte nicht, dass er uns zusammen sieht.«

Ein paar Tage später sitzen wir an ihrem kleinen Küchentisch. Sie sieht müde aus, manchmal muss sie mitten im Gespräch innehalten, dann kommen die Worte nur noch silbenweise aus ihrem Mund, die rot geäderten Augen füllen sich mit Tränen. Es scheint, als liefe während unseres Gesprächs noch eine Parallelschleife in ihrem Kopf: Die Erinnerung an früher, als sie noch mit Marcos Vater zusammen war, als Marco noch der kleine unschuldige Fratz auf der Schaukel war, als der Gedanke an eine Zukunft noch ein großes Glücksversprechen war. Und heute? Was ist Zukunft heute?

Um Mitternacht habe ich Marco eine SMS geschrieben: »Wo bleibst du denn? Möchtest du nicht einmal nach Hause kommen?« – »Muss nur noch etwas klären, komme demnächst.« Das fand ich schon sehr seltsam formuliert, was heißt denn »demnächst«? Ich hatte einfach ein ganz komisches Gefühl und konnte auch gar nicht einschlafen. Eigentlich hatten wir ja eine Verabredung, in der Woche ist er spätestens 23 Uhr zu Hause, damit er am nächsten Morgen pünktlich zu seiner Lehre kommt.

Ich bin wach geblieben – bis halb zwei – habe mich ins Bett gelegt und noch gelesen. Irgendwann bin ich eingeschlafen, aber mein Sohn kam nicht. Früh bin ich in sein Zimmer und da lag er in seinem Bett und meinte, er hätte verschlafen. Ich habe nur zu ihm gesagt: »Jetzt raus. Geh zu deiner Lehre. Wir reden heute Abend.«

Als er nach Hause kam, habe ich ihn gefragt: »Sag mal, Marco, was war denn gestern los? Du weißt doch genau, für die Woche hatten wir eine Vereinbarung getroffen, wann du zu Hause sein sollst. Wenn du erst früh am Morgen kommst, verschläfst du, kommst nicht pünktlich zur Lehre und was ist dann?« Er erwiderte ziemlich mürrisch, darüber werde er jetzt nicht sprechen, das könne er mir nicht erzählen. Ich würde es sowieso nicht verstehen. Ich habe aber nicht locker gelassen: »Wieso?« – »Ich habe dir doch schon gesagt, darüber kann ich nicht sprechen.« Ohne weitere Worte stand er vom Tisch auf und verließ die Wohnung.

Zwei Stunden später kam er wieder, in der Hand eine Tüte, die er mir stumm überreichte. In der Tüte waren Klamotten von ihm und die waren über und über mit Blut voll; sie waren förmlich in Blut getränkt. Wenn ich jetzt darüber rede, habe ich gleich einen Kloß im Hals, ich kann immer noch nicht so richtig darüber sprechen. Marco selbst sah ganz normal aus, keinerlei Anzeichen von Gewalt. Kein blaues Auge, keine Kratzer, nichts. »Sag mal, was ist denn hier passiert? Da muss ja irgendetwas ganz Schreckliches passiert sein.« Er hat mir dann irgendeine Geschichte erzählt. Eine Geschichte, die ich ihm bis heute nicht glaube. Er sei mit einer Gruppe unterwegs gewesen – ganz normale Leute, nicht rechtsradikal, gar nichts. Unterwegs hätten sie eine Gruppe von Weißrussen getroffen. Diese wären betrunken gewesen, hätten rumgepöbelt und plötzlich hätten sie ihn und seine Kumpels angegriffen. Ich habe ihn gefragt: »Und wie erklärst du mir, dass du überhaupt keine Anzeichen von Gewalt an dir hast? Für mich sieht es eher so aus, als ob ihr euch irgendwelche Leute gesucht und sie angegriffen habt.« Das Gespräch führte aber nicht weiter. Er blieb bei seiner ursprünglichen Version, hat immer wieder das Gleiche erzählt und fing irgendwann damit an, dass er es unmöglich fände, dass ich ihm nicht vertraue. So wie er es erzählt habe, so sei es gewesen, nicht anders.

Bis heute weiß ich nicht, was da wirklich passiert ist und wie das alles ausgegangen ist. Er hat mir nie wieder etwas davon erzählt. Die erste Woche nach dieser Geschichte war ich völlig hinüber. Ich wusste überhaupt nicht mehr, wie ich mich gegenüber meinem eigenen Kind verhalten soll. Meine Gedanken kreisten ständig um diese Nacht, in der etwas Ungeheuerliches passiert war und in der mein Sohn etwas

Schlimmes erlebt und wahrscheinlich auch getan hatte. Ich musste ständig darüber nachdenken: Was ist mit diesen Leuten passiert? Sind sie versorgt worden? Hat ihnen jemand geholfen? Wenn schon die Kleidung meines Sohnes so aussieht, kann man nur erahnen, in welchem Zustand die anderen Leute sich befunden haben müssen. Ich glaube, ich habe mir wesentlich mehr Gedanken darüber gemacht, als mein Sohn. Ihn schien das nicht weiter zu belasten.

Für mich als Mutter kommt jetzt noch einmal ein ganz neuer Aspekt hinzu: Das ist mein Kind, welches ich total liebe! Es gibt doch auch so viele gute Dinge an ihm! Er engagiert sich in seiner Lehre und ich komme mit ihm privat wunderbar aus. Ich kenne ganz andere Jugendliche in diesem Alter, die total schwierig sind und ihren Eltern nur Probleme machen. Das ist bei ihm überhaupt nicht so, wirklich nicht. Da kann ich mich nicht beklagen. Und genau dieses Kind, das du so liebst, welches du so achtest, mit dem du so einverstanden bist, das ist jetzt vielleicht ein rechtsradikaler Schläger. Ein Schläger, der andere Menschen so angreift, dass seine eigenen Sachen in Blut getränkt sind.

Ich habe ihm am Ende unseres Gespräches gesagt: »Wir kommen jetzt hier nicht weiter. Du wirst mir wahrscheinlich immer dasselbe erzählen und ich werde dir nicht glauben.«

Wenn ich so zurückdenke, ging es ungefähr in der siebten Klasse los. Da fing er plötzlich an, mal ein bisschen die Schule zu schwänzen. Manchmal stundenweise, manchmal auch einen ganzen Tag. Ein knappes Jahr hatten wir ziemliche Probleme damit, bis ich gesagt habe: »Also wenn du so weiter machst, schicke ich dich an eine andere Schule.« Dort waren einfach auch viele Kinder, die so aus unteren Gruppen kamen und mein Sohn ist sehr leicht beeinflussbar. Sowohl in die eine Richtung, als auch in die andere. Wenn irgendetwas in der Schule war: Mein Sohn war dabei, davon konnte ich ausgehen. Wenn irgendetwas in der Elternversammlung angesprochen wurde, ahnte ich schon, das betrifft auch meinen Sohn. Er war nicht unbedingt der Anführer, aber immer dabei.

Ich hätte mich ja gefreut, wenn er aufs Gymnasium gegangen wäre. Aber er ist überhaupt nicht so der theoretische Typ. Er war schon immer mehr praktisch veranlagt. Was ihm so zuflog, das war okay. Wofür man allerdings ein bisschen was machen muss, das ist alles nicht so seins. Er wollte deshalb auch nicht aufs Gymnasium und am Ende hat er sich durchgesetzt, weil ich mir gesagt habe, ich will ihn auch nicht zwingen oder drängen. Er ist dann auf eine Gesamtschule gegangen, was sich aber im Nachhinein eher ungünstig ausgewirkt hat, er braucht einfach ein bisschen Leistungsdruck, damit er mitzieht. Wenn er nicht muss, macht er auch nichts. Deshalb ist er ab der siebten Klasse ziemlich abgefallen. Da gingen auch die Probleme los. Als ich allerdings mit Umschulung gedroht habe, schien er sich das zu Herzen genommen haben. Denn ab der achten Klasse lief es besser. Es war leistungsmäßig nie so, wie ich mir das gewünscht hätte, aber insgesamt, sag ich mal, war es okay. Die Schule ist nie sein Lieblingsplatz gewesen. Also ich war da früher ganz anders. Ich bin wirklich gern in die Schule gegangen, mir hat das Spaß gemacht. Aber Menschen sind halt unterschiedlich, das kann man nicht ändern.

Zu dieser Zeit aber, in der er sich schulisch wieder ein bisschen gefangen hatte, begann eine ganz andere Geschichte. Zumindest aus der heutigen Perspektive sehe ich das als unmittelbare Folge. Damals habe ich es natürlich gar nicht gesehen. Jedenfalls begann mein Sohn eine gewisse Liebe zu Militärsachen zu entwickeln. Er zog gern solche gefleckten Hosen an, die wie Tarnhosen aussehen und er liebte auch solche olivgrünen Pullover mit Militärstreifen an der Seite. Damals war er so 13 oder 14 und das war wahrscheinlich der Anfang oder die Vorphase. Allerdings macht man sich als Mutter darüber gar keine Gedanken. Ich dachte, okay, das ist irgendwie in. Das tragen eben die Jugendlichen heutzutage.

Dann ging das aber immer weiter. Er zog bald nur noch schwarze Kleidung an und Schritt für Schritt wurden auch seine Haare immer kürzer. Am Ende guckten nur noch ein paar Millimeter über der Kopfhaut raus. Irgendwann habe ich mal in seinem Zimmer eine Kette gefunden, da war so einen Thorhammer drauf. Ich wusste allerdings damals gar nicht was das war. Ich dachte in dem Moment noch: Das ist ja schick. Für einen Jungen sieht das gar nicht schlecht aus. Das ist doch besser als so ein olles Goldkettchen.

Aber dann entwickelte sich das immer mehr in dieser Richtung. Plötzlich fand ich in seinem Zimmer seltsame CDs. Ich habe nicht danach gesucht. Sie sind mir beim Saubermachen aufgefallen, schon wegen der seltsamen Aufschriften und der ziemlich eindeutigen Symbolik. Da dachte ich noch: Na hoppla, was ist das denn jetzt? Das waren meist auch keine Original-CDs, sondern selbst gebrannte und selbst beschriftete CDs. Ich wurde plötzlich unheimlich misstrauisch. Ich hatte ja von dieser ganzen Symbolik überhaupt keine Ahnung. Ich habe mich selbst an den Computer gesetzt und im Internet recherchiert, was das alles bedeutet. Ich wollte einfach eine Gesprächsgrundlage haben.

Als ich dann noch eine schwarze Sturmmaske in seinem Zimmer fand, habe ich ihn zur Rede gestellt: »Sag mal, findest du es normal, so rumzulaufen?« – »Die setze ich ja nur abends auf, wenn es kalt ist, beim Fahrradfahren«, war seine Antwort.

Es ist schon erstaunlich, wie Marco es immer wieder geschafft hat, viele Dinge ganz plausibel zu erklären, ohne dass man irgendeinen rechten Hintergrund vermutet hätte. Zu der Kette meinte er nur: Das trügen viele seiner Kumpels in der Gruppe, mit der er so zusammen ist. Fast hätte er es geschafft, mein Misstrauen zu beseitigen.

Doch es ging weiter. Ich habe Aufkleber bei ihm gefunden, rechtsradikale, wo ich gesagt habe: »Was ist das denn jetzt hier?« Da ging es langsam los, dass er plötzlich einen roten Kopf bekam und nicht mehr so einfach und plausibel erklären konnte, was er in seinem Zimmer hat.

Man ist ja bei vielen Dingen auch einfach ahnungslos. Als das damals mit den *Lonsdale*-Klamotten losging, habe ich erst viel später erfahren, dass diese Marke vorwiegend von Rechtsradikalen getragen wird. Das ist aber eine Marke, die auch von anderen Leuten getragen wird. Genauso war es mit *Alpha* und was es sonst noch alles gibt – *Pitbull* war ja auch sehr angesagt. Da muss man erst einmal dahinter steigen, was das alles bedeutet. Als normaler Mensch durchschaut man diese Codes schwer.

Irgendwann habe ich seine Freunde auch gar nicht mehr gesehen. Er hat mir erzählt, dass er mit irgendeiner Gruppe zusammen ist. Sie sind ja auch nicht dumm, die Kinder. Sie erzählen viele Geschichten und man erfährt nur die halbe Wahrheit. Sie wissen ja ganz genau, was gut ankommt. Marco hat mir oft von der Gruppe erzählt, dass sie viel gemeinsam machen, dass sie auch mal zusammen wegfahren – eben immer nur das Positive. Mir fiel nur auf, dass es immer irgendwie die gleichen Namen waren. Aber er brachte nie jemanden von denen mit nach

Hause. In dieser Zeit wurde er auch äußerlich immer extremer: Die Haare wurden noch kürzer, die Sachen wurden radikaler und ich hatte das Gefühl, ich komme im Gespräch nicht mehr an ihn heran. Da bröckelte immer mehr weg. Man kann das so schlecht erklären.

So richtig kapiert, was da überhaupt abgeht, habe ich alles sehr viel später. Es gab für mich eine Schlüsselszene, bei der mir plötzlich klar wurde, wie tief mein Sohn schon in diesem braunen Sumpf steckt. Damals hatte Marco seine Lehre angefangen und ich war froh, dass er überhaupt eine Lehrstelle bekommen hat, denn das ist ja heutzutage nicht ganz einfach. Allerdings muss ich sagen, dass Marco da auch sehr engagiert war. Er selbst fand es ganz wichtig, eine gute Ausbildung zu haben. Es gibt ja viele Jugendliche, die gleiten ab und haben überhaupt keinen Bock mehr auf irgendetwas. Sie lassen sich so völlig gehen. Da ist mein Sohn ganz anders. Das kriegt er sehr gut auf die Reihe. Er weiß, dass es sehr wichtig ist, einen guten Abschluss zu machen, damit man am Ende überhaupt eine Chance auf einen Arbeitsplatz hat. Schulisch sah es ja bei ihm nicht so gut aus. Sein Zeugnis war miserabel und so ein Lehrbetrieb kann sich unter Hunderten von Bewerbern irgendeinen aussuchen. Auf normalem Wege hätte er wohl keine Chancen gehabt. Letztendlich hat er seine Ausbildung auch nur über Beziehungen bekommen, über Bekannte, die in den Bereichen Heizungsbau, Sanitär- und Klimatechnik arbeiten. Mein Sohn hatte überhaupt keine Vorstellungen, in welche Richtung er beruflich mal gehen wollte und ich habe ihm vorgeschlagen, dass er dort einfach mal ein Praktikum machen soll. Das hat er gemacht und es hat ihm richtig gut gefallen. Das Praktische war ja schon immer seine Stärke. Er hat sich da auch richtig reingekniet. Dann hat er in einem anderen Betrieb noch ein zweites Praktikum gemacht und dort hat er auch eine Lehrstelle bekommen, weil es einfach gut lief und er mit seinen Fertigkeiten überzeugt hat. In diesem Betrieb ist er immer noch, mittlerweile im zweiten Lehrjahr.

Jedenfalls saßen wir zwei hier irgendwann früh in der Küche und Marco war kurz vorm Losgehen. So ganz nebenbei habe ich ihn gefragt: »Was hast du denn eigentlich heute an?« Es war immer ein bisschen das Problem, dass er seine schicksten und neuesten Sachen zur Arbeit anziehen wollte. Ich habe aber darauf bestanden, dass er Arbeitssachen anzieht, denn sonst verschleißen die Sachen einfach zu schnell und ich kann ja nicht alle paar Monate neue Jeans und Pullover kaufen. Ich bin aufgestanden, um mir noch einen Schluck Kaffee zu holen und habe gesagt: »Mach doch mal die Jacke auf.« Marco knöpfte seine Jacke auf und darunter hatte er einen Pullover an mit einer *88* drauf. Völlig entsetzt sage ich zu ihm: »Ist das dein Ernst?« Zu der Zeit wusste ich glücklicherweise schon, dass *88* für *Heil Hitler* steht. »Das ist doch kein Problem, das kennt doch keiner, damit kann niemand was anfangen.« Man muss dazu sagen, dass er im Kundendienst arbeitet. Das heißt, er ist jeden Tag mit ganz vielen Leuten zusammen. Er bekommt früh die Aufträge von seinem Betrieb und fährt dann zusammen mit einem Kollegen in die Wohnungen der Kunden. »Ist das wirklich dein Ernst, dass du mit so einem Sweatshirt arbeiten gehen willst? Damit willst du in die Kundenwohnungen? » Das sah er überhaupt nicht als Problem. Ich habe ihn aufgefordert: »Du verlässt diese Wohnung nicht mit diesem Pullover! Entweder du ziehst ihn jetzt aus oder du bleibst hier.« Er hat bestimmt noch eine viertel Stunde mit mir diskutiert und war außer sich vor Rage. Als er merkte, dass er zu spät kommen würde, hat er mir wutentbrannt dieses Teil an den Kopf geworfen und ist los.

Das war für mich der Punkt, an dem ich gedacht habe: Wie viel ist ihm seine Gesinnung wert? Auf der einen Seite ist es ihm so wichtig, dass er die Lehre gut macht, dass er da vielleicht auch übernommen wird. Aber auf der anderen Seite sieht er nicht ein, dass das ein Riesenproblem werden kann. Ist das jugendlicher Leichtsinn oder fanatischer Irrsinn? Ich habe ihm versucht, klar zu machen, dass er ja auch zu Leuten kommen kann, die sehr wohl wissen, was er auf seinem Pullover trägt. Leute, die einfach interessiert sind und nicht einfach weggucken und die vielleicht im Betrieb anrufen und nachfragen, was dieser Betrieb für Leute in die Wohnungen zu den Kunden schickt. Ich habe ihm auch versucht, klar zu machen, dass er da noch so gut sein kann, sein Chef hätte jedes Recht, ihn deswegen zu entlassen. Davon bin ich nach wie vor überzeugt: Ein Betrieb wird sich doch nicht solche Probleme mit seinen Lehrlingen aufhalsen, diesen schlechten Ruf, den er dadurch bekommt, das kann sich doch heutzutage keiner mehr leisten.

Ich habe so oft versucht, mit ihm zu diskutieren, aber offensichtlich hat das überhaupt nichts gebracht. Parallel dazu musste ich mein eigenes Weltbild völlig korrigieren. Bis dahin waren Rechtsradikale für mich immer Leute, die nicht genug im Kopf hatten. Das ist ja auch das Bild, das man von den Medien so übermittelt bekommt. Immer wenn ich dort etwas über Rechtsradikale gelesen habe oder sie im Fernsehen gesehen habe, da dachte ich mir: Na ja, sie sind eben so dumm, sie lassen sich leicht einfangen. Da brüllt irgendeiner eine dumpfe Parole und die anderen brüllen mit. Und niemand denkt richtig nach, was er da macht. Das war für mich der typische Rechtsradikale.

Und plötzlich war da mein Kind: offen, sensibel, intelligent und rechtsradikal. Das geht ja nun überhaupt nicht zusammen! Marco wurde in keiner Weise in dieser Richtung erzogen – das ist ja auch immer ein wichtiger Aspekt – wie kommt mein Kind in diese Richtung? Ich konnte das überhaupt nicht begreifen. Und weil ich eher so ein impulsiver Mensch bin und viel aus dem Bauch heraus agiere, habe ich mich anfangs bei unseren Gesprächen fürchterlich aufgeregt. Er klopfte immer so platte Sprüche, die dort wahrscheinlich üblich sind und konnte sie mir überhaupt nicht erklären. Diese Diskussionen waren schrecklich. Wir gerieten furchtbar aneinander, aber es führte zu nichts. Immer wieder dieselbe Leier: Die Ausländer nehmen uns die Arbeit weg und Homosexuelle sollten ins Gefängnis, das wäre abartig. Mich hat das einfach fertig gemacht, solche sinnlosen Parolen aus dem Munde meines Kindes! Das alles so zu reduzieren ist doch absurd. Dass Arbeitslosigkeit noch ganz andere Ursachen hat, darüber denken die überhaupt nicht nach. Ich kann es nicht mehr hören, wenn mir jemand erklären will, dass Ausländer daran schuld sind, dass wir hier keine Arbeit haben.

Immer wird das Positive des Rechtsradikalismus' in den Vordergrund geschoben. Da kommen Dinge wie Kameradschaft und dass sie immer füreinander da sind, angeblich in jeder Lebenslage, sich gegenseitig unterstützen und alten Menschen in unserer Gesellschaft helfen. Sie wollen die Traditionen und Werte der Alten hoch halten. Solche Dinge werden in den Vordergrund gerückt.

Die ganzen negativen Aspekte lassen sie ja gern unter den Tisch fallen. Irgendwann mussten wir diese Diskussionen abbrechen. Ich habe gemerkt, hier kommen wir kein Stück weiter. Das bringt nichts.

Es war sehr schwierig für mich. Wir haben eigentlich einen sehr guten Kontakt, auch heute noch, der nur durch dieses Thema belastet wird. Ansonsten kommen wir wunderbar miteinander aus. Es war immer so, dass Marco, wenn er Probleme hatte, zu mir kommen konnte. Wir haben gemeinsam darüber gesprochen und immer eine Lösung gefunden. Bei diesem Thema aber ist es ganz schwierig für mich. Es gibt Phasen, wo dieses Verhältnis an sich und diese Bindungen, die wir eigentlich haben, völlig in Frage gestellt sind. Ich frage mich immer: Kann das mein Kind sein? Ich sehe, dass so Vieles dadurch wegbricht. Diese Beziehung schwankt, sie ist nicht immer gleich. Sie ist mal besser und mal schlechter.

Marco hat eine größere Kassette in seinem Zimmer und wahrscheinlich wäre ich nie im Leben auf die Idee gekommen, wissen zu wollen, was in dieser Kassette ist. Aber als ich merkte, dass mein Sohn immer mehr abdriftet, habe ich mir gedacht: Ich muss da mal rein gucken. Ich habe einfach alle Schlüssel ausprobiert, die sich irgendwo in der Wohnung fanden und komischerweise hat auch einer davon gepasst. Als ich die Kassette geöffnet hatte, bin ich fast umgefallen: Da fand ich viele Zeitungen von früher, Flugblätter und Aufkleber mit eindeutig rechtsradikalem Inhalt, irgendwelche Aufrufe für Demonstrationen und ein Kassierbuch. Dieses Kassierbuch war mehr oder weniger ein Heft, aus dem hervorging, dass Marco für eine Kameradschaft Beiträge kassiert. Da standen die Namen der Mitglieder. Das waren alles Namen, die ich aus seinen Erzählungen kannte. Und hinter dem Namen stand der jeweilige Monatsbeitrag. Es gab auch so kleine Zettel, da wurde notiert, wer wofür Strafe zahlen musste: Zum Beispiel, dass der und der an einer Demonstration nicht teilgenommen hat und nun zahlen müsse.

Wenn man so etwas findet, bedeutet das ja, dass es sich um organisierte Strukturen handelt. Das hatte ich bis dahin nicht vermutet. Das war wie ein Schlag ins Gesicht. Da sitzt man da und denkt: Was machst du jetzt?

Klar, hat er sich aufgeregt. Er hat gebrüllt: »Wie hast du die Kassette geöffnet?« Sie war ja nicht beschädigt. Sie sah ja noch ganz normal aus. »Du kannst mir nicht einfach meine Sachen wegnehmen!« Wir haben darüber gesprochen und ich habe ihm meinen Standpunkt dargelegt: Das ist unsere gemeinsame Wohnung und ich möchte nicht, dass irgendwelche Sachen, die rechtsradikal sind, hier in dieser Wohnung auftauchen. Ich kann deine Ansichten nicht teilen und sollte ich jemals etwas finden, ist es weg. Ich ziehe es ein. Alles, was rechtsradikal ist, akzeptiere ich nicht. Na ja, das war ein Kampf. Er entgegnete mir natürlich voller Wut: »Du kannst mir nicht einfach meine Sachen wegnehmen! Das ist mein Eigentum!« – »Das würde ich auch nicht machen, wenn ich mir anders zu helfen wüsste. Das weißt du genau, ich habe das noch nie gemacht, aber ich bleibe dabei: Was rechtsradikal ist, kommt weg!«

In solchen Diskussionen bekommt er plötzlich einen ganz anderen Gesichtsausdruck. Da schauen mich Augen an, das kann ich gar nicht richtig erklären, fast glasig. Da ist mir mein Kind plötzlich ganz fremd. Das ist für mich eine sehr dramatische Veränderung. Sicherlich, er würde mich wahrscheinlich nicht physisch angreifen. Aber damals, als ich ihm den Pullover mit der *88* weggenommen habe, war er unmittelbar davor, seine Kontrolle zu verlieren. Er ist immerhin eins achtzig groß, aber eigentlich kein gewalttätiger Mensch. In diesem Moment aber war ich ganz schön erschrocken und dachte: Wie kann so etwas einen Menschen so stark verändern? Damals hatte ich das erste Mal Angst vor meinem Sohn.

Ich weiß bis heute nicht, wie er eigentlich an diese Gruppe geraten ist. Ich glaube, sie haben ihn so ganz klassisch eingesackt. Er hat mir irgendwann einmal erzählt, dass er diese Leute auf der Straße kennen gelernt hätte. Es gab da einen Vorfall – da muss auch Gewalt im Spiel gewesen sein – und diese Gruppe hätte sich für das Opfer eingesetzt, dabei habe er sie kennen gelernt. Das klingt alles sehr Wischiwaschi, sehr schwammig. Es sieht mir sehr danach aus, als hätten sie ihn gezielt geworben. Sie suchen ja auch bewusst Jungs in dem Alter, so um die 13,14, in der Pubertät, wenn sie noch nicht sehr gefestigt sind, da haben die Rechtsradikalen einen guten Ansatzpunkt. In der Gruppe sind viele dabei, die wesentlich älter als Marco sind. Er ist jetzt 18 und der Anführer, so nenne ich ihn jetzt mal, ist Mitte 20 – ich glaube 25. In diesem Alter ist das schon einen gewaltiger Altersunterschied.

Ich habe aus dieser Gruppe auch noch niemanden kennen gelernt. Ich habe es immer wieder versucht, habe ihnen vorgeschlagen, mal zusammen bowlen zu gehen. Ich weiß, dass Marco das sehr gern macht und dass sie in der Gruppe auch sehr oft zusammen bowlen gehen. Ich wollte sie jetzt nicht nach Hause einladen, weil das wahrscheinlich zu steif ist und man sich leicht komisch fühlt. Aber letztendlich ist es nie dazu gekommen und ich glaube, das hängt damit zusammen, dass Marco ahnt, dass ich diese Leute wahrscheinlich ablehnen würde. Das vermute ich mal. Deswegen durfte ich sie nie kennen lernen.

Kurz nachdem wir diese Auseinandersetzung wegen der Kassette hatten, sprach mich Marco an und sagte, es werde demnächst eine Anzeige von der Polizei kommen. Ich war natürlich überrascht und fragte: »Inwiefern denn?« – » Ja, das weiß ich auch nicht so genau.« Er hielt sich sehr bedeckt und wollte mir nicht genau erklären, worum es eigentlich geht.

Das war schon seltsam, denn auch wenn schon soviel geschehen war, wir konnten aber immer noch miteinander reden. Diesmal allerdings war es anders, je mehr ich von ihm wissen wollte, desto mehr schwieg er. Als die Anzeige kam, stand darin: »Sachbeschädigungen am Allgemeingut« – oder so ähnlich war das formuliert. Es deutete jedenfalls erst einmal nichts auf einen rechtsradikalen Hintergrund. Es war eine Vorladung zu einer Vernehmung. Ich habe zu ihm gesagt: »Weißt du was, du bist noch nicht volljährig, da gehe ich mit.« Ich hatte vorher bei dieser Stelle angerufen und gefragt, worum es eigentlich geht. Der Beamte meinte am Telefon, es wären Aufkleber an Polizeiautos angebracht wurden. Als ich das Wort Aufkleber hörte, fiel mir natürlich sofort die Kassette ein. Dort hatte ich eine ganze Menge Aufkleber mit NPD-Sachen und faschistischen Sprüchen gefunden. Als er also Aufkleber sagte, war mir sofort klar, worum es hier geht.

Als ich Marco darauf ansprach, stritt er alles vehement ab. So etwas hätte er nie getan. Er wäre auch bei so einer Sache nie gefasst worden. Das könne alles nur ein Irrtum sein. Wir sind gemeinsam zur Vorladung gefahren, obwohl sich mein Sohn extrem dagegen gesträubt hat, dass ich mitkomme. Er war damals ungefähr siebzehneinhalb und meinte, er sei erwachsen, ich solle zu Hause bleiben. Das fände er überhaupt nicht toll, wenn ich mitkomme. Das wäre ja wie bei einem Baby. Ich bin aber bei meinen Standpunkt geblieben: Wenn er mit der Polizei zu tun hat, fände ich es wichtig, als Mutter zu wissen, worum es ginge. Also fuhren wir gemeinsam hin.

Der Sachverhalt war folgender: Eine Gruppe Jugendlicher hatte Aufkleber mit rechtsradikalem Inhalt an Polizeiautos geklebt. Das wurde von Anwohnern beobachtet und diese haben die Polizei angerufen. Kurze Zeit später sind die Jugendlichen dort in der Nähe aufgegriffen worden. Die Polizei hat sie durchsucht und die Aufkleber gefunden, unter anderem auch bei meinen Sohn. Das Problem war nur, sie sind nicht direkt bei der Tat ertappt worden. Natürlich hat Marco wiederholt, dass er damit nichts zu tun habe, und ich saß da und wusste nicht, wie ich reagieren sollte.

Eigentlich wäre es richtig gewesen, wenn ich sofort ausgesagt hätte. Ich hätte erzählen sollen, was vorher war und was meine Vermutung sei. Ja, aber: Welche Mutter haut in diesem Moment ihr eigenes Kind in die Pfanne?

Das war zudem zu einem Zeitpunkt, wo mein Sohn und die anderen nicht mehr so extrem rechtsradikal aussahen wie früher. Das war ja ständig in Veränderung. Die Haare waren wieder länger, die schwarzen Klamotten waren auch kein »Muss« mehr. Sie hatten ganz normale Jeans an, einfache Turnschuhe, statt Springerstiefel – natürlich war das wieder eine bestimmte Marke, da muss man auch erst einmal wieder dahinter steigen. Aber insgesamt sah keiner von ihnen typisch rechtsradikal aus. Ein Außenstehender, der die ganzen Codes nicht kennt, würde nicht sehen, dass es sich um Rechtsradikale handelt.

Mein Sohn saß da also bei der Polizei, er konnte sich gut ausdrücken und machte überhaupt nicht diesen dumpf-dummen-rechtsradikalen Eindruck. Er hat den Beamten voll vertickert, dass er damit überhaupt nichts zu tun habe. Ich denke mal, sie werden das auch geschluckt haben. Nicht nur geschluckt, sondern auch geglaubt haben. Und ich saß da und konnte mich in dem Moment nicht überwinden, meinen Mund aufzumachen. Eigentlich hätte ich aufstehen müssen und sagen: Alles, was mein Sohn sagt, ist gelogen! Ich fühlte mich einfach beschissen.

Als wir zu Hause waren, habe ich ihm sofort klar gemacht, dass es für mich das erste und das letzte Mal war, dass ich mich so verhalten habe. Sollte es so eine Situation noch einmal geben, werde ich ihn nicht mehr decken. Das lässt sich mit meinem Gewissen absolut nicht vereinbaren. Ich denke, das war für ihn auch klar. Ein paar Monate später kam das Schreiben, dass das Verfahren eingestellt wurde. Alle aus der Gruppe sind vernommen worden und wahrscheinlich haben sie sich gegenseitig gedeckt.

Ich finde das aber nicht richtig. Ich bin der Meinung, da hätte von der Polizei irgendwie mehr kommen müssen. Irgendeine Strafe hätten sie verdient und wenn es am Ende gemeinnützige Arbeit gewesen wäre. Irgendwas, nur damit sie merken, das wird in den Anfängen gestoppt. Ich hätte mir da vom Staat ein anderes Handeln gewünscht. Irgendetwas, was man dagegenhalten kann, mehr, als ich es privat kann. Einfach ein kleines Zeichen – so als erhobenen Zeigefinger: Ihr seid unter Beobachtung und wenn noch einmal so etwas passiert, geht es anders ab. Denn eine Einstellung des Verfahrens ist doch quasi eine Bestätigung. Die sagen sich: Na ja, es war nicht so schlimm. Da können wir ja weitermachen.

Ich habe irgendwann Marco mal gefragt, wie seine Kollegen eigentlich reagieren, wenn er mit solchen Sachen auf die Arbeit kommt. Dabei habe ich mitbekommen, dass der eine oder andere selbst in diese Richtungen tendiert. Nicht extrem, aber das Rechte wird ja mittlerweile immer gesellschaftsfähiger. Das muss ja nicht gleich radikal sein. Ich denke, es gibt ganz viele Leute, die für sich im Privaten, zu Hause, diese Meinungen intensiv pflegen. Wenn sie im Fernsehen sehen, dass irgendwo wieder Ausländer angegriffen wurden, sitzen sie still auf ihrem Sofa und denken: Das war doch richtig. Es sind sowieso zu viele hier. Vielleicht hauen sie jetzt endlich mal ab. Es gibt bestimmt viel mehr Menschen von der Sorte, als man allgemein annimmt.

Als Marco anfing, sich äußerlich so stark zu verändern, hat er seine Klamotten irgendwo heimlich in unserem Keller deponiert. Das habe ich erst viel später mitgekriegt. Was mich allerdings bis heute erstaunt, ist, dass mich kein Nachbar daraufhin angesprochen hat. Wir haben damals in einer Eigenheimsiedlung gewohnt. Das war wie auf einem Dorf: Jeder beobachtet jeden und alle wissen über alles Bescheid. Denken Sie, irgendjemand hätte mich angesprochen? Als ich es dann wusste, habe ich mir wiederum Gedanken darüber gemacht, was die Leute jetzt von uns denken.

Oder die Schule. Er kam ja mit seinem Nazioutfit auch in die Schule. Warum hat mich da kein Lehrer angerufen? Warum hat mich keiner informiert? Bis ich es selbst gemerkt habe, ist bestimmt ein halbes oder ein dreiviertel Jahr vergangen und von den Lehrern kam nichts. Ich war regelmäßig bei allen Elternversammlungen und habe auch gefragt ob es irgendwelche Probleme gäbe. Keine Reaktion. Sie hätten doch mal sagen können: Ihr Sohn ist irgendwie auffällig, von seiner Kleidung her, von seiner Frisur. Sie hätten sagen können: Ihr Sohn hat auf seinen Heftern seltsame Aufkleber, oder: Ihr Sohn hat Springerstiefel an. – Nichts. Kein Wort. Nichts.

Man ist so allein mit dieser Geschichte. Es gibt wenige, die mich verstehen.

Es wird ja immer gesagt, dass Rechtsradikalismus viel mit Männeridealen zu tun hat. Vielleicht sind solche Jungen besonders anfällig, denen zu Hause eine männliche Bezugsperson fehlt. Ich weiß es nicht. Andererseits sage ich mir auch: Selbst wenn es so ist, was will ich denn dagegen machen? Wir hatten zwar immer ein ganz tolles Familienverhältnis, aber ich mache mir auch keine Illusionen darüber, dass etwas fehlt, wenn ein Kind ohne Vater aufwächst. Dennoch bin ich auch heute der Überzeugung, dass es für ein Kind gesünder ist, in einer Familie zu leben, die glücklich ist, als in einer Familie, in der es ständig Gewalt oder Streit gibt.

Irgendwann kam Marco an und meinte, er hätte sich von bestimmten Leuten getrennt. Sie wären ihm zu radikal. Und genau in dieser Zeit, als ich so diese Hoffnung hatte, dass da jetzt eine Veränderung passiert, dass jetzt alles gut wird oder zumindest besser, passierte diese schreckliche Bluttat in der Nacht.

Ein paar Tage später habe ich noch einmal seine Kassette geöffnet. Da habe ich wieder dieses Kassierbuch gefunden und daraus ging hervor, dass die Gruppe sich tatsächlich aufgelöst hatte. Zumindest wurde nicht mehr weiter kassiert. Und es ging daraus auch hervor, dass der Anführer dieser Gruppe, von dem Marco immer ganz viel erzählt hatte, und der ihn wahrscheinlich auch sehr beeindruckt und beeinflusst hat, dass dieser Anführer die Gruppe verlassen hat. Also offensichtlich hatte sich da innerhalb dieser Organisationsstruktur etwas geändert. Vielleicht war dieses Erlebnis in der Nacht ja der Auslöser. Ich weiß es nicht.

Jedenfalls war es lange Zeit sehr ruhig. Marco hatte sich auch irgendwie verändert und ich hoffte, dieser Vorfall hätte ihn auf die Idee gebracht, dass er selbst merkt, so geht es nicht weiter. Mehrere Monate blieb das so und ich habe schon fast aufgeatmet und dachte: Mensch, Gott sei Dank, jetzt hat er die Kurve gekriegt. Jetzt ist der Spuk vorbei.

Doch leider war es ein Irrtum. Ich habe gerade vor kurzem wieder ein paar Sachen gefunden und gemerkt, da hat sich gar nichts geändert. Im Gegenteil, ich habe das Gefühl, das ist jetzt eine ganz neue Stufe. Er ist zwar nicht mehr so organisiert wie früher. Diese Gruppe ist weg, wo er auch zu irgendwelchen Infoveranstaltungen gegangen ist, das hat er mir alles erzählt, da gab es richtig Gehirnwäsche und die Anwesenheit zu irgendwelchen Demos war Pflicht. Egal, wo etwas war, Marco war dabei. So was ist wahrscheinlich jetzt vorbei. Ich habe das auch ganz gut im Überblick, weil ich gemeinsam mit meinem Vater versuche, ihn an solchen Terminen, wenn wir wissen, dass irgendetwas ist, familiär einzubinden. Also »zufälligerweise« braucht mein Vater an solchen Terminen immer Hilfe. Er muss eben am Rudolf-Heß-Gedenktag einen schweren Baum fällen und braucht unbedingt Marco dazu. Das klappt eigentlich ganz gut und Marco hat bis heute nichts davon gemerkt. Ich weiß also, wo er sich an solchen Tagen aufhält und dass er nicht bei der Demo ist. Andererseits hat er auch nie versucht, an solchen Terminen irgendwie abzublocken, also zu erzählen, dass er da keine Zeit habe oder so was. Ich glaube schon, dass er sich von solchen Dingen fernhält. Aber deswegen hat er noch lange nicht seine rechtsradikale Orientierung aufgegeben. Es hat nur irgendwie ein anderes Niveau erreicht. Das ist eine andere Stufe, eine ganz andere Qualität.

Die Hoffnung, die ich hatte, dass er davon wegkommt, dass er vielleicht komplett aussteigt, diese Hoffnung kann ich langsam begraben.

Nun warte ich, ob wegen dieser Nacht irgendeine Anzeige kommt. Jedenfalls werde ich ihn nicht wieder decken. Wenn tatsächlich herauskommen sollte, dass mein Sohn irgendwelche Menschen angegriffen und zusammengeschlagen hat, werde ich ihn aus der Wohnung schmeißen. Das habe ich ihm auch eindeutig klar gemacht. Für mich wäre das der Punkt, an dem ich mich ganz konsequent von meinem Sohn und seinen Taten distanzieren müsste. Bisher ist allerdings noch keine Anzeige gekommen. Das bedeutet für mich aber noch lange nicht, dass es einfach so im Sande verlaufen kann.

Es ist ein ewiger Kampf: Auf der einen Seite will ich mit meinem Sohn gut auskommen. Ich möchte ihn akzeptieren. Ich möchte, dass er seinen eigenen Weg findet. Ich möchte ihm nicht in alles rein reden, so wie das mein Vater bei mir gemacht hat, weit über meine Volljährigkeit hinaus. Man will das ja oft anders machen, als man das selbst erlebt hat. Auf der anderen Seite kann ich in dieser Frage einfach keine Rücksichten nehmen. Das wäre falsch. Das bedeutet aber, ich kann nicht so sein, wie ich eigentlich sein möchte.

Natürlich habe ich mir schon oft Vorwürfe gemacht, hatte unendliche schlaflose Nächte und frage mich immer wieder: Was habe ich falsch gemacht? Ich habe ihn weiß Gott nicht so erzogen.

Ich war kürzlich bei einer Veranstaltung, in der ein rechtsextremer Aussteiger aus seinem Leben erzählt hat. Und er sagte, dass sowohl sein Vater, als auch sein Großvater sehr rechtsradikal waren. Sein Opa habe ihm sehr viel Schönes aus der Nazizeit erzählt. Er selbst kannte es von zu Hause gar nicht anders und so ist er da automatisch reingerutscht. Wenn ich so etwas höre, kann ich nur für mich sagen, dafür hatte mein Kind in unserer Familie überhaupt keine Anhaltspunkte.

Von daher versuche ich auch, diese Schuldgefühle einzudämmen. Aber sie brechen trotzdem immer wieder hervor.

»skandale, keine arbeitsplätze
korruption und steuerlügen
den bürger vorsätzlich betrügen

Refrain:
habt ihr es noch nicht erkannt
das ist der alltag in unserem land
steh'n kurz vor dem ruin
wer kriegt das wieder hin ?

großstadtlichter leuchten zufrieden, hell
gedanke an wohlstand vergeht schnell
steigende preise, wohnungsnot
zerfall der moral, drogentod

das land ist in großer not
von terror und gewalt bedroht
bald ist es vollbracht
das volk um den lohn der arbeit gebracht«

Aus dem Lied »Alltag« der Band »Kettenhund« (Quelle: Verfassungsschutz-bericht 2005)

Für viele hier im Dorf
bin ich die mediengeile Alte

Daniels Mutter hat schon einmal »ja« gesagt, als ein Fernsehfilm über rechtsradikale Jugendliche gedreht werden sollte. Deshalb war sie auch spontan zu einem Interview bereit.

Als ich in dem kleinen sächsischen Dorf ankomme, steht der Raps in voller Blüte, im Garten tummelt sich ein Frettchen im Käfig und Daniels Schwester ist mit ihrem Baby zu Besuch. »Würdest du ein bisschen spazieren gehen? Ich möchte mich gern mit der Journalistin allein unterhalten. Es geht um Daniel.«

Als die Tochter ihren Kinderwagen den Feldweg entlang schiebt, blickt die Mutter hinterher und erzählt mir, dass die Tochter vor ein paar Jahren in den Westen gehen musste, um eine Lehrstelle zu bekommen. »Jetzt hat sie das Baby und hockt da in ihrem westdeutschen Dorf. Völlig allein. Kinderbetreuung kennen die ja im Westen nicht. Deshalb ist sie für ein paar Wochen hier. Hoffentlich driftet der Kleine nicht auch mal so ab, wie Daniel!«

Kurz bevor unser Gespräch beginnt, verschwindet Daniels Mutter noch einmal im Haus, um eine neue Schachtel Zigaretten zu holen. »Wissen Sie, ich bin Kellnerin, die rauchen alle«, sagt sie und lächelt.

Sechs Kilometer reichen schon. Sechs Kilometer weiter, da ist mein Heimatdorf. Und obwohl wir jetzt schon seit mehr als zwölf Jahren hier leben und uns dieses Haus gebaut haben, geht eine unsichtbare Grenze quer durch den Ort, die entscheidet, ob du dazu gehörst oder nicht. Dazu gehören kannst du aber quasi nur durch Geburt, egal, ob du sechs Kilometer weiter herkommst oder sechshundert und egal, wie lange du hier schon wohnst: Du bist und bleibst die Fremde. Das spürst du. Und sie lassen es dich spüren.

Für viele hier im Dorf bin ich die mediengeile Alte, die ihre Probleme nicht für sich behalten kann. Ich bin auch schon im Dorf angesprochen worden: »Überleg' dir was du tust! Es könnte auch schief gehen.« Aber wo kommen wir denn da hin? Das hatten wir doch alles schon einmal – keiner hat etwas gewusst und alle haben geschwiegen. Nein, nicht mit mir! Schweigen ändert gar nichts.

Ich habe auch Polizisten erlebt, die mir gesagt haben: »Lehnen Sie sich nicht zu weit aus dem Fenster. Sie wissen gar nicht, wozu diese Leute fähig sind.« – Ja, aber genau das ist wohl das größte Problem dieses Staates und seiner Menschen: dieses Duckmäusertum, dieses Wegducken. Ich habe vor niemandem Angst, vor niemandem! Ich habe nur Angst, dass meine Kinder unter die Räder kommen – und eines von ihnen ist kurz davor. Ich werde es als Mutter jedenfalls nicht zulassen, dass mein Kind bei diesen Nazis bleibt. Darum kämpfe ich.

Manchmal sitze ich hier im Garten, schaue auf die Felder, höre die Vögel zwitschern und denke: Das ist das Paradies auf Erden. Wenn ich mich dann umdrehe und hoch zum Fenster vom Zimmer meines Sohnes blicke, dann durchzuckt mich plötzlich ein heftiger Schmerz: Nein, das ist die Hölle. So nah liegt das beieinander. Ich weiß gar nicht mehr, was ich fühlen soll. Es gab Momente, da habe ich ihn einfach nur gehasst, abgrundtief und verzweifelt. Aber, mein Gott: Ich bin doch seine Mutter! Das ist doch mein Sohn! Wie konnte es nur so weit kommen?

Damals, als wir hierher zogen, haben sich die Neonazis aus der Gegend hinten an den Teichen getroffen. Jeden Freitag und Samstag – Autos parken, Boxen drauf und dann ihre tolle Musik. Da bin ich hin und habe gesagt: »Leute, hier baden auch Kinder und ich möchte nicht, dass ihr denen eure Ideologie aufdrängelt.« – »Ach, Alte, du kriegst gleich paar aufs Maul. Guck dir doch dein schönes Haus an, das brennt bestimmt gut!« Ich habe mich aber nicht einschüchtern lassen. Damals vor zwölf Jahren nicht und auch heute nicht. Ich bin sofort zur Polizei und habe das angezeigt. Drei Tage später kam der Polizeichef persönlich zu mir nach Hause und gab ganz offen zu: »Hören Sie mal, es ist nicht egal, wen Sie bei der Polizei anrufen. Die Hälfte meiner Kollegen ist selbst bei diesem Verein. Wenn Sie noch einmal Probleme haben, dann gebe ich Ihnen meine private Telefonnummer und die Nummer der Leipziger Zentrale.« Zwei Monate lang haben sie die Teiche mit dem Polizeiauto observiert, danach war auch Ruhe. Aber als der Polizeichef das sagte, da habe ich gedacht, ich spinne. Mittlerweile ist das wohl nicht mehr so schlimm, die haben da ein bisschen ausgewechselt. Damals waren meine beiden Ältesten in dem Alter, in dem Daniel jetzt ist. Glücklicherweise hatte ich aber mit denen keine Probleme. Die wollten mit den Nazis nichts zu tun haben. Nun hat es mich aber doch noch mit Daniel, dem Jüngsten, erwischt – dafür umso heftiger.

Daniel ist so ein Wendekind, eines der letzten, 89, danach kam nichts mehr. Hier hat er keine Gleichaltrigen und in der Schule kommen die Kinder aus zehn verschiedenen Orten.

Ich erinnere mich noch sehr genau an das allererste Mal; damals, als wir in seinem Zimmer einen Baseballschläger mit Hakenkreuzen gefunden haben. Ich bin richtig ausgetickt, ich konnte mich nicht mehr bremsen. Mein Mann musste mich regelrecht zurückhalten. Er hat dann versucht, mit ihm allein zu sprechen. Natürlich hat Daniel erstmal alles abgestritten: »Der gehört einem Freund, den bewahre ich für ihn nur auf.« – »Dann gib uns die Telefonnummer, ich möchte sofort mit den Eltern dieses Freundes sprechen.« Na ja, da druckste er solange rum, bis raus kam, dass es doch seiner war. Ich stand in dem Augenblick völlig neben mir. Ich habe geschrien und getobt, ich konnte einfach keinen klaren Gedanken mehr fassen. Ich bin ja selbst eher so eine rote Socke und ich weiß einfach nicht, wie so eine Grütze in seinen Kopf kommt. Wir haben eine heftige Auseinandersetzung gehabt und am Ende haben wir ihm gesagt: »Dort hinten ist ein Beil, da kannst du jetzt Streichhölzer schnitzen.«

Ein paar Tage später hat er sich eine Glatze geschoren. Das war seine Art zu kommunizieren. So nach dem Motto: Ihr könnt mir erzählen, was ihr wollt, ich bleibe meinen Ansichten treu. Und damit begann der offene Krieg. Seitdem bin ich regelmäßig in sein Zimmer und jeder Nazikram, den ich gefunden habe, flog in den Müll. Wir hatten regelmäßige Auseinandersetzungen, er hat mich immer wieder beleidigt und beschimpft. Da kamen so Sprüche, wie: »Du bist keine richtige deutsche Mutter! Eine richtige deutsche Mutter kocht täglich drei Mahlzeiten für ihr Kind, wäscht die Wäsche und kümmert sich um den

Haushalt.« – »Toll. Und was denkst du, wo die Kohle herkommt? Dein 30 qm großes Zimmer genießt du doch auch. Aber auch das muss bezahlt werden. Das fällt ja nicht als Geschenk vom Himmel. Hier im Osten verdient kein Mann soviel, dass er davon allein eine Familie ernähren kann.« – »Du könntest wenigstens kochen!«, war seine Antwort. »Aber überleg doch mal: Früh, wenn du das Haus verlässt, schlafe ich noch. Mittags, wenn ich los muss, bist du noch nicht da. Der Kühlschrank ist immer voll und du bist alt genug, dir selbst etwas zu machen. Das haben deine Geschwister so gemacht und ich wüsste nicht, warum nicht auch du das kannst.«

Ich habe meinen Kindern auch irgendwann direkt ins Gesicht gesagt: »Wenn ich das mit der Wende vorher gewusst hätte, gäbe es keinen von euch dreien.« Jedes von ihnen war ein geplantes Wunschkind. Sie sind aber alle drei vor der Wende geboren. Hier, in diesem Staat jedoch ist man mit Kindern erschossen. Zu DDR-Zeiten gab es auch nachmittags genügend Freizeitangebote für die Kinder. Das war alles kostenlos. Und heute? Nichts! Du hockst als Kind auf diesem Dorf, kommst nicht weg ohne Moped oder Auto und es gibt keine Möglichkeit der Beschäftigung. Da muss man doch abdriften. Daniel würde ja gern Motorsport machen. Dafür müsste ich ihn aber jedes Mal 15 Kilometer fahren und das würde mich im Monat 70 Euro kosten. Wie soll ich das bitte machen? Ich würde dem Kind so gern eine Freizeitaktivität finanzieren, aber wie? Ich kann ja auch nicht verlangen, dass er die 15 Kilometer mit dem Fahrrad fährt. Zu DDR-Zeiten gab es in jedem Dorf etwas: eine freiwillige Feuerwehr, einen Fußballverein, Tischtennis, Schwimmen und alles ohne Geld. Heute kommen die Kinder am frühen Nachmittag aus der Schule und dann heißt es: Nun seht zu, wie ihr klar kommt. Das ist doch pervers!

Viele sagen bis heute, das sei einfach eine pubertäre Phase und das ginge vorbei. Doch ich weiß: Das ist viel mehr als ein pubertäres Problem. So kann man es leider nicht einfach runterspielen. Ich habe eigentlich gedacht, dass ich noch viel mehr Eltern überzeugen kann, etwas gemeinsam zu machen. Ich bin ja nicht die Einzige hier, die ein Nazikind hat, aber da ist bis heute leider nichts passiert. Meine Nachbarin zum

Beispiel, die hat mit ihrer Tochter dasselbe Problem. Aber sie möchte das für sich klären, in der Familie. Ich habe ihr immer wieder erklärt: »Das kriegst du nicht allein gebacken, du brauchst Hilfe von außen.« – Das war auch so. Eines Tages standen 15 bis 20 Neonazis vor ihrer Tür, haben sich gewaltsam Eintritt verschafft und das ganze Haus verwüstet. Sie haben nicht wieder aufgehört, bis sie doch die Polizei gerufen hat. Danach habe ich sie gefragt: »Und, siehst du jetzt ein, dass du damit allein nicht fertig wirst?« – »Ich weiß nicht, ich bringe meine Tochter jetzt zu einer Psychologin nach Leipzig. Ich kann einfach nicht damit an die Öffentlichkeit gehen.« – »Auch ich hätte es lieber individuell geklärt, aber das ist einfach nicht möglich, denn es ist kein familiäres oder individuelles Problem.« Ich sehe doch selbst, wie überfordert alle damit sind. Jeder versucht zu leugnen, dass es ein solches Problem überhaupt gibt und diejenigen, die nicht leugnen, versuchen das Problem klein zu reden, als pubertäres Problem eben. Ich würde so gern eine anonyme Selbsthilfegruppe gründen, mit professioneller Begleitung. Doch da will niemand mitmachen. Als ich damals das Interview für die Zeitung gegeben habe, riefen mich viele Eltern an, die genau dasselbe Problem hatten. Das waren Lehrer, Ärzte – alles hohe Gesellschaftsschichten, aber keiner wollte an die Öffentlichkeit. Sie wollten das privat klären. Das wird nichts, die rennen mit ihrer Haltung ins Verderben. Das ist eine tickende Zeitbombe.

Ich habe immer wieder versucht, Leute anzusprechen, aber es ist immer das Gleiche. Sie sagen: »Wir wollen nicht so in die Öffentlichkeit, wer weiß, wozu die fähig sind.« – Wenn wir aber erst einmal in der Öffentlichkeit stehen, tut uns keiner mehr etwas. Dann sind wir praktisch unverwundbar. Eine Mutter kann doch wesentlich mehr bewegen als so ein kleiner Nazi. Wenn ich meine Kinder richtig erzogen habe, dann hängen die auch irgendwie an ihrer Mama und können nicht so einfach damit umgehen, dass ihnen hier Widerstand entgegen gebracht wird. Das lässt sie nicht kalt, auch wenn sie es nicht zeigen. Ich bin fest davon überzeugt, dass dieses Problem nichts mit meiner Erziehung zu tun hat. Diesen Schuh ziehe ich mir nicht an.

Ja, auch ich habe lange gebraucht, bis ich gesagt habe: Allein schaffe ich das nicht. Aber jetzt hat das Kind einen Namen und an dem Tag, an dem ich mich entschied, an die Öffentlichkeit zu gehen, ging es mir selbst besser. Irgendwie habe ich auch das Gefühl, dass Daniel seitdem von seinen so genannten Kumpels nicht mehr so oft zu Partys eingeladen wird. Sie meiden ihn fast ein bisschen. Ist ja klar, sie wissen, dass ich ihr Feind bin und dass ich alles, was ich erfahre, sofort der Polizei melde.

Es ist ja nun auch nicht so, dass alle Eltern damit ein Problem haben. Ich kenne genügend, die stolz auf ihre Kinder sind. Da gibt es einen Kumpel, zu dem ist Daniel oft gegangen. Er hat zu mir gesagt: »Du brauchst keine Angst haben. Wir machen keine Dummheiten, seine Eltern sind auch da.« Ich dachte noch, die gehen da so gern hin, weil dort ein großer Pool im Garten ist, aber weit gefehlt. Irgendwann habe ich mitgekriegt: Die Eltern gehören dazu! Das sind auch Nazis. Sie haben nächtelang mit dieser Naziclique im Garten gesessen und fröhlich gefeiert.

Vor zwei Jahren ging doch mal so eine Geschichte durch die Zeitung, von dem Mädchen, welches auf dem Schulweg überfallen wurde. Das war ein Mädchen hier aus dem Dorf. Zwei Schulkameradinnen haben ihr die Klamotten zerfetzt, haben sie geschlagen, bespuckt und beschimpft und ihr zum Abschluss mit einem wasserfesten Filzstift ein großes Hakenkreuz ins Gesicht gemalt. Klar gab es Gerede im Dorf, aber eher negativ dem Mädchen gegenüber. Leider kommt sie aus sehr schwierigen Verhältnissen. Beide Eltern sind arbeitslos, Trinker, ich würde mal sagen, eher einfache Gemüter. Und dann haben sich die Dorfbewohner die Mäuler zerrissen: »Wer weiß, was die angestellt hat. Umsonst haben die das bestimmt nicht gemacht.« In diesem Ton lief das. Es hat keiner auf diesen ungeheuerlichen Affront an sich reagiert. Keiner. Die zwei Mädchen, die das gemacht haben, sind einfach an eine andere Schule strafversetzt wurden. Das ist doch keine Lösung, sie einfach wegzuschicken. Ich verstehe das nicht.

Und bei Daniel lief es wahrscheinlich ähnlich. Ich habe es aber nur von meiner Tochter erfahren, ihr hat er sich mal irgendwann anvertraut, aber sie hat es mir erst ein halbes Jahr später erzählt. Als ich es dann wusste, war ich ganz schön wütend darüber, dass sie nie etwas verraten hat. Da hat sie zu mir gesagt: »Was hätte ich denn machen sollen?

Du wärst doch sofort zur Polizei gegangen und dann wäre alles nur viel schlimmer geworden.« – »Und nun? Nun bin ich bei der Polizei und zusätzlich beim Staatsschutz, glaubst du das ist besser?«

Sie haben auch Daniel damals auf dem Schulweg abgefangen. Er ist jeden Morgen mit dem Rad zur Schule gefahren. Das sind ungefähr drei Kilometer. Irgendwo haben sie ihn abgepasst. Auch ihm haben sie ein Hakenkreuz ins Gesicht gemalt, haben seine ganzen Sachen beschmiert und sie zerrissen. Er hat sich aber nicht getraut, mir etwas davon zu erzählen. Und damit er vor denen seine Ruhe hat, ist er einfach mitgegangen, zu den Partys, hatte dann auch die entsprechenden CDs und ist immer tiefer in diesen Sumpf gezogen wurden. Später sollte er auch eine Mutprobe machen, so als Zeichen, dass er jetzt richtig dazu gehört. Sie haben einen Termin für ihn gemacht und an diesem Abend sollte er einen Dönerstand anzünden. Da hat er aber Schiss gekriegt und zufälligerweise war an diesem Abend mein Geburtstag. So hat er gesagt, er könne nicht, wegen mir. Ich glaube, bisher ist er noch nicht gewalttätig geworden. Aber ich habe wirklich Angst, dass er es wird, denn er kann so leicht austicken. Sein Gewaltpotential ist enorm. Er ist so leicht reizbar.

Meine Tochter hat nun einen schweren Stand bei ihrem Bruder. Denn letztlich hat sie ihn ja verpetzt, indem sie mir alles erzählt hat. Die Konsequenz ist natürlich, dass Daniel ihr gegenüber zu solchen Dingen schweigt. Sie kam da in große Loyalitätskonflikte.

Und als ich es wusste, überschlugen sich die Ereignisse. Kurz nach dieser Geschichte mit dem Baseballschläger rief mich der Direktor der Schule an. Daniel habe auf dem Schulhof eine große Fahne mit der *Schwarzen Sonne* geschwenkt. Ich war bei dem Direktor zum Gespräch und habe ihm von meinen Beobachtungen und meinen Vermutungen erzählt. An der Schule gab es ja einige Nazis und die ganzen CDs, die Flyer und die Aufkleber, die hat er alle auf dem Schulhof bekommen. Doch der Direktor hat sofort abgeblockt – erstens gäbe es an seiner Schule kein rechtes Problem, sondern höchstens ein linkes und wenn ich Probleme mit der Schule hätte, könnte ich ja meinen Sohn an eine andere Einrichtung geben. »Nein, den Gefallen tue ich Ihnen nicht, damit lösen Sie gar nichts. Es gibt leider an Ihrer Schule noch mehr von dieser Sorte.« – »Das kann ja sein, aber die Eltern machen nicht so ein Trara.« – »Genau das ist es ja, was ich so traurig finde.« Da war nichts, überhaupt kein Stückchen Problembewusstsein.

Ich hatte mich am Anfang, als Daniel neu an die Schule kam, mal ganz nett mit dem Direktor unterhalten. Deshalb dachte ich, er wäre auf meiner Seite und würde mich unterstützen. Dann habe ich aber gemerkt, dass er nur noch irgendwie in Ruhe die Zeit bis zu seiner Rente überbrücken will, ohne sich mit irgendwelchen Problemen auseinandersetzen zu müssen. Er lebt nach dem Motto: Wenn ich nicht darüber rede, gibt es auch keine Probleme.

Ich habe ihn zum Abschluss noch darum gebeten, mich zu informieren, wenn mein Sohn in dieser Hinsicht auffällig wäre. Ich käme dann selbst vorbei und würde es persönlich mit meinem Sohn klären.

Zu Hause war der Trubel pur. Wir hatten mal eine Zeit, in der wir gar nicht miteinander geredet haben. Ich habe seine Geschwister angerufen und sie um Hilfe gebeten. Sie haben versucht, mit Daniel zu reden. Aber es war aussichtslos. Er hat keinen an sich rangelassen.

In der Woche sehen wir uns ja selten. Normalerweise wecke ich ihn früh und dann geht er allein zur Schule und ich lege mich wieder ins Bett, damit ich nachmittags fit bin. Ich bin Kellnerin und arbeite von Nachmittag bis Mitternacht, manchmal auch bis eins. Bis ich dann zu Hause bin, vergeht bestimmt noch mal eine knappe Stunde. Also, wenn ich nach Hause komme, schläft Daniel.

Eines Morgens aber konnte ich nicht so richtig einschlafen. Ich habe mir einen Kaffee gekocht und saß da so am Küchentisch und plötzlich sehe ich, wie sich mein Sohn aufs Fahrrad schwingt und zur Schule fährt – aber in welchen Klamotten! Ein vermummter Schal mit *Lunikoff*-Aufschrift und ein schwarzes Kapuzenshirt mit *White Power Germany* auf dem Rücken, dazu natürlich Springerstiefel. Offensichtlich hatte er die Klamotten hier irgendwo im Haus versteckt. Ich habe sofort in der Schule angerufen, bekam aber zu hören, dass sie momentan für solche Dinge keine Zeit hätten. So bin ich selbst hin und kam gerade in der großen Pause an. Da stand ein ganzes Grüppchen von denen im eindeutig rechten Aufzug auf dem Schulhof, als wäre es das Normalste auf der Welt. Da hat keiner reagiert. Und mein Sohn natürlich mittendrin. »Sie sollten mich doch informieren, wenn mein Sohn in der Schule auffällig wird«, habe ich zu dem Direktor gesagt. Er aber hat mich in sein Zimmer geholt, mir einen Katalog gezeigt und ziemlich hilflos erwidert: »Schauen Sie doch hier rein, da ist nichts Verbotenes dabei.« – »Aber hallo, *White Power Germany* ist doch wohl verboten!« Ich habe von meinem Sohn verlangt, dass er sich auf der Stelle umzieht. Ich hatte Klamotten von zu Hause mitgebracht und er hat mich natürlich für diese Aktion gehasst. Aber ich habe nicht locker gelassen.

Als ich wieder zu Hause war, habe ich gründlich in seinem Zimmer nach Nazizeug gesucht. Früher, bevor diese Sache mit dem Baseballschläger passiert ist, habe ich das nie gemacht. Aber er hat mir keine andere Wahl gelassen. Alles, was ich gefunden habe, landete in einer großen Tüte und damit bin ich zur Polizei. Ich war bereit, meinen Sohn anzuzeigen, anders wusste ich mir nicht mehr zu helfen. Die Polizei wiederum hat mich aber an den Staatsschutz verwiesen. Die Beamten dort haben sich die Klamotten angeschaut und die CDs angehört und gesagt, sie würden mit ihm reden. In Zivil sind sie in die Schule gekommen, haben ihn aus dem Klassenzimmer geholt und zwei Stunden mit ihm gesprochen. »Der ist noch nicht so weit drin. Machen Sie sich mal keinen Kopf!«, war die Essenz dieses Gesprächs. Das hat mich schon reichlich entsetzt, deshalb bin ich gleich von dort aus zum Jugendamt gefahren. Später war ich dort bestimmt noch zwei- bis dreimal. Aber eigentlich hat es rein gar nichts gebracht. Die Mitarbeiterin hat mich erst einmal über den Zuständigkeitsbereich des Jugendamtes aufgeklärt, um mir daraufhin zu sagen, dass mein Problem nicht dazu gehöre. Allerdings, so meinte sie gegen Ende des Gesprächs, solle ich mir doch mal Gedanken um meine Arbeitszeiten machen und mich intensiver um mein Kind kümmern. Ich habe ihr gesagt: »Wenn Sie mir Ihren Gehaltsscheck geben, dann habe ich kein Problem damit, mich 24 Stunden um mein Kind zu kümmern. Bloß – ich lebe meinen Kindern vor, dass man arbeiten muss, um etwas zu schaffen und bei der derzeitigen Situation auf dem Arbeitsmarkt muss man den Job nehmen, den man kriegt. Da kann man sich die Arbeitszeiten nicht aussuchen.« Ich war reichlich wütend und absolut enttäuscht, dass es scheinbar niemanden auf der Welt gab, der einem helfen konnte. Es ist schon interessant, was man auch von Seiten der Behörden so zu hören bekommt, wenn man Kellnerin ist. Die unterschätzen einen ja permanent. Einmal sagte mir so ein Beamter dort auf dem Jugendamt: » Sie sind ja doch ganz schön belesen und wissen viel.« – »Was haben Sie denn jetzt erwartet? Eine kleine dumme Kellnerin? Ich weiß genau, was ich tue. Ich überstürze nichts.«

Ich hätte mir sehr gern so eine Krisenstelle gewünscht. Einen Ort, wo man hingehen kann, wenn man gar nicht mehr ein noch aus weiß. Wo man sich einfach mal hinsetzen kann und sich ausheult. Denn jeder Tag war ja Stress pur. Wir haben viel gestritten und geheult miteinander. Ich war ja immer allein mit ihm. Die beiden Großen sind aus dem Haus und mein Mann ist Fernfahrer. Natürlich unterstützt er mich, wo er nur kann. Aber was will er denn machen, wenn er gerade in Hamburg ist oder sonst wo. Das tut ihm auch leid, dass er da so abseits steht.

Irgendwann kam der Tag, wo Daniel nur noch gemauert hat und ich gar nicht mehr an ihn rankam. Mein Mann hat noch versucht, mit ihm zu reden, weil ich mich auch gar nicht mehr beherrschen konnte. Ich explodiere ziemlich schnell, denn es ist mir so unbegreiflich: »Diese 12 Jahre, die wir in unserer Geschichte haben, reichen die denn nicht? Es gibt Filme, es gibt Bücher.« – »Du hast ja gar keine Ahnung, das wird alles verdreht und manipuliert. Die schreiben sich ihr Geschichtsbild, wie sie es brauchen.« – »Und die Millionen Toten?« – »Du musst doch auch das Gute sehen, Adolf hat Autobahnen gebaut und Arbeitsplätze geschaffen, ist das nichts? Das sind doch Leistungen.« So drehen sich unsere Gespräche immer im Kreis.

Eines Abends war es besonders schlimm, da drohte es regelrecht zu eskalieren und er hatte auch schon seine Hand gegen mich erhoben, aber da bin ich ausgetickt. Nach 15 Jahren habe ich mein Kind das erste Mal geschlagen. Da hat er vor mir gesessen und gewinselt: »Bitte, bitte, hör' auf, ich mache es nie wieder!« Er hat richtig meine funkelnden Augen gesehen und er wusste, dass ich es ernst meine. Wir haben danach beide dagesessen und geheult. Eine Woche habe ich nicht mehr mit ihm gesprochen, bis mein Mann gesagt hat: »Nun kriegt euch mal wieder ein.« Seitdem geht es irgendwie. Daniel hat einfach gemerkt: Ich kann auch anders.

Ich habe niemals vorher meine Kinder geschlagen, auch meine beiden Großen nicht, aber an diesem Abend ist bei mir einfach eine Sicherung durchgebrannt. Da steht mein eigenes Kind vor mir, brüllt mich an und nennt mich »Alte«. Das war einfach zu viel. Ich habe gedacht, jetzt geht nichts mehr. Eigentlich wollte ich ihn rausschmeißen. Ich hatte mich auch gleich am nächsten Tag wegen eines Heimes erkundigt. Ich konnte mir einfach nicht mehr vorstellen, mit diesem Kind unter einem Dach zu wohnen. Ich dachte: Jetzt entgleitet mir alles. Dann hatte ich auch noch eine Gesichtsnervenentzündung und die Ärztin meinte, wenn ich nicht aufpasse, wird es eine Lähmung. Ein eindeutiges Stresssymptom, ich war wirklich völlig am Boden zerstört.

In dieser Nacht habe ich nachts um eins bei *Domian* angerufen. Das ist eine Radiosendung, wo Leute in Krisensituationen live anrufen können. Ich brauchte einfach jemanden, mit dem ich reden konnte. Ich habe da am Telefon gehangen und mein ganzes Herz ausgeschüttet, habe gestottert und geweint. Aber ich konnte endlich reden. Und genau das hat mein Mann im Radio gehört. Er war gerade mit seinem LKW im Sendegebiet unterwegs. Er hat mich sofort angerufen und gesagt: »Ich bin schon unterwegs. Ich habe dich gerade im Radio gehört, du bist ja fix und fertig. Ich komme sofort nach Hause.« – »Ich kann nicht mehr. Ich bringe dieses Kind um!«, habe ich ihm entgegen geschluchzt.

Seit diesem Vorfall hat mein Mann auch den Ernst der Lage besser erkannt. Er war ja immer nur am Wochenende da und hat den Alltag nicht mitgekriegt. Er hat sich den Daniel dann vorgeknöpft, hat mit ihm gesprochen: »Du tickst wohl nicht ganz richtig. Wir bemühen uns, dir ein schönes Leben zu ermöglichen und du behandelst so deine Mutter. Auch wenn ich nicht dein leiblicher Vater bin, sage ich dir, dass es so nicht weitergeht. Bevor wir alle selbst zu Grunde gehen, müssen wir uns trennen, wenn so etwas noch einmal vorkommen sollte. Dann kannst du nicht mehr in diesem Haus wohnen.« Das war auch für Daniel ein richtiger Dämpfer. Ich glaube, in dem Moment hat er begriffen, dass er eine Grenze überschritten hat, dass er einfach zu weit gegangen ist.

Mittlerweile weiß ich gar nicht mehr, was ich noch machen soll. Ich habe sogar ein Kind aus der Dritten Welt für ein Jahr hierher geholt.

Ich dachte, vielleicht ändert sich da etwas. Es gab ein Programm, namens: *Hilfe für Kinder aus der Dritten Welt.* Ich dachte: Die beiden Großen sind raus. Du hast genug Platz im Haus und vielleicht bewirkt es ja etwas bei Daniel, wenn er jemanden direkt kennen lernt. Ich war die Letzte, die sich angemeldet hatte und mein Gastkind kam aus Usti nad Labem aus Tschechien, keine 150 Kilometer von hier. Schöne dritte Welt. Da habe ich gedacht: Spinnen die? Sie reden von Peru, Brasilien, Bolivien und was weiß ich was. Und am Ende kriege ich ein Kind aus Usti. Sie haben zwar gemeint, wenn ich ihn nicht haben wolle, könne ich ihn ja zurück schicken. Da konnte ich aber nicht mehr an mir halten: Ihr habt ja wohl einen Knall. Das ist genau das, was ich verabscheue; ich kann doch nicht sagen – ach, der gefällt mir nicht, dann tausche ich ihn einfach um. So ein Kind ist doch keine Ware! Ich habe den Jungen genommen, ein Gymnasiast und so ein bisschen ein Ökofreak, er schwärmte für Greenpeace. Aber mein tolles Konzept ging vorn und hinten nicht auf. Die beiden Jungen konnten gar nicht miteinander. Ich wollte da irgendwie zwei Fliegen mit einer Klappe schlagen. Dem einen Kind wollte ich helfen und für mein Kind hatte ich mir so einen Motor erhofft. Vielleicht auch jemanden, der ihn schulisch ein wenig mehr motiviert.

Denn parallel zu seiner Naziclique ist er ja in der Schule völlig abgesackt. Null Bock auf Nichts! »Ich krieg sowieso keine Lehrstelle. Der Staat hier ist das Letzte. Wieso soll ich noch in die Schule gehen?« – »Pass auf, mein Freund, ich bestehe darauf, dass du zehn Klassen machst, egal wie.« Jetzt hat er die Neunte bestanden und nun folgt die Zehnte. Darauf habe ich bei jedem Kind bestanden. Zehn Klassen sind Pflicht!

Daniel will ja mal irgendwie in die Kfz-Branche, aber ich befürchte, dafür sind seine Noten viel zu schlecht. Man weiß es nicht, aber mal sehen. In einem halben Jahr werden wir anfangen, Bewerbungen zu schreiben. Auf jeden Fall hat er hier im Osten keine Chance. Er wird wohl nach drüben gehen müssen. Das war bei seinen beiden Geschwistern genauso. Sie sind beide im Westen, weil sie hier keine Lehrstelle gefunden haben.

Wir versuchen immer am Wochenende, etwas gemeinsam zu dritt zu machen. Erstens haben wir nur dann Zeit für uns und zweitens kommt Daniel so nicht auf dumme Gedanken. Kürzlich ist er sogar mit uns in den Urlaub gefahren. Da habe ich gestaunt, das hatte ich so nicht erwartet. Wir sind sehr an Geschichte interessiert, mein Mann und ich. Wir machen immer Geschichtsurlaub, so nennen wir das – Peenemünde, Buchenwald, Dänemark. Ja, und das letzte Mal waren wir in der Normandie und haben uns die Bunkeranlagen angeschaut. Diese traumhafte Landschaft und mittendrin diese hässlichen Bunker. Da habe ich noch einmal einen Versuch unternommen und das Daniel gezeigt: »Guck dir doch mal an, wie diese Bunker hier die Landschaft verschandeln. Findest du das schön?« – »Das ist wenigstens deutsche Wertarbeit. Guck dir lieber an, wie sie halten!«, war seine Reaktion.

Ich habe aber trotzdem das Gefühl, dass sich vielleicht etwas ändert. Das hängt mit Daniels Freundin zusammen. Sie ist eine Zaubermaus. Sie geht aufs Gymnasium und kann mit seinen Kumpels auch nicht viel anfangen. Deshalb sieht er seine Clique jetzt seltener. Ich denke immer: Je weniger er seine Leute sieht, desto weniger Einfluss können sie auf ihn ausüben. Ich komme richtig gut mit seiner Freundin klar: Sie ist meine Prinzessin. Sie ist schon fast wie mein viertes Kind. Momentan ist Daniel ja auf Klassenfahrt, sie kommt aber trotzdem hier vorbei, sie fühlt sich einfach wohl bei uns. Ich hege und pflege sie, damit diese Beziehung so lange wie möglich hält. Das wird sicherlich nicht ewig halten. Dafür sind ihre Ausgangspositionen viel zu unterschiedlich, er schafft mit Mühen die Zehnte und sie geht aufs Gymnasium. Aber immerhin sind sie schon fast seit einem Jahr zusammen und momentan gibt es nichts Besseres, was meinem Sohn passieren kann. Jetzt gibt es auch mal wieder entspannte Momente und mein Sohn kann auch mal lachen. Kürzlich strahlte er übers ganze Gesicht und sagte: »Mutti, du bist die Größte.« Das tut einfach gut. Und als er in dem Fernsehbericht gesagt hat: »Ich finde es gut, dass meine Mutter um mich kämpft«, da sind mir richtig die Tränen in die Augen geschossen.

»Die Flut der Fremden zog schnell ins Land
Und wir Deutschen hatten es zu spät erkannt
Kann man hier denn noch existieren?
Ohne gleich sein Gesicht zu verlieren
Refrain
Wann ist Deutschland in ihrer Hand?
Wann werden wir aus unserer Heimat verbannt?
Wann können wir Deutschen in Freiheit leben?
Denn dafür würden wir alles geben
Die Politik hatte es in ihrer Hand
Und die Jugend drückten sie an die Wand
Unsere Meinung durften wir nicht frei machen
Denn unseren Schrei übertönten sie mit Lachen
Refrain
Man weiß nicht mehr weiter in diesem Land
Eine bestimmte Masse nimmt wohl überhand
Sie werden unseren Traum zerbrechen
Von Freiheit kann man dann nicht mehr sprechen
Refrain
Zu viele sind bereits bei uns im Land
Und sie werden hier auch noch anerkannt
Ihr sagt jetzt wir sind ›Nazischweine‹:
Doch mit unserer Meinung stehen wir nicht alleine!«

Aus dem Lied »Die Flut« von der CD »Lieber tot als ohne Ehre« der Band: »Rheinwacht« (Quelle: Informations- und Dokumentationszentrum für Antirassismusarbeit in Nordrhein-Westfalen)

Nazis waren für mich immer diese prügelnden und brüllenden Glatzköpfe aus dem Fernsehen

Als ich in dem kleinen Ort ankomme, wo Sophies Eltern wohnen, steht der Vater mit der Schaufel im Garten und gräbt verbissen in der Abenddämmerung. Er blickt kurz zu mir auf, grüßt ein wenig mürrisch und buddelt weiter. Ich frage etwas hilflos, wo denn der Eingang sei und er macht eine Kopfbewegung, die ich als: »Links am Haus vorbei«, deute.

Schließlich finde ich die Tür. Dort steht schon Sophies Mutter und begrüßt mich herzlich. Sie erklärt mir, dass ich das kühle Verhalten ihres Mannes nicht persönlich nehmen solle. Er leide nur sehr unter den Umständen und fresse alles in sich herein. Niemals würde er mit jemandem darüber sprechen und er verstehe auch seine Frau nicht, die sich entschlossen habe, mich zum Gespräch einzuladen. Das würde doch alles sowieso nichts bringen.

In unserem Ort wohnen ungefähr 400 Menschen. Wir haben hier aber auch ein Asylantenheim mit 240 Plätzen. In der Gemeindevertretersitzung habe ich irgendwann einmal geäußert, dass ich das etwas zu viel fände. Das Verhältnis stimmt für mich nicht. Am nächsten Tag kam meine Tochter aus der Schule und meinte: »Sie haben gesagt, du bist rechtsradikal, weil du etwas gegen Ausländer hast.« – »Ich und ausländerfeindlich! Wie kommen sie denn darauf? Denk doch mal an deine Freundin Dara und ihre Familie!«

Dieses Asylantenheim ist ein ehemaliges Pionierferienlager und nach der Wende kamen die Ausländer – 50 Kriegsflüchtlinge aus Jugoslawien. Sie wurden von den Einwohnern sehr herzlich aufgenommen. Es sind auch viele Freundschaften entstanden. Meine Tochter ging mit Dara in eine Klasse und die beiden haben sich wunderbar verstanden.

Ich habe sogar Patenschaften zu den jugoslawischen Kriegsflüchtlingen an der Schule initiiert. Damals waren viele von ihnen ständig bei uns. Denn wir haben ein offenes Haus. Sie haben bei uns gegessen, wir haben sie eingekleidet, wir haben sie mit ins Theater genommen. Und dann wird behauptet, ich sei hier die Rechtsradikale.

Solange es 50 Personen waren, konnte das unser Ort verkraften, doch als die Plätze auf 240 aufgestockt wurden, begannen die Probleme. 19 Prozent haben NPD gewählt. Das war das Ergebnis.

Es ist ja klar, dass sich die jungen Mädchen nicht aus dem Haus trauen, wenn hier die jungen Ausländer rumrennen. Ich habe es oft erlebt, dass meine Tochter irgendetwas im Garten gemacht hat und die Ausländer, die vorbei kamen, haben gepfiffen und die Köpfe verdreht. Dass solche Verhaltensweisen für einige Leute aus dem Dorf befremdlich sind, ist doch selbstverständlich.

Das sind doch nun aber keine Menschen, die sich den Nationalsozialismus zurückwünschen, sondern einfach Leute, die keine Ausländer hier haben wollen. Ich finde, dieses Problem sollte in der Gesellschaft ehrlicher besprochen werden. Das Schweigen darüber ist ein großer Fehler.

Unser Bürgermeister betont immer wieder, dass mit diesem Asylantenheim auch eine finanzielle Frage verbunden ist. Denn die Gemeinde verdient daran Geld. Er behauptet ja sogar, das Heim wäre der einzige Betrieb im Ort, der Gewinne abwirft. Pro Kopf bekommt der Ort einen bestimmten Betrag Geld und davon bleibt viel für die Gemeinde übrig. Das ist doch schizophren! Der Bürgermeister versucht die Leute dann damit zu besänftigen, dass man mit diesen Gewinnen wieder andere Dinge im Ort verbessern kann.

Ja, damals haben sie mich als ausländerfeindlich beschimpft. Und nun besteht mein Leben aus einem permanenten Kampf gegen Nazis. Dabei waren Nazis für mich immer diese prügelnden und brüllenden Glatzköpfe aus dem Fernsehen. Dass ein Nazi auch ganz normal aussehen kann und nicht unbedingt eine Glatze hat, musste ich erst schmerzlich lernen. Niemals im Leben hätte ich mir ausgemalt, was ich derzeit durchlebe: Mein Schwiegersohn ist ein Intellektueller der braunen Szene!

Und ich bin gerade dabei, meine Tochter zu verlieren. Von Jahr zu Jahr entfremdet sie sich mehr von uns. Sophie ist auf eine Waldorfschule gegangen. Dort hat sie ja nun eine sehr humanistische Weltanschauung mitbekommen. Insofern verstehe ich das alles überhaupt nicht.

Manchmal frage ich mich allerdings, ob bestimmte Dinge doch aus dieser Waldorfschule heraus resultieren. Sie sind ja dort sehr tolerant erzogen wurden, vielleicht geht die Toleranz dann soweit, dass man auch tolerant gegenüber einem Nazi ist. Ich weiß es nicht. Ich versuche ständig eine Erklärung dafür zu bekommen, warum alles so gekommen ist.

Nach der Schule ist Sophie in den Westen gegangen. Sie hat in Hamburg ein Freiwilliges Soziales Jahr gemacht und wollte danach ihre Ausbildung als Krankenschwester anfangen. Das hat sie auch gemacht und Hamburg hat ihr verdammt gut gefallen. Sie hat von dieser Offenheit geschwärmt, von diesem multikulturellen Straßenleben. In Hamburg schien einfach alles möglich. Dort kann man sogar mit einer zerrissenen Strumpfhose auf der Straße rumrennen, das interessiert keinen. Hier wäre ja so etwas gar nicht möglich, das wüsste sofort die ganze Nachbarschaft.

Und während Sophie in Hamburg war, hat sie Gregor kennen gelernt. Übers Internet. Er kommt auch aus dem Osten und beide waren neu in Hamburg. Gregor ist zehn Jahre älter als Sophie und er arbeitet als Chemiker in einem Forschungslabor. Bis dahin hatte Sophie noch nie einen festen Freund. Das waren alles so kleine Liebeleien, die recht schnell wieder verflogen sind. Gregor war nun die erste ernsthafte Beziehung. Sie haben sich regelmäßig getroffen und nach zwei Monaten waren die beiden das erste Mal bei uns.

Gregor ist ein Mensch, der ganz wenig spricht. Er hat immer nur mit »ja« und »nein« oder mit sehr kurzen Sätzen geantwortet. Das war sehr beklemmend, weil er sich nie an einem Gespräch beteiligte. Andererseits benahm er sich so, als wäre er hier schon lange zu Hause. Er hat sich aus dem Kühlschrank Essen geholt, ohne zu fragen. Und gleich am ersten Tag hat er uns das »du« angeboten und wollte auch gleich »du« zu uns sagen. Da war ich schon einigermaßen überrascht, dachte aber: Na gut, bevor wir uns an das »Sie« gewöhnen, können wir gleich »du« sagen.

Es war also von Anfang an ein seltsames Verhältnis und wir hatten große Probleme mit seiner Art. Er saß immer da und starrte irgendwo zum Fenster raus. Er war auch sehr konservativ gekleidet, das fiel auf: Zimmermannshosen aus Cord, Trachtenjacke und dazu so eigenartige Lederschuhe.

Als die beiden wieder fuhren, waren wir eigentlich sehr froh, dass Gregor weg war. Ich weiß noch, wie ich abends mit meinem Mann hier auf dem Sofa saß und wir uns gefragt haben:

Ob das wohl der Richtige ist?

Andererseits war uns klar, das muss unsere Sophie entscheiden. Doch so viele Entscheidungsmöglichkeiten hatte sie nicht mehr, weil sie nach drei Monaten schwanger war. Das hatten wir so nicht erwartet. Immerhin, Gregor war ein 30-jähriger Akademiker. Doch dass er gleich einer 20-jährigen Fachschulstudentin ein Kind macht, kam schon überraschend. Wir waren zunächst sehr erschrocken, als wir es erfuhren.

Natürlich hat es uns Sophie auch nicht gleich erzählt, weil wir uns kurz zuvor noch darüber unterhalten hatten. »Nimmst du eigentlich die Pille?« – »Mutti, da brauchst du keine Angst zu haben!« – »Das wäre einfach dumm, mitten in der Ausbildung. Wenn du in Hamburg bist, wer soll dir dort helfen? Dann musst du deine Ausbildung womöglich noch abbrechen.« – »Ach, nun mal' doch nicht gleich den Teufel an die Wand. Ich bin alt genug!«

Daher wusste sie, dass ich Angst hatte und so hat sie uns einen Brief geschrieben, darin stand, dass wir Oma und Opa werden. Ich hatte es ja vorher schon irgendwie geahnt. Als sie nämlich das letzte Mal bei uns war, haben wir abends ein Glas Wein getrunken. Aber Sophie wollte lieber einen Tee. Sie sah auch sehr blass aus und da war ich schon ein wenig misstrauisch. Als ich es dann tatsächlich erfuhr, hatte ich Herzrasen. Es ist ja heutzutage nicht so einfach: Ausbildung und Kind – bei dieser Arbeitslosigkeit. Ich hatte große Panik.

Aber Sophie hat ihre Ausbildung geschafft. Das hat uns sehr stolz gemacht. Schon als uns der Brief erreichte, hatte sie in der Fachschule geregelt, dass sie ein Jahr aussetzen darf. Danach hat sie weiter gemacht. Insofern waren wir erst einmal beruhigt. Aber die Sorgen blieben: Was ist, wenn sie krank wird? Oder das Kind?

Schon während ihrer Schwangerschaft erzählte sie uns immer wieder: »Gregor will eigentlich nicht, dass ich die Ausbildung weitermache. Er will, dass ich zu Hause bleibe.« – »Wie kommt er denn darauf? Er hat seine Ausbildung und du sollst das Aschenputtel spielen.« Sie hat oft gejammert, dass er ihr nicht helfen würde. Weder im Haushalt, noch mit dem Kind. Und ich kenne meine Tochter. Sie jammert nicht gleich, wenn sie solche Sachen uns erzählt, muss sie schon sehr darunter gelitten haben.

Mir waren Gregors Ansichten völlig unverständlich. Beide Eltern sind Akademiker und seine Mutter hat ihr ganzes Leben lang gearbeitet. Genau das sei der Grund, hat mir Sophie erklärt. Gregor habe selbst keine schöne Kindheit gehabt. Seine Eltern hätten nur an ihre Karriere gedacht und er wäre immer im Kindergarten und später im Hort abgegeben worden und darunter habe er sehr gelitten. So etwas möchte er seinem Kind ersparen.

Irgendwann hat Gregor zu Sophie gesagt, sie solle sich für ihre Ausbildung keine Bücher mehr kaufen. Sie musste sehr viel pädagogische Fachliteratur kaufen. Er hat vorgeschlagen, sie könne doch seine Bücher als Vorbereitung auf die Prüfungen lesen: *Zucht und Sitte im Deutschen Reich*, zum Beispiel. Da fände man viel Wertvolles. Sie hat dann mit ihm diskutiert und gesagt: »Deine Fachliteratur auf Arbeit ist doch auch nicht von vor 1945. Da liest du doch auch moderne Bücher.«

Glücklicherweise hat Sophie damals noch nicht so extrem auf Gregor gehört. Ich bin mir nicht sicher, ob sie heutzutage noch so standhaft wäre.

Sophie hat noch bis zwei Wochen vor der Geburt ihre Ausbildung gemacht. Sie konnte ein paar Prüfungen vorziehen und alles lief hervorragend. Zumindest was das Thema Kind und Ausbildung betraf. Ansonsten begannen sich so viele Dinge zu verändern, das es schon fast unheimlich war. Und wir konnten es einfach nicht einsortieren, denn wir hatten ja absolut keine Ahnung, was Gregor eigentlich für ein Mensch war.

Es ging ganz schnell, dass Sophie plötzlich gar keine Hosen mehr anzog. Bis dahin hat sie alles angezogen und auch oft Jeans getragen.

»Das hat Gregor nicht so gern«, meinte sie. Irgendwann hatte sie nur Röcke an, ganz lange Röcke, die fast bis zum Boden reichen. Heutzutage ist ja die Mode sehr variabel und da fällt es erst einmal nicht so auf, ob man mit einem langen Rock oder mit einem kurzen Rock durch die Gegend läuft. Aber natürlich ist es auffällig, wenn dann nur noch der lange Rock in Frage kommt.

Das Weihnachtsfest vor der Geburt unseres Enkelsohns haben die beiden hier bei uns verbracht. Sophie war schon eher da und Gregor kam später. Er kam mit leeren Händen. Er hatte nichts mit, kein Geschenk, keine Blumen, nichts: weder für seine Frau, noch für uns. Wenn ich zu meinen Schwiegereltern gefahren wäre, dann hätte ich vielleicht einen kleinen Blumenstrauß mitgebracht oder etwas zum Knabbern. Aber das fiel ihm im Traum nicht ein. An seiner Art hatte sich bis dahin auch nichts geändert. Nach wie vor hat er zu allem wenig gesagt. Wenn ich gefragt habe: »Wie hat es geschmeckt?« – »Gut«, hieß es nur. Auch wenn er sich dreimal Nachschlag geholt hat. Da kam nichts. Es kam von seiner Seite auch keine Freundlichkeit, null Freundlichkeit. Weder uns gegenüber, noch Sophie. Die beiden sind jetzt drei Jahre zusammen und ich habe noch nie gesehen, dass er ihr vielleicht ein Küsschen auf die Wange gibt, sie einfach einmal streichelt oder in den Arm nimmt. Da gibt es keine liebe Geste.

Einmal waren wir auch in Gregors Wohnung in Hamburg. Die beiden haben ja trotz der Beziehung in verschiedenen Wohnungen gewohnt. Auffällig war, dass in der Wohnung zwei riesengroße Bücherregale standen. Mein Mann hatte bemerkt, dass diese Bücherregale irgendwie sehr grau waren. Als er genauer hinschaute, stellte er fest, dass dort nur alte Bücher drin standen. Da gab es kein neues Buch, da gab es nichts Buntes. Mein Mann hat auch ein bisschen in den Büchern gestöbert und dabei sind ihm Bücher über Rassenkunde und auch das Buch *Volk ohne Raum* in die Hände gefallen. Er hat es aber niemandem erzählt. Er wollte einfach annehmen, dass es ein Zufall war.

Gregor hatte mal irgendwann erzählt, dass er im Antiquariat immer meterweise Bücher kauft. Mein Mann dachte, diese Bücher seien zufällig mit dabei gewesen. Wir wussten ja, dass Gregor sehr viel und sehr gern liest. Auch wenn er bei uns war, hat er sich oft im Zimmer unserer Tochter verkrümelt. Er war dann stundenlang verschwunden und hat gelesen. Als ich allerdings mal irgendwann hoch ging, um im Zimmer zu lüften, lagen da schon seltsame alte Zeitschriften auf dem Tisch: *Morgenaufrufe für die Hitlerjugend.* Das habe ich meinem Mann erzählt und er hat geantwortet: »Der hat irgendwie einen Knall. Hauptsache alte Bücher.«

Wir haben überhaupt nicht mit der Möglichkeit gerechnet, dass Gregor ein Rechter sein könnte. Es war für uns schlicht und einfach unvorstellbar, dass unsere Tochter mit einem Nazi zusammen ist. Er hat sich ja auch nie politisch geäußert. Manchmal sitzt man ja so in der Familie beisammen und dann kommen auch politische Themen auf. Wenn man zum Beispiel über Politiker schimpft oder über Steuererhöhungen, hat sich Gregor nie geäußert. Nie.

Aus der Verwandtschaft kamen aber schon relativ am Anfang erste Rückmeldungen: »Ihr habt ja einen komischen Schwiegersohn« – er wurde gleich von vornherein als Schwiegersohn betitelt, obwohl sie nicht verheiratet waren, aber Sophie war ja schwanger – »der kriegt ja seinen Mund nicht auf.« Meine Schwägerin meinte noch: »Wer weiß, was er zu verheimlichen hat.« Und selbst meine Schwiegermutter, die eigentlich sonst sehr zurückhaltend ist, meinte: »Die Sophie soll bloß die Hände von ihm lassen, der ist bestimmt in einer Sekte!«

Als sie damals hier waren, hat Gregor Sophie das erste Mal zu seinen Freunden mitgenommen. Das war dieses Weihnachtsfest und Sophie war gerade im siebenten Monat schwanger. Er ist mit ihr zu einer Silvesterfeier vom *Freibund.* Ich erinnere mich noch gut daran: sie wollten von hier aus los und Gregor bestand darauf, dass Sophie eine weiße Bluse und einen langen Rock anzieht. Wir haben in allen Schränken gewühlt und nichts gefunden. Sie hatte ja schon einen ziemlich dicken Bauch. Alles, was sie anhatte, sah unmöglich aus. »Wo wollt ihr denn hin?« – »Wir wollen Silvester feiern.« – »Na, geht das nicht auch ohne langen Rock? Muss es so etwas Spezielles sein?« In dem Moment hat Gregor sich zu mir umgedreht und mich ganz eindringlich angestarrt: »Wir wollen zum *Freibund.*« Das war ein sehr prüfenden Blick, den vergesse ich bis heute nicht.

Als die beiden weg waren, bin ich sofort hoch zum Computer und habe im Internet den Begriff *Freibund* eingegeben. Die offizielle Eigenwerbung klingt ja recht harmlos: Tanzveranstaltungen und Lieder zur Gitarre, Wanderungen und Volkslieder singen. Sie seien eine Gruppe junger Menschen, die gern singen und traditionelle Tänze tanzen. Da war ich erst einmal beruhigt, denn das schien ja nicht weiter dramatisch.

Mein Fehler war allerdings, dass ich mir natürlich nur die Eigendarstellung angeschaut habe. Ich hätte einfach mal die Seiten der Kritiker anschauen sollen. Da wären mir vielleicht eher die Augen aufgegangen.

Als meine Tochter wieder zurück in Hamburg war, rief sie mich an und fragte: »Darf man eigentlich das *Deutschlandlied* in allen drei Strophen singen?« Ich war mir nicht sicher und war etwas erstaunt über diese Frage. »Warum? Ich weiß es nicht genau.« – »Na ja«, sagte sie, »dort beim *Freibund* haben Sie es um Mitternacht im Wald gesungen.« Sie erzählte noch, dass sie zwei Stunden durch den Wald marschiert wären und sie völlig erschöpft gewesen sei, immerhin war sie im siebten Monat schwanger.

Später habe ich herausgefunden, dass das ein geheimes Treffen war. Damit ja niemand etwas mitkriegt, sind sie so tief in den Wald hinein gegangen. Sie hätten dort im Wald auch Fahnen geschwenkt. Nach Sophies Beschreibung muss das die Reichskriegsflagge gewesen sein, sie kannte allerdings keine dieser Fahnen. Sie hat damals noch zu mir gesagt: »Weißt du was, Mutti, sie haben das Lied nicht gesungen, sie haben es gebrüllt.« – »Was sind denn das für Menschen?« – »Ach, das sind alles Leute, die auf alte Traditionen stehen, so wie Gregor auch.« – »Und was habt ihr noch so gemacht?« – »Nachmittags haben wir ein paar alte Lieder gesungen, die kannte ich aber alle nicht. Und irgendwann haben wir getanzt, so alte Bauerntänze und Polka.«

Das war also das erste Mal, als Gregor meine Tochter zu seinen Gesinnungsgenossen mitgenommen hat. Mittlerweile denke ich, der *Freibund* war noch das harmloseste von allen Sachen, die folgen sollten.

Ich erinnere mich genau an den Tag, an dem die Erleuchtung über uns kam. Ich war am Computer und dort gibt es ja ein Verzeichnis, in dem die letzten zehn Seitenaufrufe gespeichert sind. Gregor war der letzte, der vorher am Computer war – *www.Heimatschutz.org* war die letzte Seite, die aufgerufen wurde. Ich dachte noch: Was ist denn das? Heimatschutz war für mich so etwas Ähnliches wie Umweltschutz.

Was macht Gregor denn beim Umweltschutz? Ich war einfach neugierig. Doch meine Neugier schlug ziemlich schnell in Verwirrung um. Da baute sich ganz langsam eine tiefschwarze Seite auf. Dazu gab es sehr dumpfe Musik und plötzlich stand da: *Kulturkammer*, in Frakturschrift geschrieben. Die Seite baute sich aber nicht vollständig auf, weil es unser Modem nicht geschafft hat. Soviel hatte ich aber begriffen: Ich war auf einer Naziseite gelandet. Diese Seite gibt es heute nicht mehr. Sie ist mittlerweile gesperrt. Das war die Seite der *Skinheads Sächsische Schweiz*. Gregor hatte von einem Freund in Dresden erzählt. Da dachte ich, der hängt da bestimmt mit drin.

Ich war total erschrocken, diese Seite machte so einen extremen und martialischen Eindruck, lauter Runen, ein Wehrmachtsoffizier und seltsame Sprüche. Da habe ich einfach vor Schreck den Computer wieder ausgemacht.

Ein paar Stunden später sitzt mein Mann am Computer. Er hatte genau die gleiche Idee, sieht genauso *Heimatschutz* und fragte sich: Was ist das? Machte die Seite auf, fiel genauso in Ohnmacht, kam runter gerast und fragte mich: »Hast du diese Seite aufgemacht?« – »Aufgemacht schon, aber aufgerufen hat sie Gregor.« Das war der Anfang vom Ende!

Ich habe die Seite noch einmal auf der Arbeit aufgerufen. Da haben wir DSL und ich habe gesehen, dass es die pure Verherrlichung des Nationalsozialismus war. Daraufhin hatte mein Mann die Idee, den Namen unseres Schwiegersohnes einfach mal ins Internet einzugeben. Da gab es ein paar Seiten von seiner Arbeitsstelle, irgendwelche Projekte, wo er mitgearbeitet hat. Und dann tauchte plötzlich eine Seite unter der Überschrift: *Die Intellektuellen von rechts agieren im Verborgenen* auf. Dort war Gregor gleich auf der ersten Seite mit Foto drauf.

Und plötzlich wurde mir alles klar. Alle Dinge, die vorher mein Misstrauen erregt hatten und die ich nicht richtig einsortieren konnte, wurden plötzlich klar. Noch nicht ganz klar, aber plötzlich passte alles.

Ich wollte sofort zu meiner Tochter fahren, weil ich annahm, dass sie all das nicht wisse. Da stand auch drin, dass Gregor Anfang der 90er Jahre bei einem Brandanschlag auf ein Asylantenheim dabei war. Er ist sogar dafür verurteilt wurden. Dort wurde auch geschrieben, dass er sich jetzt in höheren Kreisen aufhält und Karriere machen wolle. Das hatte ein Insider geschrieben, wahrscheinlich jemand vom Verfassungsschutz. Das konnte nur jemand geschrieben haben, der ihn genau kennt. Es stand dort, wann er studiert hat und wo und auch ein Pseudonym wurde erwähnt, unter dem er Gedichte schreibt.

Ich wollte jedenfalls sofort zu Sophie, aber mein Mann hat gesagt: »Unsere Tochter ist doch nicht dumm, sie merkt das. Misch dich nicht ein!« Drei Monate haben wir geschwiegen und gewartet. Im Nachhinein sehe ich diese Strategie als großen Fehler an.

Danach ging es nämlich richtig los. Gregor und Sophie gingen plötzlich zur *Heimattreuen Deutschen Jugend*. Das hat sie uns damals noch erzählt. Seit einem Jahr aber darf sie uns nicht mehr erzählen, wo sie hingehen und was sie machen. Das hat ihr Gregor ausdrücklich verboten.

Damals hat sie aber noch erzählt: »Wir gehen zur *Heimattreuen Deutschen Jugend*.« Gibt man diesen Namen allerdings im Internet ein, erfährt man, dass es sich um eine äußerst rassistische und rechtsextreme Organisation handelt.

Ich habe diese Seiten dann ausgedruckt – auch den Text, den ich über Gregor gefunden habe –, und ihr das alles zugeschickt. Und sie hat es auch gelesen. Sie hat mir erzählt, sie habe diese Seiten auf Gregors Schreibtisch gelegt und er sollte ihr das erklären: Warum er vorbestraft sei und so weiter. Er hat ihr erzählt, er sei völlig zu Unrecht verurteilt worden. Denn er habe nur zufälligerweise dort gestanden und der Brandbeschleuniger, den sie auf seiner Hand gefunden haben, sei auch zufällig dahin geraten. Er hat alles abgestritten und Sophie erzählt, das sei alles Lüge, was im Internet stehe. Und dann hat er Sophie noch gefragt, was sie denn für Eltern habe. Sie seien wohl früher bei der Stasi gewesen, so wie sie alles recherchieren.

Das war natürlich das Ende unserer Kommunikation mit Gregor. Seitdem verweigert er sich uns völlig. Er war einfach weg. Wir haben ihn danach ein Jahr lang nicht gesehen, obwohl ich immer wieder versucht habe, mit ihm ins Gespräch zu kommen.

Ich bin auch mal mit meiner Mutter zu ihnen gefahren, damit sie vielleicht ein bisschen aus ihrem Leben erzählen kann. Schließlich hat sie unter dem Krieg sehr gelitten, sie ist selbst Vertriebene und ich dachte, sie würde Gregor vielleicht die Augen öffnen. Er hat aber gesagt, er würde solche Leute wie uns kennen, wir hätten etwas gegen ihn und deshalb wäre ihm die Zeit zu schade, mit uns zu sprechen. Dabei käme sowieso nichts raus.

Wir waren irgendwann an einem Punkt, wo wir nicht mehr weiter wussten. In dem Moment haben wir als Eltern an unsere Tochter einen Brief geschrieben. Darin haben wir ihr gesagt, dass sie sich entscheiden müsse. Gregor wird sich nicht ändern und wir können seine Geisteshaltung nicht dulden.

Daraufhin war Sophie sehr böse und wir hätten sie fast verloren. Sie fände es sehr anmaßend von uns, zu verlangen, dass sie sich entscheiden müsse. Denn, so sagte sie, sie habe sich bereits entschieden: für Gregor. Wenn wir das nicht akzeptierten, sei es unser Problem und nicht ihres.

Bis zum heutigen Tag folgt sie strikt seiner Argumentation: alles sei Verleumdung, nichts ist wahr.

Ich habe sogar irgendwann angefangen, die Wochenzeitung dieser Nazi-Organisation zu bestellen, weil ich einfach wissen wollte, was sie denken, wie deren Argumentationsmuster sind. Es wird dort viel über die Politik geschimpft, über die Wirtschaft, über die Bosse und dann wird immer mal eingeflochten, der Chef von der Telekom, das wäre ja ein Jude. Dann gibt es ein Foto von einer ausländischen Ärztin und darunter steht: »Solchen Nullen sind wir ausgeliefert«. Der regierende Bürgermeister von Berlin wird schon mal als »Überfremdungsliebhaber« bezeichnet. Das ist doch alles eindeutig.

Unser Verhältnis zu Gregor und Sophie wurde immer schlimmer. Mittlerweile waren wir ja nun Oma und Opa geworden und wir hatten natürlich auch Sehnsucht nach unserem kleinen Enkelsohn. Er heißt Einar. Das ist natürlich auch wieder ein streng germanischer Name. Einar heißt, der Einzelkämpfer. Das habe ich im Internet gefunden, da ist schon wieder dieses Kämpferische drin.

Am Ende durften wir nicht einmal zu Einars Geburtstag kommen. Gregor wollte uns nicht sehen. Darunter haben wir natürlich sehr gelitten. Ein Jahr später allerdings, zum zweiten Geburtstag, durften wir wieder hin. Da hat sie uns ausdrücklich eingeladen. Vielleicht hat sie erkannt, dass sie uns sonst ganz verlieren würde. Das will sie auch nicht.

Sophie hat eine große Verdrängungsmaschine in ihrem Kopf. Das ist für uns einfach nicht nachzuvollziehen. Unser großer Fehler war, dass wir die Sachen, die wir im Internet gefunden haben, ihr nur zugeschickt haben und sie hat dann alles mit Gregor ausdiskutiert. Da hat er ihr natürlich seine Welt wieder schön geredet.

Heute würde ich sagen, dass das nur über direkte Konfrontation funktioniert. Wir hätten selbst hinfahren sollen. Aber Gregor ist einfach zu feige, bis heute zu feige, mit uns zu reden. Warum spricht er nicht über seine Ideologie? Das ist für mich ein Zeichen von Feigheit und Verlogenheit. Seiner Meinung nach gehören wir sowieso zu den Vaterlandsverrätern und mit solchen wird generell nicht geredet.

Ich glaube, er kreist ausschließlich in seiner eigenen Welt. Er schreibt ja auch selbst und wenn ich die Texte im Internet lese, fällt mir auf, dass er immer dieselben Gedanken hat. Er liest ausschließlich Bücher aus der Zeit des Nationalsozialismus, aber nur die Bücher, die damals auch genehmigt waren. Er hat auch versucht, Sophie diese Bücher zu geben, sie liest sie aber nicht. Allerdings hat meine Tochter noch nie großartig gelesen. Er hat ihr das Buch *Der Wehrwolf* von Löns gegeben, also alles so Sachen, wo auch Gewalt extrem verherrlicht wird. Sie kann damit nichts anfangen, auch ihr gefällt dieses Kriegerische nicht.

Mittlerweile nimmt Gregor aber Sophie auf viele Veranstaltungen seiner Gesinnungsgenossen mit. Und dort findet dann die schleichende Infiltration statt. Noch glaubt sie nicht alles, was gesagt wird. Aber ich merke, wie sich langsam so ein Bodensatz bildet, auf dem noch viel gedeihen kann. Und Gregor agiert ja auch sehr geschickt. Als Sophie einmal meinte, was bei einer Veranstaltung über die Juden gesagt wurde, könne sie einfach nicht glauben, hat Gregor erwidert: »Du musst doch nicht alles glauben, was dort erzählt wird. Du musst nur deins rausnehmen, einfach die Dinge, die du glauben willst. Ich mache das auch so.«

Als Sophie schwanger war, haben wir uns noch gemeinsam den Film *Der Pianist* angeschaut. Sophie wollte ihn unbedingt ein zweites Mal mit mir zusammen sehen, weil ihr die Geschichte dieses Juden, der das Ghetto und den Krieg überlebt hat, so nahe gegangen war. Irgendwann vor kurzem, bei einem Telefonat, fiel aus ihrem Munde plötzlich die Bemerkung: »Die Juden sind ja auch schon wieder überall. Das ist nicht so gut für das deutsche Volk.« Diese Entwicklung ist beängstigend, wenn man bedenkt, da liegen reichlich zwei Jahre dazwischen. Da dreht man fast durch, wenn man solche Bemerkungen hört. Ich habe daraufhin zu ihr gesagt: »Erkläre mir doch bitte mal wo die Juden sind?« Letztendlich geht es ihnen ja darum, dass die Juden Deutschland ins Verderben führen. Die Juden und die Ausländer, das sind ja überhaupt die Hauptfeinde von Deutschland. Ihre Antwort war dann: »Das weiß ich doch nicht, ich höre doch gar nicht drauf, was die dort erzählen. Das interessiert mich alles gar nicht.« Aber an solchen Bemerkungen merke ich ganz deutlich, dass doch etwas hängenbleibt. Sonst würden ihr solche Sätze nicht in den Sinn kommen.

Damals, als ich den Brief an Sophie geschrieben habe, stand auch drin, dass Gregor für mich ein Neonazi sei. Daraufhin hat sie ihn natürlich befragt: »Meine Eltern werfen dir vor, dass du mit Neonazis zu tun hast oder selbst einer bist. Stimmt das? Bist du ein Neonazi?« – »Überleg' doch mal«, war seine Antwort, »ich kann ja gar kein Neo-Nationalsozialist sein.« Ein Sozialist sei er nicht, weil er gegen den Sozialismus sei. Der habe ja nichts gebracht, siehe DDR – und national könne er auch nicht sein, weil es keine deutsche Nation gibt. Deutschland sei ein besetztes und zerstückeltes Land. Das könne man nicht als Nation bezeichnen. Deswegen könne er kein Neonazi sein. Und genau das, was er erzählt hat, ist eine offizielle Begründung von Neonazis, die behaupten, keine Nazis zu sein.

Diese Begründung habe ich selbst noch einmal gehört, als ich mich in die Höhle des Löwen begeben habe. Das war eine Silvesterfeier von mehreren Organisationen: *Heimattreue Deutsche Jugend*, *Artgemeinschaft*, *Landsmannschaft Ostpreußen* und NPD. Im Prinzip habe ich das Gefühl, alle sind immer überall. Gregor ist allerdings nirgendwo Mitglied, einfach weil er zu geizig ist. Er würde niemals irgendwo Mitgliedsbeitrag bezahlen. Schon damals, als Sophie schwanger war, hat er gesagt: »Wir brauchen keinen Kinderwagen. Du kannst dein Kind auch tragen.« Letztendlich waren wir es, die den Kinderwagen bezahlt haben, denn Sophie hatte nicht so viel Geld und Gregor war nicht bereit, für einen Kinderwagen Geld auszugeben. Und durch seinen Geiz ist er auch nirgendwo Mitglied.

Aber natürlich mischt er überall mit. Auf dieser Feier habe ich genau noch einmal das gleiche Muster gehört: Sie seien keine Nationalsozialisten, weil sie gegen den Sozialismus seien und eine Nation gäbe es nicht. Ich bin dahin gegangen, weil ich meine Tochter und mein Enkelkind endlich mal wiedersehen wollte. Sophie hat mir immer wieder gesagt: »Mutti, das sind doch keine bösen Menschen. Das sind Familien und sie sind ausgesprochen nett.« Und in diese Familienkreise ist sie von Gregor eingeführt wurden. Sie ist ja nie auf eine Demo der NPD mitgenommen worden und auch bei solchen Kameradschaftstreffen war sie nie dabei, denn das ist ja der Mob und mein Schwiegersohn bewegt sich in der Elite. Gregor hat sie zu einer Familie mit sieben Kindern mitgenommen. Von dieser Familie war sie ganz begeistert. Das wäre eine ganz tolle Atmosphäre dort gewesen. Die Kinder wären sehr ruhig und aufmerksam und wohlerzogen gewesen. So ein Familienleben möchte sie auch haben.

Mittlerweile kenne ich diese Familie und weiß, wer das ist. Sie sind Mitglieder der NPD. Außerdem sind sie in der *Artgemeinschaft* und zusätzlich Mitglieder in der *Heimattreuen Deutschen Jugend*. Das hat ihr Gregor aber alles wohlweislich verschwiegen. Er hat ihr nur die guten Seiten gezeigt. Das sind Sachen, da spüre ich in mir einen solchen Hass auf ihn, dass ich manchmal vor mir selbst erschrecke. So kenne ich mich gar nicht.

Schwangerschaftsverhütung ist dort absolut tabu. Die Pille gilt als Mord an ungeborenem Leben und Verhütung ist nicht erlaubt, denn es sei schade um dieses wertvolle deutsche Gut. Dann lieber gar keinen Sex. Sex sollte sowieso nur gemacht werden, um Kinder zu zeugen. Das stand auch auf der Heimatschutzseite.

Sophie erzählt natürlich, sie haben in diesen Familienkreisen nie über Politik gesprochen. Nur über Kindererziehung, über Kochrezepte. Sie sind auch sehr ökologisch interessiert. Das hat ihr gefallen.

Ich bin gespannt, wie sie ihr Christentum dort einsortiert. Das sind ja sehr heidnische Kreise und das Christentum ist als semitische Religion verpönt. Jesus war ja ein Jude. Sophie hat sich vor ein paar Jahren erst konfirmieren lassen, obwohl von uns keiner in der Kirche ist. Sie hatte schon immer ein Faible dafür. Ihr war die Vorstellung wichtig, dass diese Welt irgendwo von einem Gott gelenkt wird. Wir haben sie damals gelassen. Auch der Gedanke der Barmherzigkeit war ihr immer sehr wichtig. Den Schwächeren helfen, das wollte sie immer. Jetzt aber ist sie in Kreisen, die sagen: Nur der Starke siegt. Mittlerweile ist sie aber schon so weit, dass sie die natürliche Auslese auch in Ordnung findet.

Jedenfalls hat Sophie in diesen Kreisen von ihrem Kummer mit ihren Eltern erzählt, die immer noch denken, sie sei in die Fänge der Nazis geraten. Daraufhin hat die Mutter dieser Vorzeigefamilie vorgeschlagen, sie solle uns doch mal zu so einem Familienfest einladen, damit wir sehen, dass hier keine Nazis feiern.

Und daraufhin waren wir bei dieser Silvesterfeier. Wir wurden ganz freundlich empfangen und alle sagten: »Sie sind doch bestimmt die Eltern von der Sophie.« Alle waren ausgesprochen nett und es gab viele leckere Sachen zu essen. Die ganze Szenerie wirkte ausgesprochen friedlich – jedenfalls solange man nichts Kritisches äußert. Man kann sich dort wunderbar über ökologische Ernährung und Naturbekleidung unterhalten. Also alles, was Hausfrauen und Familie betrifft. Aber wehe, man fängt an über politische Dinge zu sprechen, zum Beispiel, dass man es richtig findet, dass dieses Mahnmal für die Juden in Berlin gebaut wurde. Dann wissen sie sofort, wo sie sind. Ich habe auch bewusst versucht, ein bisschen etwas aus diesen Leuten herauszukitzeln, wollte spüren, wo die Toleranzschwelle liegt.

Da waren ungefähr 30 bis 40 junge Leute und viele Kinder. Am frühen Abend wurden Volkslieder gesungen: das *Schlesierlied*, das *Rennsteiglied*, das *Ostpreußenlied*. Selbst die Kinder konnten diese Lieder auswendig singen. Danach gab es Volkstänze.

Diese junge Frau, die diese sieben Kinder hat, sprach uns beide an, als wir den Paaren beim Tanzen zuschauten. Sie wusste ja, wer wir sind und dass wir mit Leuten wie ihnen Probleme haben: »Ist das nicht schön? Was haben Sie denn daran auszusetzen? – »Ich habe nichts an einem Volkstanz auszusetzen, mich irritiert nur, was gesprochen wird und was gelesen wird. Das möchte ich einfach nicht für meine Tochter und mein Enkelkind.« – »Aber was haben Sie denn dagegen? Wir kümmern uns einfach um Familien.« – »Dagegen habe ich auch nichts, aber mich stört diese Ausschließlichkeit.«

Kurz vor Mitternacht hat der Gastgeber eine Rede gehalten. Da ging es um die deutsche Familie und um deutsche Kinder, er hat dann jede Familie einzeln aufgerufen und ihr ans Herz gelegt, dass sie dafür sorgen soll, dass viele deutsche Kinder geboren werden. Denn nur wenn sie Viele sind, können sie sich gegen die Feinde der Deutschen wehren. 1945 hätten die Amerikaner seinen Vater – also den Vater des Gastgebers – entmannen wollen. Ein jüdischer amerikanischer Offizier hätte seinem Vater 1945 gegenüber gesagt, dass alle deutschen Männer entmannt werden sollten, um das deutsche Volk zu zerstören. Das hat der jüdische – das hat immer wieder betont – der jüdische amerikanische Offizier gesagt. Na ja, und dann folgten die üblichen Tiraden: Die Kirche sei von den Juden unterwandert und Politiker seien Volksverräter ersten Ranges.

Um Mitternacht wurde das *Lied vom großen deutschen Reich* von 1848 gesungen. Da kann man ja wirklich nichts dagegen haben, denn das ist doch nicht von Hitler, sondern von 1848. Eine halbe Stunde später kam Sophie zu uns und ich habe sie gefragt, was das für ein Lied sei. »Was hast du denn nun wieder dagegen?« – »Ich habe gar nichts dagegen, ich finde es nur komisch, dass junge Leute mitten in der Nacht, zu Silvester so ein Lied singen. So ein politisches *Lied über das große deutsche Reich*. Und dazu diese Rede vorher.« – »Ja, diese Rede fand ich auch komisch. Aber wenn sein Vater das so erlebt hat, ist das ja seine Geschichte. Warum soll er das nicht erzählen?« – *Mit Weib und Kind und Knecht ziehen wir nach Ostland*... solche Lieder werden hier gesungen. Sag mir doch mal bitte, wieso sollte die deutsche Frau ins Ausland ziehen?« – »Ach, was weiß ich. Die Texte sind doch nicht so wichtig« – »Sophie, du musst dir doch mal überlegen, was ihr dort

singt.« Da war sie völlig empört und erwiderte ziemlich trotzig: »Das überlegt sich doch keiner. Das ist doch nun auch nicht weiter schlimm. Mutti, du hörst immer nur auf andere und bist schon völlig verblendet.«
Keine Kritik. Kein Nachdenken. Keine Irritation.

Kurz nach eins bin ich mit meinem Mann wieder nach Hause gefahren. Natürlich nicht unbeobachtet. Ein paar Tage später rief der Verfassungsschutz bei uns an und bat um ein Gespräch.

Die *Heimattreue Deutsche Jugend* soll ja demnächst verboten werden, weil dort auch Kinder richtig militärisch gedrillt werden. Bis zum sechsten Lebensjahr sind die Kinder generell im Familienkreis. Danach aber gehen sie allein in die Lager. Dieses Jahr soll es wohl 200 Lager gegeben haben, in denen jeweils circa 100 Kinder waren, das sind 2000 Kinder in ganz Deutschland. Deshalb ist jetzt auch der Verfassungsschutz munter geworden. Mittlerweile gibt es auch Fotos, welche die Nazis selbst gemacht haben. Dort sieht man, wie die Kinder im Block marschieren und dann müssen sie auf die weiße Fahne schwören. Die weiße Fahne steht für die Fahne, die offiziell nicht gezeigt werden darf. Die Kinder müssen Lieder und Gedichte auswendig lernen. Es gibt eine CD von der *Heimattreuen Deutschen Jugend*, dort sind fast nur Kampflieder drauf: *Es dröhnt der Marsch der Kolonne* – das ist ein Soldatenlied aus dem Zweiten Weltkrieg und das müssen die Kinder lernen. Das ist aber nicht verboten, denn es würde wohl auch bei der Bundeswehr gesungen.
Aber im Prinzip wussten wir durch unsere Internetrecherchen fast mehr über diese Organisation als der Verfassungsschutz. Es hat uns verwundert und enttäuscht, wie wenig man eigentlich über die Szene weiß. Man weiß viel über diese Glatzköpfe, die auf der Straße marschieren, aber nicht über die Hintermänner, die sich nicht die Finger schmutzig machen. Das sind ja eigentlich die Gefährlichen. Solche Leute wie Gregor sehen ja nicht aus wie der prügelnde Mob von der Straße. Er hat zwar auch ganz kurze Haare, besonders kurz sind sie so oberhalb der Ohren. Das gefiel meiner Sophie früher auch nicht. Damals hat sie noch zu ihm gesagt: »Musst du denn oberhalb der Ohren deine Haare so ganz kurz scheren?« – »Aber ich schwitze immer so am Kopf und da ist es angenehm, wenn das Haar so kurz ist.« Seltsamerweise sehen seine Ka-

meraden auch so aus wie er. Die Kinder haben genau die gleiche Frisur. Einar auch. Die kleinen Mädchen haben ja alle lange Haare und die Frauen auch. Alle. Sie sind aber immer geflochten.

Der Mann vom Verfassungsschutz hat uns erzählt, dass der Verfassungsschutz ja ursprünglich gegen linksextremistische Gewalt gegründet wurde. Und genauso wie es im BKA eine Menge Nazis gab, waren sie auch im Verfassungsschutz. Überhaupt, begreift der Verfassungsschutz erst jetzt langsam, dass mittlerweile die Gefahr von rechts kommt. Es gäbe aber nach wie vor viele Menschen innerhalb des Verfassungsschutzes, die diese Gefahr nicht sehen wollten. Deshalb sind die Recherchen auch so mühsam und träge.

Ich hoffe nur, dass die HDJ verboten wird, bis Einar sechs ist. Ich habe Angst, dass er in so ein Lager muss. Überhaupt habe ich Angst, dass wir eines Tages gar keinen Kontakt mehr zu ihm haben werden dürfen.

Gregor ist sowieso sehr abweisend. Mittlerweile weigert er sich sogar, uns die Hand zu geben, wenn wir ihn mal treffen. Zu meinem 50. Geburtstag sind sie auch nicht gekommen, Sophie sagte, wir sind in S. Das war wichtiger. Später erfuhr ich, dass dieser Ort auch eine Nazi-Hochburg ist. Dort gibt es einen großen Hof und wenn die richtigen Kameraden ihre Meetings haben, wird die Reichskriegsflagge gehisst. Wenn allerdings der Familienkreis kommt, sieht alles aus wie ein ganz normaler Bauernhof.

Gregor hat jetzt ein Haus in Mecklenburg gekauft. Dort wohnen sie alle zusammen. Das Haus ist aber allein auf seinen Namen im Grundbuch eingetragen. Irgendwann wird er sagen, dass wir das Grundstück nicht mehr betreten dürfen. Da fehlt nicht mehr viel. Wir reden zwar nicht mit ihm, aber ich spüre deutlich: Der Hass uns gegenüber hat sich verstärkt.

Dieser Bauernhof in Mecklenburg ist extrem einsam gelegen, da gibt es drum herum nichts. Für mich wäre das der reinste Horror. Zwei Häuser und so weit man blicken kann gar nichts. In das zweite Wohnhaus ziehen demnächst auch Leute ein, Freunde von Gregor.

Sophie sagt, sie sei glücklich. Tag für Tag ist sie mit dem großen Garten beschäftigt. Sie freut sich über die Dinge, die sie anbaut und die Dinge, die sie erntet. Sie genießt die Selbstversorgung. Sie ist die ganze Woche über dort allein mit Einar, denn Gregor arbeitet ja in Hamburg. Auf diesem Hof gibt es nichts: keinen Fernseher, kein Radio, kein Internet.

Sophie sagt zwar, sie wolle sich bald nach einer Arbeit umschauen, aber wo soll die denn herkommen? Ich meine, Mecklenburg hat ja nun eine extrem hohe Arbeitslosenrate und dort wo sie wohnen gibt es ja noch nicht mal Menschen. Geschweige denn Arbeit.

Und Gregor richtet sich derweil sein Haus so ein, dass man denkt, man sei im Jahr 1935. Nur alte Möbel und schrecklich kitschige Gemälde an den Wänden. Die hat er über *ebay* gekauft: Deutsche Frau mit deutschem Kind. Da sitzt eine Frau mit einem Kind im Schoß und hinter ihr sind die Alpen. Und dann gibt es noch ein Gemälde mit einem deutschen Jungen. Von seinem eigenen Kind gibt es kein Bild in diesem Haus. Aber Wandteller, mit Sprüchen, wie: *Unser Ziel ist unser Weg*. Meine Tochter stört das überhaupt nicht.

Das mit dem Haus war schon eine strategische Entscheidung. Gregor hat nicht umsonst dieses Haus in der absoluten Einsamkeit gekauft. Weit weg von seinen Eltern und von uns, aber auch extrem weit weg von seiner Arbeitsstelle. Es gibt ja diese Aussteigerin, Tanja Privenau, sie hat auch irgendwann einmal gesagt, sie hätten so einsam gelebt, dass sie und ihre Kinder sich gefreut hätten, wenn es am Wochenende zu den Kameraden ging. Diese ganzen Neo-Nazis wohnen ja meist in alten einsamen Bauernhöfen. Das ist Konzept. Damit sind sie schön abgeschirmt und können machen, was sie wollen.

Irgendwann hatten wir einen Brief von der BfA bei uns im Kasten. Er war noch an Sophies alte Adresse gerichtet. Durch diesen Brief mussten wir erfahren, dass die beiden mittlerweile verheiratet sind. Das heißt, wir wissen es nicht offiziell. Sophie hat es uns bis heute nicht erzählt. Das macht verdammt traurig.

Sind wir es nicht einmal wert, wenigstens darüber informiert zu werden?

Ich weiß nicht, ob Sophie unsere Traurigkeit verstehen kann. Sie ist ja jetzt selbst Mutter und ich hoffe, dass sie vielleicht dadurch beginnt, irgendwann einmal die Welt mit anderen Augen zu sehen.

Ich habe ja die Hoffnung noch nicht aufgegeben, dass Sophie irgendwann einmal begreift, in welchen Kreisen sie sich bewegt. Ich versuche immer wieder mit ihr zu reden. In der letzten Zeitung waren Fotos aus so einem Lager drin. Da habe ich zu ihr gesagt: »Sieht das etwa vertrauenserweckend aus? Dieses Uniformierte? Dieses Strammstehen. Diese Gleichmacherei?« – »Aber du hast mich doch auch ins Pionierferienlager geschickt, das war doch damals genau das Gleiche.« – »Na ja, das stimmt schon, man hat das damals einfach nicht so kritisch gesehen. Aber es gab nicht die Kriegsverherrlichung. Das war der große Unterschied.«

Klar, wenn man die Pionierorganisation oder die FDJ jetzt im Rückblick sieht, in ihren blauen Hemden und Fahnen schwingend, dann sieht sich das natürlich sehr ähnlich. Fahnen schwenken, das liebt ja der Deutsche. Auch bei den Neonazis gibt es so etwas. Da gibt es eine Arbeitsgruppe in der *HDJ*, die beschäftigt sich konkret nur mit dem Fahnen schwenken. Sie üben das bis ins Detail.

In der letzten Zeit ist meine Tochter sehr schnippisch am Telefon. Wenn ich sage: »Nächste Woche würden wir gern mal vorbei kommen«, erwidert sie, »Nein, das geht nicht, da sind wir nicht da.« – »Wo seid ihr denn?« – »Das musst du nicht wissen. Du plauderst ja doch alles wieder aus.« Plötzlich fügte sie hinzu: »Hast du etwas mit der *Antifa* zu tun?« – »Was soll denn das jetzt?« – »Im Internet gibt es unter deinem Namen auf einer antifaschistischen Seite einen Eintrag.« – »Woher weißt du denn das? Du hast doch überhaupt kein Internet.« – »Darauf gebe ich dir am Telefon keine Antwort. Wer weiß, wer hier mithört.«

Ich habe nach dem Telefonat gleich im Internet meinen Namen eingegeben und da tauchte tatsächlich ein Kommentar von mir auf, den ich mal zu einer Veranstaltung gegeben hatte, in der es um Deutschland und Rechtsextremismus ging. Aber das war eigentlich ganz harmlos und recht allgemein gehalten, so nach dem Motto: Ich schäme mich dafür, dass heute junge Menschen nach einem neuen Führer verlangen. Sie haben wohl offensichtlich nichts aus der Geschichte gelernt.

Beim nächsten Telefonat habe ich zu Sophie gesagt, dass ich nicht verstehe, wieso sie denke, ich würde mit der *Antifa* unter einer Decke stecken, wenn ich so etwas sage. Das ist meine Meinung, damit trete ich öffentlich auf und da könne auch mein Name drunter stehen. Ich müsse mich dafür nicht schämen. Und dann habe ich noch als kleinen Seitenhieb auf Gregor, der ja im Internet unter Pseudonym veröffentlicht, hinzugefügt: »Ich muss mich mit meiner Meinung nicht verstecken!« – »Pass nur auf, dass euch nichts passiert!« – »Was meinst du denn damit?« – »Es können ja einfach mal ein paar Tauben sterben.« Mein Mann ist Taubenzüchter und diese Tauben sind sein halbes Leben. »Oder es kann auch mal das Haus angefackelt werden.« – »Wie kommst du denn darauf?« – »Genauso wie uns die *Antifa* bedrängt, kann es doch einen Gegenschlag von der anderen Seite geben, oder?« – »Ist das jetzt eine Drohung?« – »Ich will dich ja nur warnen, du bist ja nicht allein auf der Welt. Du solltest auch einmal an Papa denken.«

Mein Mann war fürchterlich aufgeregt, als ich ihm das erzählt habe. Das war unser letztes Gespräch am Telefon.

Manchmal denke ich, es wäre vielleicht gar nicht so schlecht, wenn mir so ein Nazi mal auf den Schädel hauen würde, damit meiner Tochter endlich mal die Augen aufgehen: Das sind die gleichen Leute wie ihr Mann.

»Ich hasse diese Demokratenmeute,
fettgefressen und pflichtvergessen,
bezahlte Dealer fremder Interessen,
stürmt den Reichstag, räuchert sie aus,
macht der Rattenbande den Garaus.«

Aus dem Lied »Die Ratten aus Bonn« der Band »Landser« (Quelle: Informations- und Dokumentationszentrum für Antirassismusarbeit in Nordrhein-Westfalen)

Ich wünsche wirklich niemandem, so etwas zu erleben

Bisher waren meine Gesprächspartner ausschließlich Frauen. Die Väter scheinen in diesem Ringen um das rechtsextreme Kind eher eine marginale Rolle zu spielen.

Diesen Eindruck bestätigten mir auch die Menschen, die professionell Eltern beraten. Fast immer kämen die Mütter zu ihnen. Deshalb war ich sehr überrascht, als ich Magnus' Vater kennenlernte. Er war der erste Mann, den ich bei meinen Recherchen traf, und er blieb auch der einzige Vater.

Zu Magnus habe er ein engeres Verhältnis als zu seinem jüngeren Sohn, erklärt mir Magnus' Vater. Das mag wohl an der frühen Kindheit liegen. Er habe mit Magnus viel zusammen gemacht, während der jüngere Bruder gestillt und von der Mutter umsorgt wurde – daraus sei eine besonders tiefe Bindung entstanden.

Ich war kürzlich auf einer Tagung. Dort sollte es einen Austausch geben zwischen den Initiativen, die gegen Rechtsradikalismus arbeiten und Eltern, deren Kinder rechtsextrem sind. Ich war letztlich der Einzige dort, also der einzige betroffene Elternteil. Mich hat das aber gar nicht gewundert, denn ich denke, dass diese Situation symptomatisch für viele Eltern ist. Entweder sie sehen es gar nicht als Problem an, dass ihre Kinder rechts sind, oder sie empfinden es als Schande und getrauen sich nicht, damit an die Öffentlichkeit zu gehen.

Bei uns ging es los, als Magnus ungefähr 11 oder 12 war. Er hatte einen Freund und der war der Einzige im Dorf, der auch in seinem Alter war. Mit ihm war er sehr oft zusammen. Sie sind zwar nicht in dieselbe Klasse gegangen, aber nachmittags haben sie viel gemeinsam unternommen. Er war auch zu jedem Kindergeburtstag da, und wir haben die beiden schon lange beobachtet. Das fing damit an, dass sie im Garten immer nur Krieg spielten. Klar haben wir sofort interveniert und gesagt: »Bei uns im Garten wird nicht Krieg gespielt und in unserem Haus wird nicht geschossen!« Aber was wissen wir denn, was sie anderswo machen. Es wurde alles umfunktioniert – irgendwelche Knüppel und Äste, die rumlagen, waren je nach Form entweder Panzerbüchsen oder Maschinenpistolen. Ich bin selbst überzeugter Pazifist und Wehrdienstverweigerer und es hat mich damals schon sehr betroffen gemacht, als ich meinen Sohn so beobachtet habe. Dass Kinder irgendwie Schießen spielen ist ja vielleicht normal. Aber ich denke, es ist auch meine Pflicht, als Vater zu sagen: Das gefällt mir nicht.

Leider gab es in der Familie des Freundes überhaupt kein Problembewusstsein für das Thema Rechtsradikalismus. Im Gegenteil, der Vater hat diese Spielchen sogar noch unterstützt. Er hat selbst immer so alte GST-Anzüge getragen und mit seinen beiden Söhnen und Magnus Geländespiele gemacht. Ich will nun nicht sagen, dass das Wehrsportübungen waren. Aber es ging schon ein bisschen so in die Richtung.

Der größere Bruder des Freundes war in der rechten Szene, das wussten wir und ich wusste auch, dass die Eltern diesem Thema ganz unkritisch gegenüberstanden. Insofern habe ich auch nie versucht, mit ihnen zu reden, denn sie hatten ja kein Problem damit.

Plötzlich lagen aber auch bei uns zu Hause die Landser-Heftchen und eine ganze Menge rechtsradikaler CDs rum und Magnus fing an, immer mehr abzudriften. Dann ging es weiter, mit der entsprechenden Frisur und dem dazu passenden Outfit, also Springerstiefel und T-Shirts der eindeutigen Marken. Irgendwie hatten wir das Gefühl, er wird plötzlich unerreichbar für uns. Das war eigentlich das Alarmsignal. Da wurde uns klar: Jetzt müssen wir handeln!

Magnus war immer ein unheimlich hübsches und charmantes Kind. Er hat alle Herzen im Sturm erobert. Auch jetzt noch ist es so. Alle Mädchen fliegen auf ihn. Irgendwann aber zwischendurch hatte sich das alles verändert. Da war dieses Lachen plötzlich weg, das war wie ein Schatten, der sich nicht nur über uns, sondern vor allem über unseren Sohn legte. Die Zeit der unbeschwerten Kindheit war vorbei und alles drum herum funktionierte nicht mehr. In der Schule klappte es nicht mehr und er kam auch mit sich selbst nicht mehr klar.

Von seinen Einstellungen und Gedanken habe ich nicht viel mitbekommen, er hat ja nie mit uns gesprochen, damals nicht und auch bis heute nicht. Ich weiß nicht, was er konkret gedacht hat oder woran er geglaubt hat. Irgendwann hat er mir mal gesagt, dass wir ihn da rausgeholt hätten, wäre gut gewesen. Das ist alles, was ich bis heute weiß.

Wir haben ständig versucht, mit ihm zu reden. Aber letztlich war es mehr ein Monologisieren von unserer Seite – also von meiner Frau und mir – und Magnus saß die ganze Zeit schweigend da und irgendwann fing er an zu heulen. Das war das Ergebnis. Das war oft so.

Wir haben immer versucht, darauf zu achten, dass es nicht die gesamte Familienatmosphäre zu sehr belastet, dass die anderen beiden Kinder bei den Gesprächen nicht dabei waren, damit sie es nicht so mitkriegen. Wir haben drei Kinder, drei Söhne. Magnus ist jetzt 20, er ist der Älteste, sein Bruder ist 18, der Jüngste ist jetzt 8. Damals, als alles anfing, war er noch ganz klein, er hat das alles gar nicht mitgekriegt. Wir haben uns schon immer um eine gewisse Grundharmonie in der Familie bemüht. Das ist uns auch gelungen, glaube ich. Aber rückblickend gesehen kann ich sagen: Das war eine Zeit, in der habe ich viele graue Haare gekriegt. Das wünsche ich wirklich niemandem, so etwas zu erleben.

Natürlich kamen auch immer wieder Zweifel: Machen wir es uns nicht zu schwer? Wenn wir es einfach laufen lassen, geht es vielleicht auch. Ich habe lange darüber nachgedacht und bin zu dem Entschluss gekommen: Nein, das kann ich nicht machen. Ich muss um meinen Sohn kämpfen, gerade weil auch im jugendlichen Alter so gewisse Grundeinstellungen und Überzeugungen angelegt werden, die für das spätere Leben prägend sind. Und diese Überzeugungen ihrem Selbstlauf zu überlassen, damit konnte ich mich nicht abfinden. Die Alternative wäre gewesen, dass wir Magnus komplett verstoßen. Darüber haben wir auch nachgedacht, das muss ich ganz ehrlich zugeben. Wir waren oft an der Stelle, wo wir gedacht haben: Nur raus mit dem Kerl, einfach weg, damit wollen wir nichts mehr zu tun haben. Am Ende haben wir aber immer wieder gesagt: Er ist und bleibt unser Kind. Wir können ihn nicht so einfach aufgeben.

Wirklich große Probleme gab es in der 10. Klasse. Magnus wurde nicht zur Prüfung zugelassen und hat den Realschulabschluss nicht geschafft. Das hing auch damit zusammen, dass er völlig aus der Bahn geworfen war. Er hat endlos geschwänzt, hat regelmäßig geklaut und hat sogar jemanden erpresst.

Der Direktor rief an und sagte, ich solle bitte in die Schule kommen, unser Sohn hätte einen Mitschüler erpresst. Ich bin sofort hingefahren und dort saßen der Vater des anderen Schülers, mein Sohn, eine Beratungslehrerin und der Direktor. Mir wurde erzählt, dass Magnus von diesem Mitschüler verlangt habe, er solle jede Woche eine Schachtel Zigaretten mitbringen, ansonsten würde er von ihm und seinen Kumpels verprügelt werden. Der Vater sagte dann, wenn sich Magnus ordentlich entschuldige, würde er von einer Anzeige absehen. Das hat er auch gemacht und gesagt, es komme nie wieder vor.

Für mich war das aber ein Punkt, wo ich mir gesagt habe: Wenn er jetzt schon so etwas macht, dann sitzt er bald im Knast. Mir war klar, ich muss etwas tun. Ich habe beim Jugendamt angerufen und wurde an die Jugendgerichtshilfe verwiesen. Die Frau dort sagte, ich solle doch mal vorbeikommen. Sie würden mit meinem Sohn sprechen. Wir sind zusammen dort hingefahren und ich musste circa eine dreiviertel Stunde vor der Tür sitzen. Danach durfte ich rein und die Angestellte meinte: »Wir fassen das Gespräch für Sie noch einmal zusammen. Wir haben ihrem Sohn erklärt, welche Rechte er Ihnen gegenüber hat, dass Sie ihn entsprechend kleiden müssen, für einen adäquaten Platz in der Wohnung sorgen und ihn auch ernähren müssen. Gleichzeitig hat er einen Anspruch auf Taschengeld und wir haben ihn auch darüber aufgeklärt, dass er rechts sein darf, denn wir leben ja in einer Demokratie.« Das war für mich der Hammer, als ich das gehört habe! Ich wusste gar nicht, wie mir geschieht. Ich habe noch überlegt, ob ich eine Dienstaufsichtsbeschwerde mache, habe aber darauf verzichtet, weil ich das Gefühl hatte, auch der Amtsleiter hätte mich gar nicht verstanden.

Dieses Demokratie-Argument habe ich seitdem sehr oft gehört. Auch in den Schulen. Der Direktor hat mir irgendwann einmal gesagt: »Die NPD ist eine zugelassene Partei. Wir machen uns doch nur lächerlich, wenn wir dagegen vorgehen. Natürlich haben die Jugendlichen ein Recht darauf, rechts zu sein, das gehört zur Demokratie.« Solche Dinge habe ich immer wieder gehört, das ist eine ganz verbreitete Meinung. Ich denke, man findet hier im Landkreis wenige Jugendgruppen, wo Rechtsradikalismus keine Rolle spielt. Da nimmt keiner Anstoß, wenn die rechtsradikalen Jugendlichen mit ihrem eindeutigen Outfit in den Jugendclubs verkehren, das findet keiner komisch.

Magnus war ja auch die ganze Zeit im Konfirmandenunterricht und dann in der Jungen Gemeinde. In seinem Konfirmandenhefter haben wir auch ziemlich heftige Sachen gefunden, wo wir überlegt haben, warum uns der Pfarrer nicht schon einmal eher darauf hingewiesen hat. Da standen so Sachen drin, wie, dass es hier zu viele Ausländer gäbe und all so ein blödes Zeug eben. Wir haben auch damals mit dem Pfarrer über Magnus gesprochen, aber was hätte der auch machen können?

Optisch war Magnus sicherlich der Extremste, sowohl im Konfirmandenunterricht, als auch in seiner Schule. Aber für seine Ansichten gab es breite Unterstützung von den anderen Schülern. Die Sympathien darf man nicht unterschätzen. Und die Lehrer haben geschwiegen.

Wir haben oft mit seinem Klassenlehrer telefoniert. Der hat das aber immer abgewimmelt: »Das sind jugendliche Marotten, das geht wieder weg.« Das ist ein Satz, den ich schon sehr oft gehört habe. Auch bei uns im Dorf sagen die Leute: »Ach, sie sind doch nett und grüßen immer freundlich.« Manchmal hatte ich den Eindruck, dass ich weit und breit der Einzige bin, der damit ein Problem hat. Alle anderen fanden das immer normal.

Wir sind erst vor ein paar Jahren ins Dorf gezogen und ich denke, wir werden immer noch nicht als Einheimische betrachtet. Wir haben hier ein uraltes, total verkommenes Haus gekauft, vorher haben wir sieben Jahre in Erfurt gelebt.

Allerdings war ich hier im Dorf sogar ein paar Jahre lang Ortsbürgermeister. Das hatte sich so ergeben, denn der vorherige Ortsbürgermeister war nicht sehr beliebt. Er stammte aus einer alteingesessenen Familie, das waren die größten Bauern im Dorf. Sie hatten hier schon immer das Sagen. Dieser Bürgermeister ist ständig durch das Dorf gelaufen und hat geguckt, wen er anzeigen kann. Er hat regelmäßig Kontrollgänge gemacht und wenn irgendwo was war, hat er sofort Anzeige erstattet – also wenn jemand einen halben Haufen Kies auf dem Gehweg hatte oder das Auto falsch geparkt oder die Hecke nicht geschnitten, lauter solche Kleinigkeiten. Dadurch war er natürlich in diesem Dorf total unbeliebt. Interessanterweise ist das auch noch der Großvater des Freundes, der Magnus in die Naziszene gebracht hat. Irgendwann rief mich ein Bekannter an – wohlgemerkt auch ein Zugezogener – und hat mich gefragt: »Willst du nicht als Ortsbürgermeister kandidieren?« Ich habe das eher als Spaß verstanden, habe gedacht, dass ich sowieso nicht gewählt werde und war dann völlig überrascht, als ich plötzlich mit Zweidrittel-Mehrheit diesen Posten hatte. In dieser Zeit habe ich natürlich viele Leute hier näher kennen gelernt und auch die Stimmungen im Dorf. Ich bin zu einer Feuerwehrversammlung gekommen und dort wurde zu meinen Ehren das *Horst-Wessel-Lied* gesungen. Ich habe mich sofort umgedreht und bin gegangen. Ich habe auch danach nicht wieder kandidiert. Das war mir zu blöde, muss ich ganz ehrlich sagen. Ich habe es einfach auf sich beruhen lassen, denn irgendwo ist die Kraft auch begrenzt, irgendwann hat man die Nase voll und sagt: Jetzt reicht es. Ich hätte sicherlich damals eine Anzeige machen können, aber wir wollen doch in dem Dorf weiter wohnen.

Das war auch schon, bevor Magnus da reingerutscht ist. Es zeigt aber irgendwie, wie die Strukturen in diesem Dorf funktionieren.

Als wir hierher gezogen sind, hat man uns vorher massiv gewarnt. Seid ihr verrückt, dorthin zu ziehen, da gönnt ja einer dem anderen die Butter auf dem Brot nicht! Und es war tatsächlich so. Als ich das erste Mal bei einer Einwohnerversammlung war, ging es hoch her: »Ich schlag dich tot, du dumme Sau!« – »Na warte, dir hau ich eins in die Fresse!« So ging das die ganze Versammlung, das war der Tenor des Dorfes. Als ich Ortsbürgermeister wurde, habe ich mir gedacht, irgendetwas muss ich tun, damit die Stimmung hier in diesem Dorf eine andere wird, und deshalb habe ich ein Dorffest ins Leben gerufen. Da konnten die Leute miteinander reden und das hat schon geholfen. Das wird heute noch gefeiert.

Seltsam, das ist hier eine unheimlich idyllische Gegend. Absolute Ruhe, keine Durchgangsstrasse, die Kinder hatten dort völlige Freiheit. Ein Kollege von mir kommt ab und an mal für ein Wochenende vorbei, um sich auszuspannen und er sagt, er könne sich gar nicht vorstellen, dass hier so engstirnige Menschen wohnen. Er fragte auch, ob denn unter diesen ganzen Umständen die Entscheidung hierher zu ziehen richtig war. Das sollten wir uns wirklich mal fragen. Und er hat Recht, denn die Gedanken sind in den Köpfen.

Als Vater, dessen Kind eindeutig rechtsradikal ist und der ein großes Problem damit hat, ist man natürlich einigermaßen ratlos, wie man dieser Ignoranz oder gar der heimlichen Zustimmung begegnen soll.

Ich bin schon immer ein politischer Mensch gewesen und das war vielleicht überhaupt erst das Problem, warum es so hoch gekocht ist. Ich habe es einfach nicht ertragen, da sehenden Auges zuzugucken, wie mein Sohn bei den Nazis versumpft. Das ging nicht.

Ich hatte immer den Eindruck, Magnus ist zwar in der Szene drin, aber eigentlich ist er auch total unglücklich dabei, weil dieses Martialische der Naziszene einfach nicht zu seinem Wesen passt. Er hatte aber nun mal den Freund und er hat irgendwo Anerkennung gebraucht und die hat er dort gefunden. Die soziale Bezugsgruppe war für ihn einfach unheimlich wichtig und das ist ja für einen Jugendlichen auch eine ganz normale Entwicklung. Es ist klar, dass die Eltern als Bezugspartner irgendwann ihren Einfluss verlieren. Über diesen Freund hat er Anschluss an eine Gruppe gefunden. Das waren richtig militante Nazis. Er hat nur noch diese Nazimusik gehört, Landserheftchen und eindeutig rechtsradikale Bücher gelesen. Immer wenn ich etwas gefunden habe, ist das sofort in der Mülltonne gelandet. Ich habe eine ganze Menge weggeschmissen.

Ich habe es ihm aber vorher angekündigt: »Wenn irgendwelcher Nazikram hier auftaucht, dann fliegt er weg.« Trotzdem hat er es liegen lassen und dann war das Zeug eben weg. Aber auch dabei gab es überhaupt keine Reaktion von ihm. Das war das große Problem. Wir haben einfach nie eine Reaktion von ihm bekommen. Wir konnten machen, was wir wollen: Wir konnten flüstern oder schreien, drohen oder betteln, hart sein oder weich – es kam nie ein Feedback. Er hat nicht geschimpft, nicht protestiert, er hat gar nichts gemacht. Die einzige Reaktion war, dass er nach solchen Auseinandersetzungen einfach extrem lange weggeblieben ist und ganz oft erst nachts um drei oder später nach Hause kam.

Allerdings habe ich auch beobachtet, dass Magnus' Freund nicht so extrem abgedriftet ist, wie unser Sohn. Der Bürgermeister hat mir zwar gesagt, der Staatsschutz habe ihn nach wie vor im Visier und er würde auch ab und an mal bei irgendwelchen Sachen auftauchen. Aber ich hatte trotzdem das Gefühl, dass es bei ihm viel weniger ausgeprägt war. Er hat immerhin seine Schule geschafft, hat eine Lehre begonnen und hat auch nie den Bezug zu seinen Eltern verloren. Magnus war viel radikaler, aber andererseits hatte er auch ein größeres Problem, weil wir ihm viel mehr Druck gemacht haben, als beispielsweise die Eltern des Freundes. Irgendwann ertappte ich mich auch bei dem Gedanken, ob es denn nun richtig sei, so vehement dagegenzusteuern. Denn ich habe ja gesehen, wie Magnus darunter leidet, auch unter unserem Druck leidet und ich war mir sehr unsicher, ob das jetzt die richtige Reaktion ist.

Natürlich haben wir auch mit Freunden darüber gesprochen und das war eine große Hilfe für uns. Auch meine Eltern, die hier im Ort wohnen, waren sehr hilfreich. So ein soziales Netz ist in solch einer Situation schon sehr wichtig. Dass man einfach mal zu jemandem hingehen und sich ausheulen kann.

Ganz am Anfang haben wir noch versucht, mit diesem Freund zu reden, aber das hat nicht funktioniert. Andererseits habe ich auch gesehen, dass Magnus doch irgendeinen Freund braucht. Einfach einen Kumpel, mit dem er sich trifft. Ich sah es dann selbst nicht mehr als das richtige Mittel, ihm zu verbieten, zu diesem Freund zu gehen. Wir haben zwar deutlich formuliert: »Wir finden es nicht in Ordnung, dass du jetzt dahin gehst«, aber wir haben es ihm nicht mehr verboten. Allerdings habe ich ihm auch ganz klar zu verstehen gegeben: »Einen Nazi unter meinem Dach dulde ich nicht!«

Irgendwann kam Magnus an und wollte ausziehen. Es gab hier im Ort ein selbstverwaltetes rechtes Projekt, wo Wohnungen geschaffen werden sollten und Magnus hat auch an diesem Haus mitgebaut und wollte sich dort eine eigene Wohnung einrichten. Das ganze Projekt wurde von so einem Altnazi aus dem Westen koordiniert. Er hatte das ganze Haus gekauft und das war der Treffpunkt der rechten Szene. Magnus ist oft dort gewesen. Er hat auch von diesem Typen Springerstiefel geschenkt bekommen.

Er hat mir zwar gesagt, dass er angeblich kein Rechter sein soll, aber ich weiß es wirklich zuverlässig, dass dort ein rechtes Wohnprojekt gestartet werden sollte. Da ist letztlich nur nichts draus geworden, weil der Mann, der das Haus gekauft hat, schwer an Krebs erkrankt ist und das Projekt nicht mehr fortführen konnte. Die Sache hatte sich also zum Glück erledigt.

Ich habe Magnus damals strikt verboten, noch einmal zu dieser Baustelle zu gehen. Ich wusste, dass er dort noch seine Arbeitssachen gelagert hatte. Deshalb bin ich mit ihm noch einmal dorthin gefahren und habe ihn seine Sachen holen lassen und gesagt: »Das war das letzte Mal. Jetzt ist Schluss.«

Einer der größten und dreistesten Nazis in der Stadt ist Tommy Frenck. Wenn sie diesen Namen hier in der Region nennen, weiß jeder Bescheid. Mit ihm war Magnus oft zusammen, das wusste ich aber zu dem Zeitpunkt noch nicht. Er hat ihn auch regelmäßig mit Landserheftchen versorgt. Das waren genau die, welche ich dann weggeschmissen habe.

Tommy Frenck ist mittlerweile Vorsitzender der NPD im Kreis. Ich denke, ihm steht noch eine steile Karriere in der NPD bevor. Er ist so etwas von dreist und gerissen und dazu völlig ungehemmt. Diese Eigenschaften zeichnen einen guten NPD-Kader aus – dieser Typ ist unglaublich. Er stammt hier aus Schleusingen, er ist der Sohn einer Klassenkameradin von mir. Sie unterstützt ihn voll.

Tommy Frenck hat vor einiger Zeit einen Antrag gestellt, bei der Feuerwehr aufgenommen zu werden. Er hat gleich dem Bürgermeister gesagt, wenn sein Antrag abgelehnt werden sollte, klage er dagegen. Dann ist er noch zusätzlich Mitglied im Sportverein geworden – das ist ja diese Masche der Nazis, sie unterwandern die Vereine, also die Strukturen des Gemeinwesens.

Mittlerweile ist Tommy Frenck weggezogen, aber seine Mutter wohnt noch hier in Schleusingen und sie ist ein wichtiger Anlaufpunkt für die Naziszene.

Im Internetforum der Stadt Schleusingen gab es mal eine Diskussion mit ihm. Da habe ich mich eingeklinkt und habe mich über ein halbes Jahr mit diesem Tommy Frenck in dem Forum ausgetauscht. Dabei habe ich viel darüber gelernt, wie deren Welt funktioniert. Er hatte dort seine Thesen veröffentlicht, was in Thüringen alles zu tun wäre, zum Beispiel: Trennung der Schulklassen in ausländische und deutsche Kinder, solange die Rückführung der ausländischen Kinder aus Deutschland noch nicht abgeschlossen sei. Ich habe ihn dazu konkret gefragt, wen er nun eigentlich abschieben wolle und da kamen ständig irgendwelche blöden Parolen. Immerzu. Das ist ja eine beliebte Masche der Nazis, eine Provokation nach der anderen zu liefern, bis man gar nicht mehr weiß, wie man reagieren soll. Ich habe aber immer wieder nachgefragt und dann anhand seiner Antworten nachweisen können, dass er eigentlich KZs und Massenvernichtungen anstrebt. Irgendwann fing er aber an, so hässliche Judenwitze in diesem Forum zu verbreiten, dass es abgeschaltet wurde. Ich war auch froh darüber, denn ab einem bestimmten Punkt ging das einfach über meine Kräfte, ihm ständig Paroli zu bieten.

Da mein Versuch mit dem Jugendamt derartig fehlgeschlagen war, überlegten wir, wer Magnus und uns sonst noch helfen könnte. Dabei kamen wir auf die Idee, ihn zu einem Psychologen in Behandlung zu schicken. Wir haben ihn natürlich gefragt, ob das für ihn vielleicht eine Hilfe wäre und er hat gesagt: Ja, das würde er machen. Die Behandlung ist auch von der Krankenkasse übernommen worden und hat meiner Meinung nach eine Menge gebracht, auch für Magnus, so in Richtung Selbstbewusstseinsbildung und Gesprächsbereitschaft.

Der Psychologe hat bei ihm eine schwere soziale Störung diagnostiziert. Auf unsere Nachfrage, was man denn da machen könne, riet der Psychologe, Magnus solle so schnell wie möglich aus seinem derzeitigen sozialen Umfeld raus.

Da er ja seinen Realschulabschluss nicht geschafft hatte und nun völlig ohne Abschluss war, also nicht einmal einen Hauptschulabschluss hatte, stand für uns sowieso das Problem: Was machen wir jetzt mit ihm? Da bot es sich an, dass wir nach einem Internat Ausschau hielten, um ihn dort unterzubringen.

Ich habe lange im Internet recherchiert, denn ich wollte gern ein Internat finden, wo auch nach Feierabend noch eine pädagogische Betreuung gegeben ist. Endlich hatte ich etwas gefunden und wir sind alle zusammen hin und haben es uns angeschaut. Magnus hat das Internat sofort gefallen. Das Gebäude war eigentlich eine große Burg. In jedem Zimmer gab es einen Computer und die Schule war Mitglied im Golfclub. Also Magnus wäre sofort dabei gewesen. Es war natürlich nicht ganz billig. Pro Monat sollte es 600 Euro kosten. Der Internatsleiter gab uns den Tipp, beim Jugendamt anzufragen, ob sie den Beitrag teilweise oder ganz übernehmen könnten. Er meinte, wenn bei Magnus wirklich eine soziale Störung vorliege, dann würde das unter Umständen bezahlt. Ich habe gleich einen Antrag gestellt und sehr detailliert die gesamte Situation geschildert, habe auch auf den Psychologen verwiesen und ausführlich beschrieben, dass es keinen Sinn macht, Magnus hier zur Schule zu schicken, da es an dieser Schule Rechtsradikalismus gibt und er unter dem Einfluss der anderen in diese Gruppe hineingezogen würde. Kurze Zeit später bekamen wir eine Ablehnung, ohne dass das Jugendamt einmal bei dem Psychologen oder der Schule nachgefragt hätte. Ich habe Widerspruch eingelegt und gefordert, dass sie sowohl bei der Schule, als auch bei dem Psychologen nachfragen sollen. Den Psychologen haben sie daraufhin wieder nicht kontaktiert und von der Schule haben sie die Auskunft bekommen, dass es hier im Ort ein oder zwei Neonazis gäbe, die aber schon lange nicht mehr an der Schule wären.

Das war die Begründung für die endgültige Ablehnung. Parallel dazu haben wir aber weiter gesucht und ein viel preiswerteres, kirchliches Internat gefunden. Ich hatte noch einmal um ein bisschen Unterstützung gebeten, wenigstens 50 Euro pro Monat. Aber auch das haben sie abgelehnt und meinten noch lapidar, wenn alle so argumentierten, müssten sie ja zwei Drittel aller Jugendlichen im Landkreis aus ihrem sozialen Umfeld holen. Ihr Alternativangebot war ein Erziehungsbeistand, also ein Sozialarbeiter, der regelmäßig Magnus betreut. Das ist eigentlich nicht das, was wir brauchen. Ich selbst habe einen Abschluss im Fach Theologie mit gemeindepädagogischem Schwerpunkt. Entwicklungspsychologie und solche Sachen waren Teil meines Studiums und ich denke, wir haben auch das entsprechende Knowhow, mit so einer Situation umzugehen. Aber darin liegt nicht die Lösung für unser Problem.

Das Jugendamt hat mir noch eine Telefonnummer von einem Internat in Sonneberg gegeben, das wäre auch sehr günstig gewesen, nur 40 Euro im Monat. Ich habe dort angerufen und nachgefragt, welche Erfahrungen sie denn im Umgang mit der rechten Szene haben und da meinte der Leiter doch allen Ernstes: »Damit kennen wir uns sehr gut aus, denn die rechte Szene von Sonneberg trifft sich regelmäßig vor unserem Haus.«

Also haben wir alles Geld zusammengekratzt und haben ihn auf ein Internat in Bayern gegeben. Sehr angenehm, sehr engagierte Lehrer, eine wunderschöne Umgebung, aber auch teuer. Unsere finanzielle Leistungsfähigkeit war dadurch extrem ausgereizt. Wenn nicht die Großeltern noch mit geholfen hätten und uns monatlich Geld überwiesen hätten, wäre es nicht zustande gekommen.

Aber es war kein Zuckerschlecken. In Mathematik war Magnus sofort unheimlich zurück, weil in Bayern ein ganz anderes Leistungsniveau in den naturwissenschaftlichen Fächern herrscht. Er hat auch wieder regelmäßig geschwänzt.

Nach einem halben Jahr habe ich ihn von dort runtergenommen. Das, was wir mit dem Internat erreicht hatten, war zwar kein Schulabschluss, aber eine deutliche Distanz zur Szene. Er war dadurch erstmal aus der Szene raus. Er hat dort, glaube ich, auch einen ganz anderen Umgang kennen gelernt. Er hat gemerkt, man kann nett und freundlich und liebenswürdig miteinander umgehen. Aller zwei Wochen kam er nach Hause und man hat schon gemerkt, da hat sich etwas verändert. Er hat sich auch mit diesem Freund nicht mehr getroffen. Früher hat er selten zu Hause mitgeholfen, aber nun fing er wieder an mitzuhelfen, hat auch selbst Hilfe angeboten. Wir hatten so ganz langsam wieder Kontakt zueinander, konnten auch endlich wieder miteinander reden. Er hat damals sogar schon gesagt, dass er gut verstehe, dass wir uns Sorgen machen, wenn er in der Naziszene rumhängt. Das war für mich zwar noch kein Schlussstrich, aber immerhin ein Zeichen. Als er irgendwann mal wieder nach Hause kam, stand er plötzlich als Punk vor der Tür. Da habe ich zu ihm gesagt: »Besonders toll finde ich es ja nicht, aber alles ist besser als dein Nazikram.«

Während er in dem Internat war, hat er auch angefangen, Musik zu machen und das hat ihn weiter von dieser Szene entfremdet.

Hier im Dorf hat sich die rechte Szene jetzt etwas aufgelöst. Das hängt damit zusammen, dass die Integrationsfigur, also der Chefnazi des Dorfes sich geoutet hat. Er hat sich offen zu seinem Schwulsein bekannt und da sind seine Jünger weggerannt. Er wohnt aber nach wie vor noch im Dorf und ist ein angesehener Mann.

Der endgültige Schlussstrich bei Magnus war wahrscheinlich eine Fahrt nach Taizé. Das ist eine ökumenische Kommunität, wo sich Jugendliche aus der ganzen Welt treffen. Und da Magnus mit seinem Bruder in den Ferien immer nur vor dem Computer hockte und mich das total gestört hat, habe ich beide dort angemeldet. Das heißt, ich habe sie schon vorher gefragt, ob ich sie dort anmelden soll. Sie sind mir zwar nicht vor Freude um den Hals gefallen, aber sie haben erst einmal zugestimmt. Als dann die ganzen Unterlagen kamen und da von einem relativ streng strukturierten Tagesablauf die Rede war, mit Bibelarbeit und Gesprächskreisen, ließ ihre Motivation merklich nach und sie sind ziemlich lust- und freudlos da hin. Als ich sie abholte, dachte ich: Oh Gott, sie werden dir jetzt nur die Ohren voll jammern, wie schrecklich alles war. Doch zu meiner großen Überraschung waren beide voller Begeisterung und Euphorie. Man muss dazu sagen, dass dort in Taizé eine unheimlich tragende Stimmung herrscht. Das ist eine internationale Jugendbegegnungsstätte, wo fast ausschließlich Englisch gesprochen wird und alle sind irgendwie nett zueinander. Da gibt es keine Beschimpfungen, keine Machtkämpfe und keine Mutproben, so wie es in der Nazisszene durchaus üblich ist. Da herrscht ein sehr rauer Ton und das war sicherlich für Magnus eine unheimlich prägende Erfahrung, die er da gemacht hat.

Ich habe viel darüber nachgedacht, ob wir irgendwelche Fehler in der Erziehung gemacht haben, auch vielleicht früher schon. Aber ich habe nichts gefunden, was ich mir vorwerfen müsste. Natürlich gibt es so kleine Dinge, die man halt als Eltern später anders betrachtet, doch das ist wohl mehr oder weniger normal. Das passiert wohl allen und auch wir sind nicht gefeit dagegen. Ich bin nach langem Nachdenken zu der Erkenntnis gekommen, dass wir einfach machtlos waren. Das Umfeld unseres Sohnes war stärker. Das Wichtigste war wohl, dass wir Menschen um uns herum hatten, mit denen wir darüber reden konnten. Diese Menschen haben uns das Atmen in dieser Zeit möglich gemacht, sonst wären wir sicherlich erstickt.

Im Nachhinein betrachtet war wohl die wichtigste Entscheidung, die wir getroffen haben, dass wir ihn aus der Szene weggenommen haben. Ich denke, es gibt kein Patentrezept, um Jugendliche aus der rechten Szene herauszubekommen. Jeder Fall ist anders, aber für uns war diese Vorgehensweise hilfreich. Allerdings könnte ich mir vorstellen, dass ein radikaler Ortswechsel mit einer qualifizierten pädagogischen Betreuung vielen Jugendlichen helfen könnte. Das setzt natürlich unbedingt ein Problembewusstsein voraus. Die meisten Eltern aber haben genau das nicht.

Ich will es jetzt nicht zu sehr pauschalisieren, aber der größte Teil der Jugendlichen im Dorf fühlte sich schon zur rechten Szene zugehörig. Ich habe das ja auch schon vorher beobachtet. Da war Magnus erst sechs oder sieben Jahre alt und zu uns kam öfter mal der Sohn der Nachbarin. Er war ein paar Jahre älter als Magnus, aber er war gern bei uns und ich habe mich auch immer super mit ihm verstanden. Als er dann so ins jugendliche Alter kam, war er auch plötzlich in der rechten Szene drin. Ich habe versucht mit ihm darüber zu reden: »Weißt du überhaupt, was du da treibst?« Da war kein Gespräch möglich und auch die Mutter – sie war allein erziehend – war völlig hilflos, sie hat immer nur gesagt: »Was soll ich denn dagegen machen? Ich finde es nicht gut, aber ich weiß nicht was ich machen soll.«

Wenn wir hier aber alle zusammen nicht mehr machen, werden die Nazis das nächste Mal in unserem Landtag sitzen.

Ich habe mal Ende der 90er Jahre auf so einem abgeschlagenen Listenplatz für die Grünen kandidiert, einfach so als Stimmenbringer. Aber bei dieser Wahl hatte unsere Dorfjugend die ganze Dorfstraße mit DVU-Plakaten zugepflastert. Ich glaube, in ganz Schleusingen hingen nicht so viele Plakate, wie dort auf diesem kurzen Straßenstück. Das war schon heftig, das muss ich sagen. Meine Reaktion war, dass ich mir bei den Grünen Leerplakate bestellt habe und zu jedem doofen DVU-Spruch einen passenden Gegenspruch ausgedacht habe. Meine Plakate hingen natürlich nicht sehr lange, ich habe aber wieder neue gemacht und das Spielchen haben wir bis zur Wahl gespielt.

Die Verstrickungen in so einem kleinstädtischen Kontext können sehr lähmend für eine Demokratie sein. Ich erinnere mich noch an das letzte Stadtfest. Magnus hing zusammen mit ein paar Punkern auf dem Markt rum. Sie hatten sich irgendwo an der Tankstelle eine Kiste Bier besorgt und ein paar Meter weiter saßen die Nazis. Irgendwann kam es zu einer Schlägerei, die eindeutig von den Nazis ausging. Daraufhin hat die Leiterin vom Jugendzentrum die Polizei gerufen. Doch die beiden Polizisten haben sich geweigert, den Vorfall aufzunehmen, obwohl zwei der Jugendlichen krankenhausreif geschlagen wurden. Magnus hat mir erzählt, ihn hätte das überhaupt nicht gewundert, denn einer der Polizisten war der Vater eines Neonazis. Das endete damit, dass die Leiterin des Jugendzentrums die Polizei aus Suhl rufen musste, damit endlich eine Anzeige aufgenommen wurde.

Glücklicherweise gibt es aber auch in Schleusingen mittlerweile ein gut funktionierendes *Bündnis gegen Rechts*. Wir haben einen Präventionsrat, in dem ich auch Mitglied bin. Das fing damit an, dass die Nazis irgendwann den Marktplatz als Versammlungsort entdeckt haben. Sie pöbelten dort Leute an und gaben einfach ein schlechtes Image für die Stadt ab. Der Bürgermeister hat ihnen daraufhin einen Platzverweis ausgesprochen und sich damit den Zorn der Nazis zugezogen. Es gab Flugblätter, in denen er verhöhnt wurde, und dazu ist er ständig mit Nazimusik vor seinem Haus beschallt worden. Er ist also richtig in die Schusslinie der Nazis geraten und hat wahrscheinlich das erste Mal im Leben selbst zu spüren bekommen, was in dieser Szene überhaupt abgeht. Gegen den Platzverweis haben die Nazis sofort geklagt. Daraufhin wurde er wieder aufgehoben. Es war einfach das übliche Procedere, das jeder kennt, der sich ein bisschen mit der Materie näher auseinandersetzt. Das Gute daran war, dass diese Situation der Ausgangspunkt für ein breites Bürgerbündnis gegen Rechts war. Aus dieser Lage heraus wurde der Präventionsrat gegründet. Das ist eine wirkliche Errungenschaft, denn so etwas gibt es nicht oft in Thüringen und schon gar nicht unter Federführung der CDU. Normalerweise ist die CDU eher sehr vorsichtig, was Nazis betrifft, so nach dem Motto: Das ist doch alles gar nicht so schlimm, die Gefahr, die von links ausgeht, darf auch nicht unterschätzt werden. Allerdings habe ich auch den Eindruck, dass unser Bürgermeister wieder auf Parteilinie gebracht wurde. Manche seiner Äußerungen entsetzen mich regelrecht. Am liebsten würde er das *Bündnis gegen Rechts* wieder abschaffen, es würde ja der

Eindruck entstehen, hier lebten nur Nazis, wir machten viel zu viel Wirbel um ein Problem, das ja nun wahrlich nicht so groß sei.

Mittlerweile ist aber dieses *Bündnis gegen Rechts* eine starke Organisation geworden, die nicht nur auf irgendwelche Nazisachen reagiert, sondern auch selbst agiert. Es gibt drei feste Daten: den Holocaust-Gedenktag, den 8. Mai und den 9. November, da finden regelmäßig Veranstaltungen statt und das schon seit drei oder vier Jahren. Die Folge unserer Öffentlichkeitsarbeit war auch, dass Tommy Frenck hier in Schleusingen keine Wohnung mehr gefunden hat. Die ganze Szene hat sich jetzt verlagert, weil sie gemerkt haben: Von hier kommt permanent Widerstand. Sie sind jetzt nach Hildburghausen abgewandert. Ich denke, wir haben da gute Arbeit gemacht. Irgendwann hat mal jemand gesagt: »In Schleusingen gehört es ja mittlerweile zum guten Ton gegen Rechts zu sein.« Da habe ich gesagt: »Und genau darauf bin ich stolz.«

Obwohl sich Magnus von seinen rechtsradikalen Ansichten distanziert hat und aus der Szene raus ist, haben Vater und Sohn noch nie über diese Zeit gesprochen. Der Vater schlägt mir vor, Magnus zu fragen, ob er sich auch mit mir unterhalten würde. Zu meinem Erstaunen kommt seine Antwort völlig spontan: Warum nicht?

»Unser Führer

Er war der Retter uns'rer Nation,

des Deutschen Volkes größter Sohn.

Er beseitigt die Schranken der Klasse

und brachte uns die Botschaft der Rasse.

Refrain:

Adolf Hitler, unser Führer,

Adolf Hitler, unser Held,

Adolf Hitler war der größte

Revolutionär der Welt.«

Aus dem Lied »Unser Führer« der Band »WAW« (»Weißer Arischer Widerstand«)
(Quelle: Informations- und Dokumentationszentrum für Antirassismusarbeit in
Nordrhein-Westfalen)

Es gibt nur einen Gott
und das ist Adolf Hitler

Magnus kommt gerade von der Arbeit. Es stimmt, was sein Vater erzählt hat: Er macht einen sehr freundlichen und charmanten Eindruck. Mittlerweile sind seine Haare gefärbt, die Nase ist gepierct und es fällt mir ausgesprochen schwer, mir hinter diesem sanften Jüngling einen Rechtsradikalen vorzustellen.

Ich muss ehrlich sein, trotz all der schlechten Dinge, die passiert sind, ist das eine Erfahrung, worüber ich froh bin, sie gemacht zu haben, weil ich jetzt besser hinter das Ganze blicke. Sicherlich durchschaue ich nicht alle Strukturen, dazu war ich vielleicht zu wenig involviert. Aber ich weiß Dinge, die andere nicht wissen und das ist viel wert.

Es fing damit an, dass ich in der Schule jemanden aus meinem Dorf näher kennen gelernt habe. Damals war ich vielleicht 11 oder 12. Wir haben uns öfter auch nachmittags getroffen und haben viel zusammen gemacht: Fußball gespielt, aber auch Geländespiele. Ich erinnere mich noch, wie wir mit Holzwaffen durch die Gegend liefen. Das waren schon richtige Kriegsspiele, wenn man so will. Irgendwann wurde uns das aber zu langweilig. Da bekam mein Freund eine Playstation geschenkt. Doch die Spiele, die wir dort gespielt haben, waren noch brutaler. Natürlich habe ich das damals so nicht wahrgenommen. Wir haben halt Nachmittage, Abende und teilweise auch Nächte mit dieser Playstation verbracht. Mir war nicht klar, dass ich da jetzt irgendwo reinrutsche, bis ich, ja, bis ich dann andere Leute über diesen Freund kennen gelernt habe. Die waren irgendwie noch eine Spur härter drauf und sie haben uns oft zu Konzerten mitgenommen. Mit denen haben wir viel Zeit verbracht. Wir haben uns auch auf dem Schulhof regelmäßig getroffen, sie waren in höheren Klassen und ich war einfach froh, endlich eine Gruppe gefunden zu haben, zu der ich dazugehöre. Ich bin vorher nie aus meinem Dorf rausgekommen und hatte auch in meiner Klasse keine Freunde. Ich war der absolute Einzelgänger. Ich weiß nicht, warum, ich war halt anders und habe irgendwie nicht in das Schema der anderen gepasst. Der Großteil der Klasse hat mich einfach ignoriert. Nur ein paar Mädchen gab es, die haben mich ständig geärgert. Ich habe mich da nicht besonders wohl gefühlt.

Durch meinen Kumpel aus dem Dorf habe ich in meiner Klasse jemanden kennen gelernt, der auch so eine Meinung hatte und dadurch hatte ich plötzlich in meiner Klasse jemanden, mit dem ich regelmäßig Kontakt hatte. Ich fühlte mich einfach integriert. Die Alternative zu meiner Gruppe wäre gewesen, dass ich als Einzelgänger den ganzen Tag in meiner Bude gehockt hätte und darauf hatte ich einfach keinen Bock. Wir haben ja nun auch nicht ständig über Politik geredet, sondern wir haben auch zusammen Fußball gespielt. Aber klar, selbst beim Fußball spielen, ging es schon ab und an mal ins Politische.

Mein Klassenkamerad hat öfter einen Katalog in die Schule mitgebracht und daraus haben wir uns CDs bestellt. Da gab es so zwei, drei Typen, die haben über diesen Katalog massenweise Zeug bestellt. Ich habe das immer an die Adresse meines Freundes schicken lassen. Er hat mich gefragt: »Na, willst du auch was haben?« Ich habe mir was ausgesucht und ihm das Geld gegeben.

Nach der Schule haben wir uns regelmäßig getroffen und Musik ausgetauscht. Und dann hat man mal einen Flyer in die Hand gedrückt bekommen und ein paar Aufkleber, das sammelte sich allmählich in meinem Zimmer. Ich habe aber alles von Anfang an versteckt. Denn mir war klar, dass meine Eltern darauf allergisch reagieren würden.

Ich muss sagen, dass ich zwar viele Leute kennen gelernt, aber nicht so tief dringesteckt habe. Ich war nie der krasse Rechtsextreme, war nicht vollends verblendet. Sicher, am Anfang fand ich es schon ein bisschen komisch, wie alle rumgelaufen sind, so uniformiert, alle ganz gleich. Aber das hat später nicht mehr so die große Rolle gespielt, für mich waren es halt Leute, die für einen da waren, mit denen man auch reden konnte. Das war wichtig.

Ich habe irgendwann selbst versucht, mir die Haare zu schneiden. Das ging eigentlich so von meinem Klassenkameraden aus, er hat ein bisschen Druck gemacht. Ich hatte etwas längere Haare und da kam oft der Spruch: »Jetzt schneide dir doch endlich mal die Haare ab!« Das habe ich irgendwann getan, habe mir den Rasierapparat genommen, mich vor den Spiegel gestellt und mich rasiert. Das ist aber eigentlich gründlich in die Hose gegangen. Ich hatte am Hinterkopf ein paar kahle Stellen und hinter den Ohren waren die Haare noch büschelweise da. Das sah sehr lustig aus. Irgendjemand hat dann noch mal nachgeschnitten, damit ich nicht ganz so zerzaust rumlaufe.

Ich hatte dabei aber kein besonderes Gefühl. Es war halt jetzt nur kalt am Kopf, das war alles. Vielleicht hat man da gesehen, dass ich jetzt auch mit dazugehöre, aber ich hatte nie so den Kick, von wegen: Wow, jetzt hast du es geschafft. Der Druck von den Kumpels war einfach weg. Das war wohl der Haupteffekt.

Ich selbst habe mich überhaupt nicht als auffällig gesehen. Ich war der Meinung, ich renne ganz normal rum. Aber ich bin schon ab und an mal von Leuten angemacht worden, wegen meines Aussehens, also kann es vielleicht nicht ganz so harmlos gewesen sein. Irgendwie sahen aber alle so aus, mit denen ich etwas zu tun hatte. Da merkt man den Unterschied ab einem bestimmten Punkt nicht mehr. Wir haben ja auch viel zusammen gemacht, waren ständig zusammen.

Wir haben auch gemeinsam Hilfsprojekte durchgeführt. Irgendwelche Typen hatten schon längere Zeit versucht, ein Haus zu kriegen und das sollte dann als Zentrum mit Wohnungen und Kneipe und Versammlungsräumen umgebaut werden. Ich habe da auch viel mitgeholfen, habe viel renoviert. Das durfte natürlich keiner erfahren, es durfte nicht an die Öffentlichkeit kommen, was mit diesem Haus passieren sollte. Man hat auch anderen geholfen – bei Umzügen oder beim Malern. Das fand ich einfach gut. Das war eine feste Größe, dass die Gruppe jemandem hilft.

In dieser Zeit habe ich wahrscheinlich am tiefsten mit dringesteckt. Ich war ständig dort.

Und als ich dann den Typen näher kennen gelernt habe, der das Haus gekauft hatte, da bin ich regelmäßig mit zu den Konzerten gefahren. Er hatte viele Verbindungen und er hat sehr tief in der Szene dringesteckt. Ständig hat er mit irgendwelchen Leuten telefoniert und hat auch viele von diesen Konzerten mit organisiert. Er kannte halt Gott und die

Welt. Aber man hat es ihm überhaupt nicht angesehen, dass er ein alt-bekannter Nazi ist.

Auf den Konzerten waren immer viele Menschen. Es ist ja nun nicht so, dass diese Musik nur hohles Rumgegröle ist. Das waren meist Texte, die halt wirklich ins Ohr gehen und offensichtlich hat das gewirkt. Das waren immer so gemietete Säle, irgendwo im Eichsfeld oder in Hildburghausen.

Es war auch eine gute Stimmung dort, zumindest solange die ersten noch nicht betrunken waren. Denn wenn das der Fall war, fingen meist Schlägereien an. Das war eigentlich immer so, ich habe kein Konzert ohne Schlägerei erlebt. Irgendeinen Grund gab es immer. Ich habe mich aber am Rand gehalten.

Die Gewalt in der Gruppe war schon hoch und sobald Alkohol floss, ging es auch los. Natürlich sind sie auch als Gruppe oft genug durch die Dörfer gezogen und haben Leute verprügelt, das hat man dann schon immer wieder gehört. Ich habe da aber nie mitgemacht. Doch erzählt wurde, dass es in B. einen Schwarzen gab, den sie zusammengeschlagen haben oder irgendwelche Linke auf dem Markt. Solche Geschichten konntest du ständig hören. Ich habe es aber nie miterlebt. Da bin ich auch nicht der Mensch dafür.

Sobald ich gemerkt habe, dass sich etwas zusammenbraut, bin ich weg. Das ist einfach nicht meine Art, ständig Streit zu suchen. Klar, ab und zu auf den Konzerten, da gab es ein paar Rempeleien und dann wurdest du schnell angebrüllt, ob du Stress suchst. Aber da waren eben meine Freunde drum herum und die haben denjenigen, der da austicken wollte, gleich zurückgehalten. So ist mir nie etwas Ernsthaftes passiert. Die Kumpels haben einem einfach den Rücken frei gehalten.

Klamotten und solches Zeugs habe ich nie selbst gehabt. Wenn wir auf Konzerte gefahren sind, habe ich die entsprechenden Sachen von Freunden geborgt gekriegt, so Springerstiefel mit weißen Schnürsenkeln, eine Bomberjacke und auch T-Shirts.

Die anderen, das waren halt auch Größen in der Szene, das waren Figuren zu denen ich aufgeschaut habe. Die waren bekannt, die waren cool, denen sind die Mädchen hinterhergelaufen. Da gab es einen, der saß auch schon zwei Jahre im Knast wegen schwerer Körperverletzung. Er war der King, den fanden alle richtig cool. Ich auch. Das war so ein Draufgängertyp. Er hatte etwas Unnahbares. Alle haben irgendwie zu ihm aufgeschaut und keiner hat sich getraut, etwas gegen ihn zu sagen. Ich wäre auch gern so gewesen.

Solche Leute waren mein Vorbild. Ich wollte auch immer so viele Leute kennen, wie die, doch andererseits bin ich bei den Konzerten zum Beispiel nie von meiner Gruppe weggegangen. Ich bin einfach zu introvertiert. Da bin ich wahrscheinlich an mir selbst gescheitert.

Aber dieses Haus war der Dreh- und Angelpunkt der Szene. Dort war immer etwas los. Momentan ist das Haus ziemlich verlassen. Der Typ, dem das Haus gehört, war irgendwie plötzlich weg. Ich weiß nicht, was aus dem geworden ist. Ich sehe da auch ab und an ein Auto auf den Hof fahren, aber ich weiß nicht, wer das ist.

Natürlich haben wir auch viel über Politik geredet. Sie haben versucht, mich aufzuklären, wie Deutschland früher war und haben mir erzählt, wie Deutschland besser werden könnte. Ich habe da zwar mehr oder weniger nur zugehört, also das war eher ein Monolog von der anderen Seite. Aber ich fand nicht alles dumm, was sie sagen. Ein Stückchen Wahrheit war halt immer mit dabei. Sie haben immer gesagt, wenn wir erst an der Macht sind, dann erhöhen wir das Kindergeld. Was willst du dagegen sagen, das klingt doch nicht schlecht.

Natürlich gab es auch Leute, die behauptet haben, Konzentrationslager hätte es nie gegeben, aber das hat mich nicht so interessiert. Ich habe halt gedacht, na ja, ist ja nun egal, ob es die gegeben hat oder nicht.

Aber ich habe nie vollständig die Meinung angenommen, so wie sie es wahrscheinlich gern gehabt hätten. Es gab immer Dinge, an denen ich gezweifelt habe, die ich nicht richtig zu Ende gedacht fand. Sie haben auch gemerkt, dass ich skeptisch war und deshalb wollten sie mich ja auch auf ein Bildungswochenende schicken. Ich wäre eigentlich sehr gern auf diese Schulung gefahren, denn es hätte mich schon sehr interessiert, was sie dort zu sagen gehabt hätten.

Aber das war ja schon die Zeit, wo mein Vater sehr energisch dagegen gearbeitet hat und ich durfte dort nicht hinfahren. Ich weiß zwar nicht mehr, wie er das geschafft hat, ich weiß nur, dass ich nicht mitgefahren bin.

Er hat mir ganz oft abends Standpauken gehalten, wo ich zwar nur mit einem halben Ohr hingehört habe, aber irgendetwas muss ja hängen geblieben sein. Der Stress, den mir mein Vater gemacht hat, war vielleicht an einem Punkt gut, denn ich habe manche Sachen nicht gemacht, weil ich einfach den Stress zu Hause nicht haben wollte. Das ist schon komisch, denn andererseits hat mich das, was mir meine Eltern da pausenlos erzählt haben, völlig kalt gelassen. Ich habe versucht, das einfach nicht an mich ranzulassen.

Der Stress mit meinen Eltern fing eigentlich an, als sie irgendwelche Landserheftchen und NPD-Aufkleber bei mir gefunden haben. Seitdem habe ich fast jeden Abend Vorträge gekriegt.

Irgendwann haben sie auch Punkte getroffen, die mich selbst berührt haben. Das waren Momente, wo ich einfach weg – also in mein Zimmer – gegangen bin. Sie wollten mir zum Beispiel verbieten, mich mit meinen Kumpels zu treffen, da habe ich für mich gesagt, jetzt reicht es, das muss ich mir nicht anhören und bin fort. Bin dann erst nachts irgendwann wiedergekommen.

Klar, meine Kumpels hatten auch ab und an Stress zu Hause, aber nicht weil sie Nazis waren, sondern weil sie eben mit Rauchen angefangen haben oder ihr Zimmer nicht aufgeräumt hatten. Ich habe die anderen beneidet, denn ich war der Einzige, der wegen dieses Nazikrams zu Hause Stress hatte.

Na ja, und dann kamen eben noch ein paar andere Sachen dazu. Irgendwann stand ich mit meinem Kumpel so auf dem Schulhof rum und wir wollten rauchen. Dabei fiel uns auf, dass wir kein Geld für Zigaretten haben. Da gab es halt einen, der war so ein bisschen links angehaucht und den hatten wir ab und an mal auf dem Kieker. Mein Klassenkamerad hat dann zu mir gesagt: »Zieh den doch einfach mal zur Seite und flüstere ihm ins Ohr, dass er, wenn er nicht jeden Montag eine frische Schachtel Zigaretten für uns rausrückt, jedes Mal eine von uns auf die Schnauze kriegt.« Das habe ich auch gemacht und es verging keine halbe Stunde, da stand der Direktor vor unserem Klassenzimmer und hat mich rausgeholt. Ich habe mir da eigentlich gar nichts dabei gedacht. Das sollte nur lustig sein.

Ganz alleine habe ich eigentlich nie etwas gemacht. Wir waren halt immer so ein Zweiergespann, das irgendwelche Ideen ausgebrütet hat.

Am letzten Schultag gab es auch noch mal Zoff. Ich hatte in unserem Chemieraum was auf die Bank geritzt: »Es gibt nur einen Gott und das ist Adolf Hitler.« Da war mordsmäßiger Stress, als das aufflog. Wir saßen zu dritt auf der Bank, rechts mein Kumpel und links ein anderer Schüler. Der hat mich verpfiffen.

Die Konsequenz war, dass ich zu einem Gespräch mit meinem Klassenlehrer zitiert wurde. Aber das war nicht weiter tragisch. Er hat mehr oder weniger nur gesagt, dass ich das wieder in Ordnung bringen soll, weil es halt eine nagelneue Bank war. Aber inhaltlich hat er sich gar nicht geäußert. Ich glaube, das hing mit seiner eigenen Einstellung zusammen. So im Nachhinein unterstelle ich diesem Lehrer, dass er sogar positiv auf uns und unser rechtes Weltbild gewirkt hat. Er hat selbst oft auf die Ausländer und die Arbeitslosen geschimpft, das klang nicht viel anders, als das, was wir auch gemacht haben.

Sein Unterricht war sowieso seltsam. Er hat meist erst einmal eine halbe Stunde gelabert und dann eine viertel Stunde Unterricht gemacht. Diese Ausfälle kamen immer in der ersten halben Stunde, wo er gelabert hat. Wir hatten Mathe und Chemie bei ihm. Er hat immer wieder zu uns gesagt, dass wir uns anstrengen sollen, sonst hätten wir keine Zukunft, weil die Ausländer uns alles wegnehmen und der Staat kaputt geht.

So ganz ernst haben wir ihn nicht genommen, aber eher als Lehrer nicht, weil er so wenig Unterricht gemacht hat. Wir haben einfach unsere Scherze mit ihm gemacht. Er hatte immer so einen weißen Laborkittel an und hat sich oft mit seinem Arm auf den Polylux gelehnt. Wir haben einen Klebestreifen schwarz und rot bemalt und da hatte er halt schwarz-weiß-rote Streifen an seinem Ärmel.

Und doch habe ich mich irgendwann von der Szene distanziert. Das waren wohl zwei Punkte: die Freundin von meinem Kumpel und das Internat. Mit der Freundin meines Kumpels habe ich mich sehr gut verstanden. Manchmal, wenn wir allein waren, haben wir über ihn gesprochen und ich glaube, sie war es, die mir das erste Mal auch für seine negativen Seiten die Augen geöffnet hat. Als die beiden sich getrennt hatten, habe ich mich ab und an noch mal mit ihr getroffen und sie hat mir erzählt, was mein Kumpel so abgezogen hat und dass er sie auch geschlagen hat. In dem Moment dachte ich: Und das soll dein Freund sein? Das hat meinem Bild ihm gegenüber einen gehörigen Tritt verpasst. Damals war ich schon auf dem Internat und hatte auch andere Leute kennen gelernt.

Ich denke, das Internat hat mich verändert. Ich war mit einem Kiffer und einem Hip-Hopper auf dem Zimmer. Dort habe ich meinen ersten Joint geraucht und dort habe ich auch einfach andere Leute kennen gelernt. Das war irgendwie ein ganz anderes Klima. Da hat fast jeder gekifft und wir haben oft bei einem Tütchen zusammen gesessen und einfach gelabert. So etwas kannte ich vorher gar nicht. Manchmal haben wir einfach nur ruhig dagesessen und haben Musik gehört. Das war so ganz ruhig. Mit meinen Kumpels vorher, das war eher ein ständiges Diskutieren und diese Diskussionen verliefen oft sehr aggressiv und laut. Da war so ein Zwang dahinter. Ich weiß gar nicht, wie ich es beschreiben soll – da war ein unheimlicher Druck dahinter. Im Internat war es nun völlig anders.

Je länger man so in der Szene ist, desto mehr hat man auf die anderen Leute drum herum herabgeblickt. Da war so der Gedanke: Die anderen wissen nichts vom wahren Leben, die haben keinen Plan. Es gab da eine ganz deutliche Abgrenzung. Wir sind die Besseren. Das hat alle eingeschlossen, die gegen uns waren, auch meine Eltern. Ich habe damals auch versucht, meinen Bruder mit reinzuziehen, aber er hatte seinen eigenen Freundeskreis, das hat nicht geklappt. Ich habe ihn ein paar Mal mit zum Fußball genommen, aber er war einfach nicht anfällig dafür. Er hatte seinen Kumpel, auch aus unserem Dorf, mit dem er immer unterwegs war und als es dann nicht geklappt hatte, die beiden auf unsere Seite zu ziehen, waren sie in unseren Augen auch etwas Minderwertiges.

Ich habe meinen Kumpels aber nicht gezeigt, dass sich bei mir etwas verändert hat. Ich bin nur seltener mit ihnen zusammen gewesen. Sie haben das bis zum Ende wahrscheinlich nicht realisiert, dass ich mich von ihnen entfernt habe. Das Ende war eigentlich, als ich mir später noch einmal einen Iro habe schneiden lassen und sie mich damit gesehen haben. Ich stand da mit ein paar anderen auf dem Marktplatz rum und als die Nazis kamen, haben sie die anderen erstmal vollgepöbelt und irgendwann haben sie mich entdeckt. Und dann wurde ich richtig bedroht. Nur mein Kumpel aus Fischbach hat sich etwas zurückgehalten. Ich bin einfach abgehauen, sonst hätten sie mich verprügelt. Das waren ganz schön große Schränke, die da auf mich loswollten.

Mit dem Stress, den mir meine Eltern gemacht haben, haben sie wahrscheinlich kaum etwas erreicht. Das ist völlig an mir abgeprallt. Eher diese Aktion, mich nach Taizé zu schicken, damit haben sie mehr bewirkt als mit ihren Tiraden.

Ich bin eigentlich nur mitgefahren, weil mein Bruder nicht alleine fahren wollte. Wir sind dann dort zu zweit hingefahren und das hat mein Weltbild völlig verändert. Ich meine, nach Taizé habe ich mich noch lange nicht von meinen Kumpels distanziert. Aber wahrscheinlich war das der Anfang vom Ende. Ich fand es wahnsinnig spannend zu sehen, wie so viele Menschen aus ganz verschiedenen Kulturen so friedlich zusammen leben können und vor allem, dass die Interesse an einem haben. Hier in Schleusingen ist man halt immer auf Ablehnung gestoßen, wenn man nicht gerade in irgendeiner Gruppe war. In Taizé war ich mehr oder weniger allein, aber ich habe mich nicht allein gefühlt. Das war eine völlig neue Erfahrung, dass man akzeptiert wird, so wie man ist.

Am 19. Februar 1997 schoss der Rechtsextremist Kay Diesner in Berlin auf einen vermeintlichen politischen Gegner und verletzte diesen schwer. Nach seinen eigenen Einlassungen hatte er vorher im Auto etwa eine Stunde lang »Szene-Musik« gehört und sich dadurch aufgeputscht gefühlt. Das Landgericht Lübeck, das diesen Sachverhalt neben zwei weiteren Taten Diesners verhandelte, verurteilte ihn wegen versuchten Mordes zu einer lebenslangen Freiheitsstrafe und stellte darüber hinaus die besondere Schwere der Schuld fest.

Quelle: Bundesamt für Verfassungsschutz

Am 21. August 1999 griffen in Eggesin (Mecklenburg-Vorpommern) acht Skinheads bei einer jährlich stattfindenden nichtrechtsextremistischen Musikveranstaltung zwei Vietnamesen tätlich an, schlugen sie zusammen und verletzten eines der beiden Opfer dabei lebensgefährlich. Während der Tat grölte zumindest einer der Angreifer den Refrain »Fidschi, Fidschi, gute Reise« des Liedes »Xenophobia« der rechtsextremistischen Musikgruppe »Landser«.

Quelle: Bundesamt für Verfassungsschutz

Anhang

In neonazistischen Kreisen spielen Symbole und Codes eine entscheidende Rolle. Diese Zeichen sind entweder dem Nationalsozialismus direkt entlehnt, oder sie stammen aus der nordisch-germanischen Mythologie.

Manche dieser Zeichen sind verboten, andere erlaubt – hier wurde diesbezüglich keine Unterscheidung getroffen, denn wichtig ist nicht die Tatsache eines Straftatbestandes, sondern vor allem Aufklärung über die Bedeutung der neonazistischen Codes und eine Sensibilisierung gegenüber dieser Symbolik.

Die *Agentur für soziale Perspektiven* in Berlin hat eine umfangreiche Broschüre zu neonazistischen Codes erstellt und sie *Das Versteckspiel* genannt. Mit freundlicher Genehmigung der Agentur habe ich hier nun die wichtigsten Symbole zusammengestellt.

SYMBOLE UND SYMBOLFIGUREN AUS DEM NATIONALSOZIALISMUS

Eisernes Kreuz / EK

Das Eiserne Kreuz ist wohl das bekannteste soldatische und militärische Symbol. Ab 1813 wurde es als Verdienstabzeichen im preußischen »Befreiungskrieg« gegen die napoleonische Herrschaft verliehen. 1939 ist es in modifizierter Form zum bekanntesten Orden des »Dritten Reiches« geworden.

Das Eiserne Kreuz genießt als Motiv oder Motivzusatz beinahe universale Verwendung im rechten Spektrum. Eine rechtsextreme Deutung ist nicht zwingend, aber es ist stets militaristisches Symbol und Sinnbild eines Männlichkeitskultes.

Gauwinkel / Gaudreieck

Im Nationalsozialismus wiesen Gauwinkel oder Gaudreieck die Träger als Angehörige aus einem bestimmten Gau der NSDAP oder der Hitlerjugend beziehungsweise ihrer Unterorganisationen aus. Heute verwendet es die Neonazi-Szene als Ärmelaufnäher zur Kennzeichnung der Herkunft beziehungsweise lokaler Zugehörigkeit (Bundesland oder Region), wobei bisweilen die ehemaligen Gaubezeichnungen des »Dritten Reiches« übernommen werden.

Hakenkreuz / HK / Hakenkreuzfahne

Das Hakenkreuz wird auch Swastika oder Sonnenrad genannt. Anfang des 20. Jahrhunderts wurde es durch esoterische Gruppen in den deutschen Sprachraum eingeführt und von antisemitischen und völkischen Kreisen, aber auch von der Turnerbewegung aufgegriffen.

1933 ist es zum amtlichen Symbol des Nationalsozialismus erklärt worden, später auch zum Staatssymbol. Die Fahne des Regimes bestand aus dem schwarzen Hakenkreuz in weißem Kreis auf rotem Grund. Das Rot der Hakenkreuzfahne stand für den vorgeblich sozialen Gedanken der Bewegung, das Weiß für den Nationalismus.

Die Verwendung des Hakenkreuzes, das im Szenejargon oft HK abgekürzt wird, ist auch in abgewandelten Formen verboten. CDs, Fahnen oder andere Devotionalien mit Hakenkreuzen werden daher verdeckt oder über das Ausland gehandelt. Oft wird jedoch das Hakenkreuz aus der Fahne wegretuschiert oder durch das Verband- beziehungsweise Gruppenkürzel ersetzt.

Hammer und Schwert

Hammer und Schwert. Seit ewigen Zeiten die Symbols der Nationalen Revolution!

Das Symbol des gekreuzten Hammers und Schwerts steht für eine Volksgemeinschaft aus Soldaten und Arbeitern. Ab 1929 war es Gaufeldzeichen der *Hitlerjugend* (HJ). In den 90er Jahren wurde es in der Neonazi-Szene auch als »Symbol der Nationalen Revolution« gedeutet.

Im neonazistischen Spektrum ist es in den letzten Jahren zunehmend populär geworden und verdeutlicht den Bezug auf die pseudo-sozialistischen Phrasen des

Nationalsozialismus. Heute wird es von verschiedenen Gruppen des militanten Neonazismus und den *Jungen Nationaldemokraten* (JN) genutzt.

Reichsadler

Der Adler wird international als Wappentier verwendet. In Deutschland gilt er seit dem Mittelalter als Sinnbild für Macht, Erhabenheit, Göttlichkeit und Glück. Die romanischgotische Darstellung des Reichsadlers, wie sie in der Reichskriegsfahne zu sehen ist, wurde im Nationalsozialismus weitgehend durch stilisierte Darstellungen ersetzt. Damit sollte Modernität suggeriert werden. Nach 1945 wurde der Bundesadler zum Wappenvogel.

In rechten und neonazistischen Kreisen sind alle Darstellungsformen gebräuchlich. Häufig wird das Hakenkreuz im Ring unter den Adler-Klauen retuschiert und durch Gruppenkennzeichen und Logos ersetzt. Gelegentlich werden auch der Bundesadler und daran angelehnte Darstellungen benutzt. Der Deutschland-Adler liefert die Symbolik für T-Shirts und Aufnäher, Anstecker und Fahnen beispielsweise mit der Aussage »Ich bin stolz, Deutscher zu sein«.

Rudolf Heß

Rudolf Heß ist eine der Kult- und Märtyrerfiguren der extremen Rechten. Heß war Stellvertreter Adolf Hitlers in der NSDAP. Er flog 1941 aus eigenem Antrieb nach Schottland, um mit England einen Separatfrieden auszuhandeln und damit einen Zweifrontenkrieg zu verhindern. Dort wurde er interniert und im Zuge der Nürnberger Kriegsverbrecherprozesse zu lebenslanger Haft verurteilt. Am 17. August 1987 beging er im alliierten Kriegsverbrechergefängnis Berlin-Spandau Selbstmord.

Sein Selbstmord bedient das Bedürfnis der rechten Szene nach vermeintlichen Märtyrern. Im Nachhinein wurde sein Tod zu einem Mord durch die Alliierten uminterpretiert. Die alljährlichen »Gedenkmärsche«

zum Todestag von Rudolf Heß sind Kristallisations-
punkte der Neonazi-Szene.

Sein Schlusswort im Nürnberger Prozess mit dem
Ausspruch »Ich bereue nichts«, wird auf Postern oder
in Fanzines gern zitiert.

Schwarze Sonne

Im Nationalsozialismus diente die Schwarze Sonne,
die als ein zwölfarmiges Hakenkreuz oder ein Rad aus
zwölf Sig-Runen gedeutet werden kann, der SS als
Sinnbild einer nordisch-heidnischen Religion und
eines uralten geheimen Wissens. In der SS-Kultstätte
Wewelsburg ist die Schwarze Sonne als Bodenmosaik
»verewigt« worden. Heute symbolisiert sie in extrem
rechten Kreisen die »Verbundenheit mit der eigenen
Art und mit den arteigenen Wertvorstellungen«.

Entgegen mancher Behauptungen aus der rechten
Szene ist die Schwarze Sonne kein historisches Symbol, sondern ein Kunstprodukt der SS. Es sind keine
früheren Verwendungen bekannt.

Schwarz-weiß-rot

Die farbliche Gestaltung von Fahnen und Symbolen
in der extrem rechten Szene wird nur wenig wahrgenommen. Dabei stellen gerade die Farben schwarz-
weiß-rot einen wichtigen Eckpfeiler der Identifi-
kation innerhalb der extremen Rechten dar.

Schwarz-weiß-rot waren bis zum Ende des Ersten
Weltkrieges die offiziellen Farben des Deutschen Reiches. Als die Weimarer Republik am 9. November
1918 ausgerufen wurde, wurde die Kombination
schwarz-rot-gold zu den deutschen Nationalfarben
erklärt. Dagegen standen die alten Reichsfarben in der
Weimarer Republik für die nationalistische, antide-
mokratische Reaktion und deren Umsturzversuche.

An der Frage der Nationalfarben entbrannte in den
20er Jahren ein heftiger Streit um Symbole. Schließlich standen die neuen Farben für den ersten demo-
kratischen Staat auf deutschem Boden. Mit der
Machtübernahme der Nationalsozialisten 1933 wur-

den die Hakenkreuzfahne und die schwarz-weiß-rote Fahne gemeinsam zu Reichsfahnen erklärt.

Wenn heute die Farbkombination schwarz-weiß-rot verwandt wird, symbolisiert dies nicht nur die Ablehnung der parlamentarischen Demokratie. Vielmehr wird hier auch eine farbliche Annäherung an die Symbolik des Nationalsozialismus vollzogen. Manche Layouts werden unter Verwendung der drei Farben so gestaltet, dass eindeutige Assoziationen zum Nationalsozialismus entstehen.

SS-Abzeichen / SS-Totenkopf

Die 1925 gegründete *Schutzstaffel* (SS) war die einflussreichste Organisation innerhalb des Nationalsozialismus. Sie war unter anderem für die Verwaltung der Konzentrations- und Vernichtungslager zuständig und organisierte im Rahmen der »Endlösung« Vernichtung und Völkermord. Die SS vertrat einen eliminatorischen Rassismus und Antisemitismus und verstand sich als Elite des »Dritten Reiches«. Dazu passend gab sie sich den Charakter eines Ordens. In den Nürnberger Prozessen wurde die SS als verbrecherische Organisation verboten. Kennzeichen der SS waren die doppelte Sig-Rune, auch Doppelblitz genannt und der SS-Totenkopf sowie die Schwarze Sonne als religiöses Symbol.

Die nur zum Teil verbotene SS-Symbolik und Terminologie ist in der neonazistischen Szene allgegenwärtig. Die öffentliche Darstellung geschieht meist in leicht verfremdeter und damit straffreier Form.

Den Totenkopf als martialisches Symbol für den kommenden Tod des Feindes verwendeten schon militärische Formationen der Kaiserzeit. Die SS griff dieses Symbol der anti-demokratischen Rechten in der Weimarer Republik auf. Der Totenkopf symbolisierte den bedingungslosen Einsatz für die Ideen und die Person Adolf Hitlers. Die SS verlieh einen mit Runen bestückten Totenkopfring für besondere soldatische Verdienste, als Zeichen der Treue zum Führer. Der SS-Totenkopf ist in Deutschland verboten. Die Neonazi-Szene benutzt daher leicht verfremdete Darstellungen, die unter anderem als Gürtelschnalle oder Motiv auf T-Shirts und Aufnähern angeboten werden.

Landser

Landser war und ist die umgangssprachliche Bezeichnung für den Infanteristen im Zweiten Weltkrieg. Die positive Bezugnahme auf den Landser dient heute allein der Huldigung der Wehrmachtssoldaten. Verbunden ist diese mit der Leugnung oder Glorifizierung der Verbrechen, die von der deutschen Wehrmacht begangen worden sind. Bilder von Landsern werden häufig als Layout-Material für CDs und Zeitschriften bzw. Fanzines verwendet. Erhältlich sind sie auch als Plakate oder als T-Shirt-Aufdrucke. *Landser* ist auch der Name eines Fanzines und einer Neonazi-Band.

Werwolf

Werwölfe sind dem Mythos nach Menschen, die sich bei Vollmond in blutrünstige Wölfe verwandeln. *Werwolf* war auch der Name einer SS-Organisation, die hinter den feindlichen Linien einen Untergrundkampf gegen die Alliierten weiterführen sollte.

Der Name der Organisation geht zurück auf den Roman *Der Wehrwolf* von Hermann Löns. Die Wolfsangel, auch Gibor-Rune genannt, ist das Symbol des Wehrwolfes bei Löns. Sie wurde von militärischen Einheiten im Zweiten Weltkrieg und der Werwolf-Organisation benutzt.

Neonazistischen Kreisen dient der Rückgriff auf die Werwolf-Organisation als Ausdruck ihres unbedingten Kampfeswillens, der die Vernichtung ihrer politischen Gegner mit einschließt. Der Name wird von Bands und Wehrsportgruppen oder in anonymen Drohungen benutzt.

Zahnrad

Im Nationalsozialismus bildete das Zahnrad im Verbund mit dem Hakenkreuz die Organisationssymbolik der *Deutschen Arbeitsfront* (DAF), der größten nationalsozialistischen Massenorganisation. Es war auch Teil des Organisationsabzeichens der *Freiheitlichen Deutschen Arbeiterpartei* (FAP) bis zu ihrem Verbot 1995.

In originaler Darstellung wie auch mit dem Schriftzug FAP ist die Verwendung des Zahnrades verboten. Es findet ohne diese Zusätze jedoch straffreie Verwendung in der Neonazi-Szene, so bei den *Hammerskins* oder bei Gruppen der *Freien Kameradschaften*. Auch die Nationaldemokratische Partei Deutschlands (NPD) hat das Symbol für sich wieder entdeckt. Die Neonazi-Band *Faustrecht* ließ eine ihrer CDs sogar in Form des Zahnrades ausstanzen.

SYMBOLE MIT GERMANISCH-HEIDNISCHEM BEZUG

Die Darstellung von Elementen des germanischen Heidentums und der nordischen Mythologie in der jugendlichen Alltagskultur hat in den vergangenen Jahren auffällig zugenommen. Dieser Rückgriff auf historische und religiöse Vorbilder speist sich aus verschiedenen Quellen und Motiven.

Für die völkisch geprägte extreme Rechte ist dieser Bezug ein wesentlicher Bereich der Identitätsstiftung.

Die Völkisch-Religiösen praktizieren bestimmte Kulthandlungen, dazu gehören die weithin bekannten Sonnenwendfeiern genauso wie das Osterwasserschöpfen.

Adler/Fisch

Das Bild des Adlers, der den Fisch greift, gilt in der rechten Szene als Symbol, um sich gegen das, ihrer Meinung nach, »artfremde« und »semitische« Christentum zu wehren.

Der Adler symbolisiert dabei das heidnische Weltbild. In diesem Rückgriff auf eine romantisierend verklärte Einheit zwischen Mensch und Natur in früheren

Zeiten sehen die Neuen Rechten einen Entwurf für ihre Spiritualität.

Das Symbol gewinnt an Popularität, da es von der extrem rechten Bekleidungsmarke *Thor Steinar* verbreitet wird. Auch die neonazistische, heidnisch-germanische *Artgemeinschaft* erhebt darauf patent- und markenrechtlichen Anspruch.

Germanische Namen und Typographie

Die völkische Rechte ersetzt christlich geprägte Sprache durch »ursprüngliche« Namen germanischer Herkunft. Beliebt sind zum Beispiel die altertümlichen Monatsnamen (Hartung, Hornung, Lenzing etc.) oder das Runenalphabet (Futhark), das als Schrift in den verschiedensten Publikationen oder in Bandlogos auftaucht.

Irminsul / Lebensbaum / Weltenesche

Zu der verbreiteten heidnischen Symbolik gehört die Irminsul, das Symbol für den Lebensbaum oder die Weltenesche, die das Dach der Welt trägt. Sie gilt als Gegensymbol zum christlichen Kreuz und war im Nationalsozialismus Symbol des Ahnenerbes, der zentralen SS-Forschungseinrichtung. Heute ist sie das Symbol der heidnisch-germanischen *Artgemeinschaft*.

Keltenkreuz

Das Keltenkreuz dient in der rechtsextremen Szene weltweit als Symbol für die »Vormachtstellung der weißen Rasse« und gilt gemeinhin als *White-Power*-Zeichen. Das Zeichen findet in der Szene beinahe unbegrenzte Verwendung. Häufig wird in Schriftzügen der Buchstabe »O« durch das Einfügen eines Kreuzes verfremdet. Die Original-Abbildung des Keltenkreuzes mit nach unten verlängerten Balken ist in der extremen Rechten kaum gebräuchlich. Das öffentliche Zeigen dieses Symbols ist in einigen Bundesländern verboten.

Thorshammer

Der Thorshammer hat einen hohen Verbreitungsgrad in der rechten Szene und findet sich als Symbol häufig auf T-Shirts und Aufnähern wieder. Besondere Popularität hat er als Halsketten-Anhänger und wird als solcher in unzähligen Modellen angeboten. Der Thorshammer war bis nach dem Ersten Weltkrieg das populärste Symbol der völkischen Bewegung. Er wird jedoch auch im nicht-rechten Teil der Heiden-, der Dark-Wave- und der Heavy-Metal-Szene und vereinzelt auch in alternativen Kreisen getragen.

Triskele

Die Triskele war in ihrer gerundeten Darstellungsform im ehemals keltischen Siedlungsraum weit verbreitet. Die eckige Darstellung ähnelt einem dreiarmigen Hakenkreuz und wird daher von neonazistischen Kreisen entsprechend interpretiert.

Die eckige Triskele dient als Organisationskennzeichen der rassistischen südafrikanischen Burenorganisation *Afrikaaner Weerstandsbeweging* (AWB) und von *Blood & Honour*. Die Darstellung der Triskele im Zusammenhang mit *Blood & Honour* ist verboten.

Die Triskele wird in der Neonazi-Szene in beiden Darstellungsformen genutzt. Zu erwerben ist sie als T-Shirt- oder Jackenmotiv und als Schmuckstück oder Ornament. Die gerundete Darstellung ist häufig verschnörkelt und damit schwer identifizierbar.

Triskele-Motive werden auch außerhalb des neonazistischen Spektrums angeboten. Verwendet wird sie ebenfalls in heidnischen Kreisen.

Der Wikinger

Der »kämpferische und gewaltbereite Patriot« stellt sich gern als Wikinger, als »Odins Erbe« oder Mitglied von »Lokis Horden« dar. Der Wikinger verkörpert in der Szene ähnlich wie der Landser die Tugenden der »Opferbereitschaft für Blut und Boden« und die bedingungslose Unterordnung unter ein höheres Ziel.

RUNEN

Runen sind altnordische oder germanische Zeichen, die teils Laut-, teils Symbolcharakter hatten. Heute werden zumeist Deutungen aus der Zeit der Jahrhundertwende (18./19. Jahrhundert) ohne historischen Bezug und mit völkischer Interpretation verwendet.

Verwendung finden Runen und »Runenzauber« auch in Strömungen des esoterischen Heidentums, die versuchen, eine verschüttete, angeblich ursprüngliche Naturreligion wiederzubeleben.

Lebens- / Man-Rune

Die Lebens-Rune (auch Man-Rune) stellt angeblich einen Menschen dar, der seine Arme den göttlichen Mächten entgegenstreckt. Sie ist ein universales Symbol der völkischen Bewegung, das die »lebendigen Kräfte des Volkes« ausdrückt. Sie wird daher in Geburts- und Todesanzeigen abgebildet, als Schmuck getragen und als Propagandazeichen benutzt.

Todes- / Yr-Rune

Die Todes-Rune (auch Yr-Rune) bildet den inhaltlichen und bildlichen Gegensatz zur Lebensrune. Sie wird anstatt des christlichen Kreuzes in Todesanzeigen verwendet.

Hagal-Rune

Die Hagal-Rune verbindet Todes- und Lebens-Rune. Im Nationalsozialismus wurde sie unter anderem von der SS verwendet. Heute benutzen religiöse und extrem rechte Organisationen, wie der *Deutsche Bund*, die Hagal-Rune. Die Dresdener Zeitschrift *Hagal*, Untertitel: *Die Allumfassende*, propagiert völkisches Heidentum.

Pfeil- / Kampf- / Tyr-Rune

Die Pfeil-, Kampf- oder auch Tyr-Rune symbolisiert die Tat, den Kampf beziehungsweise Krieg. Sie war schon bei Jugendbünden nach dem Ersten Weltkrieg weit verbreitet und wurde im Nationalsozialismus vielfach verwendet, so unter anderem von der Hitlerjugend und der SA.

Das Pfeilsymbol von NPD und JN wird teilweise als entfremdete Pfeilrune gedeutet.

Odal-Rune
Die Odal-Rune wird als ein Symbol für »Blut und Boden« oder allgemein für Besitz der Familie beziehungsweise »Sippe« gedeutet. Sie war im Nationalsozialismus das Symbol der Reichsbauernschaft und der Hitlerjugend. Nach dem Zweiten Weltkrieg wurde sie unter anderem von der 1994 verbotenen *Wiking Jugend* benutzt. Die Odal-Rune ist durch ihre Gebräuchlichkeit auch außerhalb der neonazistischen Szene (z. B. in der Bundeswehr) vor Strafverfolgung weitgehend geschützt.

Sig-Rune
Die Sig- oder Siegesrune war im Nationalsozialismus nach dem Hakenkreuz wohl das bekannteste Symbol. In doppelter Ausführung war sie das Symbol der SS, der *Schutzstaffel* der NSDAP. In einfacher Form wurde die Sig-Rune als das Abzeichen des »Deutschen Jungvolkes« verwendet.

Gibor-Rune / Wolfsangel
Die Wolfsangel (auch Gibor-Rune), Symbol des Wehrwolfes bei Löns, wurde von militärischen Einheiten im Zweiten Weltkrieg und der *Werwolf*-Organisation benutzt. Bis 1945 war die Wolfsangel das Zeichen des *Deutschen Jungvolkes*, der späteren *Hitler-Jugend* (HJ).

ANDERE SYMBOLE

White Power / WP / White-Power-Faust
White Power bedeutet übersetzt »Weiße Macht« und wird im Sinne von »weißer Vorherrschaft« oder »weißer Vormachtstellung« verwendet. Die *White-Power*-Faust soll das Gegenstück zur Faust der US-amerikanischen *Black-Power*-Bewegung sein.
White Power ist einer der Schlüsselbegriffe und meistgebrauchten Slogans der neonazistischen Skinhead-Szene weltweit. Selbstbezeichnungen als »*White-Power-Bewegung*«, »*White-Power-Skinheads*« und »*White-Power-Musik*« (für den Rechts-Rock) sind allgegenwärtig.

Die *White-Power*-Faust, meist in Kombination mit dem Schriftzug »*White Power*« – wobei die Faust gewöhnlich zwischen den beiden Wörtern platziert ist – gehört neben dem Keltenkreuz zu den beliebtesten Symbolen in neonazistischen Kreisen und findet als T-Shirt-Aufdruck, Aufnäher und Anstecker Verwendung. Eine Nutzung des Symbols außerhalb der Neonazi-Szene findet nicht statt.

ZAHLENCODES

Zahlencodes sind eine beliebte Verschlüsselung für strafrechtlich relevante Begriffe, Grußformeln oder Organisationszeichen. Sie werden in einer Vielzahl von T-Shirt-Motiven, Emblemen, Gruppen- und Bandnamen verwendet. Dabei stehen die Zahlen synonym für die entsprechenden Buchstaben im Alphabet.

Da Zahlenaufdrucke auf T-Shirts oder Jacken generell beliebt sind und von führenden Markenherstellern ohne politischen Hintergrund angeboten werden, sollte unbedingt darauf geachtet werden in welchem Kontext sie auftauchen.

168:1
Die Zahlenkombination versteht sich als Code für den Sprengstoffanschlag in Oklahoma/USA, der 1995 durch den amerikanischen Terroristen Timothy McVeigh verübt wurde. Bei dem Anschlag kamen 168 Menschen ums Leben. McVeigh wurde zum Tode verurteilt und 2001 hingerichtet. In makaberer Verherrlichung dieses neonazistischen Terroranschlags gibt der Code das »Ergebnis« wieder.

14
Symbol für die »famous 14 words« (dt.: »legendäre 14 Wörter«) des 2007 verstorbenen amerikanischen Rechtsextremisten David Lane. Die 14 wird oft als Grußformel in Briefen verwendet und als Kampfaufruf verstanden: »We must secure the existence of our people and a future for white children!« (dt.: »Wir müssen die Existenz unseres Volkes und eine Zukunft für weiße Kinder sichern!«).

18
18 steht für Adolf Hitler. Die Zahlenkombination findet sich beispielsweise in den Namen der Organisation *Combat 18* und der Band *Sturm 18*.

28

Seit dem Verbot der Organisation *Blood & Honour* (B&H) im September 2000 wird die 28 als Synonym für B&H verwendet. Anstelle des ursprünglichen und inzwischen verbotenen Schriftzuges wird nun der entsprechende Zahlencode benutzt.

88

Die 88 stehen für Heil Hitler. Der Zahlencode 88 findet sich unter anderem auf T-Shirts, Aufnähern, Fahnen oder Emblemen und ist häufig Bestandteil von Band- und Organisationsnamen. Die Ziffer ist, eingerahmt von einem Lorbeerkranz, auch als Brustemblem auf Polohemden zu finden und wird häufig als Grußformel in Briefen benutzt.

311

Die Zahl 311 steht für KKK, die Abkürzung für Ku-Klux-Klan. 311 bedeutet dreimal der elfte Buchstabe des Alphabets.
Der *Ku-Klux-Klan* ist die älteste rechtsextreme und rassistische Gruppierung der USA, er ist bekannt für Lynchmorde an AfroamerikanerInnen und extremen Antisemitismus.

ORGANISATIONEN

Blood & Honour / B&H

Ins Deutsche übersetzt bedeutet der Organisationsname Blut und Ehre. Diese Worte greifen einerseits den auf den Fahrtenmessern der Hitlerjugend eingravierten Sinnspruch auf. Darüber hinaus stellen sie einen Bezug her zu den antisemitischen »Nürnberger Rassegesetzen«, die ausführlich »Gesetz zum Schutz des deutschen Blutes und der deutschen Ehre« hießen.

Die deutsche »Division« des internationalen Neonazi-Skinhead-Netzwerkes *Blood & Honour* wurde im September 2000 vom Bundesinnenminister verboten. Als Symbol diente unter anderem die Triskele, das Wappen von *Blood & Honour* zeigt das Organisationskürzel B&H in Frakturschrift auf schwarz-weiß-rotem Schild.

Schwerpunkt der B&H-Aktivitäten in Deutschland war und ist die Durchführung von Konzerten sowie die illegale Produktion und der Vertrieb strafbewehrter Musik. Nach dem Verbot 2000 existiert das Netzwerk überwiegend namenlos weiter, als Bekenntnis zu *Blood & Honour* gewinnt der Zahlencode 28 zunehmend an Bedeutung.

Combat 18 / C18

Combat 18 (C18) gilt als »bewaffneter Arm« von *Blood & Honour*. C18 ist ein internationales Neonazi-Netzwerk mit Schwerpunkten in England und Skandinavien, besitzt aber auch Anhänger in Deutschland. Als Symbol wird der SS-Totenkopf verwendet.

Freie Kameradschaften

Das Spektrum der sogenannten *Freien Kameradschaften* stellt den zur Zeit dynamischsten Zusammenhang deutscher Neonazis dar. Das dort praktizierte Modell geht von eigenständigen, nicht parteigebundenen Gruppen aus, die ihre Aktivitäten in einem Netzwerk und unter dem Dach überregionaler »Kameradschaftsverbände« und »Aktionsbüros« bündeln.

Der Begriff Kameradschaft dient organisatorisch als Kennzeichnung meist regional aktiver Basisgruppen. Als identitätsstiftende Sammelbegriffe dienen auch *Freie Nationalisten* und *Nationaler Widerstand*.

Stil und Symbolik werden oft von linken Gruppierungen übernommen und abgewandelt. *Autonome Nationalisten* treten beispielsweise mit dem verfälschten Symbol der *Antifaschistischen Aktion* auf. Häufig werden auch in den Namenskürzeln deutliche Bezüge zum Nationalsozialismus hergestellt, so zum Beispiel beim *Selbstschutz Sachsen-Anhalt* (SS-SA), bei den verbotenen *Skinheads Sächsische Schweiz* (SSS) oder beim *Nibelungensturm* aus Südhessen. Der Schriftzug »Frei – Sozial – National« ist eindeutig dem Kameradschaftsspektrum zuzuordnen.

Hammerskins

Eine weitere internationale Neonazi-Skinhead-Bewegung sind die *Hammerskins*. Dabei handelt es sich um ein 1986 in den USA gegründetes Netzwerk mit elitärem Selbstverständnis und paramilitärischer Ausrichtung. Das *Hammerskin*-Symbol, das sich auf Titelseiten verschiedener Magazine, CD-Cover, Transparenten sowie als Emblem auf Aufnähern, Jacken und T-Shirts findet, darf gewöhnlich nicht unautorisiert verwendet werden und ist im Wesentlichen Mitgliedern vorbehalten.

Der harte Kern deutscher Hammerskins wird auf 200–300 Mitglieder geschätzt, die neben paramilitärischem Training auch Versände und Läden betreiben sowie Konzerte organisieren.

Die zwei gekreuzten Hämmer stellen angeblich das »Symbol der weißen Arbeiter« dar. Die Symbolgebung ist durch den Film *The Wall* der Gruppe *Pink Floyd* inspiriert, wobei das dort gezeichnete Schreckensbild der unter den gekreuzten Zimmermannshämmern marschierenden faschistischen Masse positiv umgedeutet wurde. Als interner Gruß wird das Kürzel H.F.F.H. (»Hammerskins Forever – Forever Hammerskins«) verwendet.

DRESSCODES UND BEKLEIDUNGSMARKEN

Auf die Nennung von Merchandising-Artikeln neonazistischer Bands sowie Bekleidung mit eindeutigen Aussagen, wie zum Beispiel Rudolf-Heß-T-Shirts, wurde bewusst verzichtet.

Alpha Industries
In der neonazistischen Szene ist die Marke beliebt, weil das Logo dem verbotenen Zivilabzeichen der SA ähnelt.

Angeboten werden qualitativ hochwertige Bomberjacken mit dem Alpha Logo meist als Brustemblem. Bei dieser kommerziellen US-amerikanischen Marke, die auch Ausstatter der US-Army ist, gibt es keine Verbindung zu neonazistischen Kreisen.

Ben Sherman
Der Modeschöpfer Ben Sherman galt in den 60er Jahren als »King« der Londoner Kulturmeile Carnaby Street und der »Swinging Sixties«, der damaligen Party- und Musikszene. Für die Jugendbewegung der Mods war er eine Kultfigur.

Seine typischen Hemden wurden Ende der 60er von der Skinhead-Bewegung getragen. Ben Sherman gilt als traditionelle Skinhead-Marke und hat keinerlei politische Hintergründe und Aussagen.

Bomberjacke
Nachbildung der leichten, winddichten Jacke der US-amerikanischen Bomberpiloten im Zweiten Weltkrieg. Typisch sind die orange Innenseite und der fehlende Kragen.

Die martialisch wirkenden Jacken sind beliebt, weil sie durch ihren Schnitt ein breites Kreuz vortäuschen.

Consdaple
Die Marke *Consdaple* ist bei Neonazis aufgrund der im Wort enthaltenen Buchstabenkombination *NSDAP* äußerst beliebt. Der Begriff ist eine Ableitung von dem englischen Wort »Constable«, das übersetzt

»Schutzmann« bedeutet. Der Schriftzug ist angelehnt an den von *Lonsdale*.

Die von Neonazis entworfene *Consdaple*-Bekleidung wird nur in neonazistischen Läden verkauft. Der Betreiber des rechtsextremen *Patria-Versandes* aus Landshut brachte die Marke auf den Markt, nachdem *Lonsdale* seinen Liefervertrag gekündigt hatte.

Doberman

Bezieht sich auf die deutsche Hunderasse mit dem Ruf eines scharfen Wachhundes. *Doberman* ist eine auf kommerziellen Vertrieb ausgelegte Bekleidungsmarke und eine Produktlinie der Firma *Commando Industries* aus dem Raum Kassel, die erkennbar Verbindungen zur rechten Szene hat.

Doc Martens / Dr.Martens / Springerstiefel

Doc Martens ist eine englische Schuhmarke, die traditionell schwere Arbeiterschuhe mit Stahlkappen produziert. Die Schuhe werden in der gesamten Skinhead-Szene getragen. Maßgeblich dafür sind sowohl Kult-Gründe als auch die Stahlkappen, die als Waffen eingesetzt werden können.

Weiße Schnürsenkel stehen in neonazistischen Kreisen als Symbol für *White Power* oder die »weiße Rasse«.

Fred Perry

Der aus einfachen Verhältnissen stammende Tennisspieler Fred Perry, der als Erster das Tennisturnier von Wimbledon dreimal hintereinander gewann, avancierte zur Kultfigur der englischen Arbeiterklasse. Der Lorbeerkranz dient als Symbol des Siegers und wurde stilbildendes Modefragment der extremen Rechten.

Die Popularität unter neonazistischen Skinheads und Neonazis erklärt sich aus der Verwurzelung der -Marke in der Skinhead-Szene und daraus, dass die T-Shirts zum Teil mit Kragen in den Farben schwarzweiß-rot angeboten werden.

Von Neonazis wird die Marke oft in Unkenntnis dessen getragen, dass Fred Perry jüdischen Glaubens war. Die Firma distanziert sich ausdrücklich von Neonazis und unterstützt antirassistische Aktionen. Dennoch wird *Fred Perry* auch über neonazistische Versände und Läden verkauft.

Hatecrime

Hatecrime bedeutet Hassverbrechen. Die Bezeichnung entwickelte sich in Deutschland zu einem Synonym für rassistische und neonazistische Gewalttaten. In den USA sind *Hatecrimes* gesetzlich definiert als »a criminal offense comitted against a person, property, or society which is motivated, in whole or in part, by the offender's bias against a race, religion, disability, sexual orientation, or ethnicity/national origin«. Wörtlich übersetzt bedeutet diese Definition »eine Straftat gegen eine Person, gegen Eigentum oder die Gesellschaft, die im Ganzen oder in Teilen motiviert ist durch die Vorurteile des Täters gegen eine Rasse, eine Religion, eine Behinderung, eine sexuelle Orientierung oder eine ethnische/nationale Herkunft.«

Neonazis haben sich diesen Begriff bewusst angeeignet, um ihre Ablehnung gegen eine entsprechende Gesetzgebung und die gesellschaftliche Ächtung rechter Gewaltverbrechen zum Ausdruck zu bringen.

Hatecrime ist auch eine US-amerikanische Bekleidungsmarke, die in Deutschland über neonazistische Versände vertrieben wird. Die Anmeldung einer Marke in Deutschland wurde 2003 vom Deutschen Patent- und Markenamt mit Hinweis auf »Verherrlichung einer auf Hass beruhenden Kriminalität« abgelehnt.

Lonsdale

Der Legende nach war *Lonsdale* ein englischer Arbeitersportverein und Boxsport-Club, dem in den 60er Jahren viele Skinheads angehört haben sollen. Heute trägt eine Bekleidungsmarke diesen Namen. Deren

Popularität bei Neonazis gründet sich auf die darin enthaltenen Buchstaben NSDA, die bei geöffneter Jacke oft einzig erkennbarer Namensbestandteil sind.

Der Stil war Vorbild für Marken wie *Masterrace Europe* und *Consdaple*. 1999 hat sich *Lonsdale* von ihrem neonazistischen Kundenkreis distanziert und die Belieferung einiger Neonazi-Versände eingestellt. *Lonsdale* unterstützt antirassistische Kulturinitiativen.

Masterrace Europe

Ins Deutsche übersetzt bedeutet die Marke »Herrenrasse Europa«. Sie ist in allen Neonazi-Spektren sehr beliebt. Die mit dem Aufdruck versehenen Jogginghosen, T-Shirts und Pullover werden ausschließlich in neonazistischen Läden und Versänden verkauft.

New Balance

Das Markensymbol der Lauf- und Sportschuhe ist ein aufgenähtes *N*. Im neonazistischen Spektrum wird das als Kürzel für Nationalsozialist/Nationalist gedeutet. Durch den Wandel der Mode eines Teiles der Neonazi-Szene hin zu einem sportlichen und athletischen Erscheinungsbild hat die Schuhmarke mittlerweile einen recht hohen Verbreitungsgrad in der Szene erreicht. *New Balance* hat sich entschieden von ihrem neonazistischen Kundenkreis distanziert.

Patriot

Diese Bekleidungsmarke hat Base-Caps, Aufnäher, Aufkleber, Anstecker, Jacken, T-Shirts und Pullover im Angebot. Sie wird nur über neonazistische Geschäfte und den gleichnamigen, extrem rechten Versand vertrieben.

Pitbull

Benannt nach der als aggressiv geltenden Hunderasse bietet diese Bekleidungsmarke alle nur erdenklichen Kleidungsstücke von T-Shirts über Bademäntel, Jogginghosen, Handtücher, Aufnäher, Trainingsanzüge bis zu kugelsicheren Überwurfwesten. Die Firma aus Frankfurt am Main wird dem Rocker- und Hooligan-Milieu zugerechnet. Pitbull ist auch über neonazistische Versände erhältlich.

Troublemaker
Der Markenname bedeutet ins Deutsche übersetzt »Krawallmacher«. Die Marke ist bei Hooligans und Skinheads ebenso wie im Rockermilieu beliebt. Vertrieben wird *Troublemaker* auch über neonazistische Versände und Läden.

Dresscodes im Wandel
In den letzten Jahren ist die Neonazi-Szene starken Umbrüchen ausgesetzt gewesen. Die vormals dominierende rechte Skinhead-Szene hat ihre Führungsrolle verloren. Neben ihr existieren verschiedene andere rechte Jugendkulturen.

Durch diesen Wandel – weg von einer Szene, hin zu einer Jugendbewegung – haben diverse Musikrichtungen und Dresscodes in die Neonazi-Bewegung Einzug gehalten. Auf eine eindeutige stilistische Abgrenzung zur restlichen Gesellschaft wird zunehmend verzichtet und neue, dezentere Codes werden geschaffen. Unter diesen Rahmenbedingungen sind eine Reihe von Marken entstanden, die dieses neue Selbstverständnis zu bedienen versuchen.

Gemein ist diesen Marken, dass sie nicht als eindeutig neonazistisch zu erkennen sind und meist nur auf eine bestimmte Jugendkultur abzielen. Neu ist auch, dass nicht mehr nur T-Shirts oder Bomberjacken mit Markennamen oder Slogans bedruckt werden, sondern sich anderer Moden wie HipHop- oder Raver-Styles bedient wird. Die Hersteller dieser Marken sind oft langjährig aktive Neonazis mit Verbindungen auch in nicht-rechte Teile anderer Jugendkulturen. Einigen dieser Marken ist es gelungen, die »Nazi-Schmuddelecke« zu verlassen und für nicht-rechte Jugendliche interessant zu werden.

Diese Marken können trotz ihres rechten Hintergrundes in Sportläden und großen Bekleidungsketten gekauft werden.

Thor Steinar

Altes Logo:

Thor Steinar ist eine Bekleidungsmarke, die ausgehend vom brandenburgischen Königs-Wusterhausen mittlerweile bundesweit in der neofaschistischen Szene über deren Versände verbreitet wird. Bezüge zum Germanisch-Heidnischen bestehen durch die Verwendung von Namen wie Asgard (Sitz der Götter) und Thor.

Neues Logo:

Ende 2004 geriet diese Marke jedoch zunehmend unter juristischen Druck. Mehrere Träger derartiger Kleidungsstücke wurden wegen Verstoß gegen den Paragraphen 86a angeklagt und verurteilt.

Die Grundlage hierfür war eine Ähnlichkeit des Logos mit Symbolen verbotener Organisationen aus dem Nationalsozialismus. Nach diesem kurzen Rückschlag ist *Thor Steinar* seit Anfang 2005 mit neuem Logo wieder bundesweit zu haben. Auch das neue Logo stellt eine Rune dar, die allerdings im Nationalsozialismus keine Verwendung fand.

Thor Steinar ist in vielen nicht-rechten Ladengeschäften und Bekleidungsketten weiterhin erhältlich, obwohl im Zuge der juristischen Auseinandersetzungen um diese Marke ein rechter Hintergrund mehr als deutlich wurde.

Pro Violence und Sportfrei

Die Macher der beiden Marken entstammen der Magdeburger Hooliganszene und statten mit ihren Kleidungsstücken oftmals Ordnerdienste von Neonaziaufmärschen und –konzerten aus. Hohe Verbreitung haben beide Marken unter rechten Hooligans. Die Produzenten versuchen auf die Erfolgswelle von *Thor Steinar* aufzuspringen und geben sich dementsprechend unpolitisch. Die Marken sind über Neonaziversände und Ladengeschäfte erhältlich, werden jedoch auch in verschiedenen Läden angeboten, die dem Rockermilieu zugehören. Eine weitere Marke *Sport Frei* ist auf einen Bremer Neonazi eingetragen.

Rizist

Mit Schriftzügen und Logos im Graffiti-Style versucht die Marke *Rizist* Kunden am rechten Rand für sich zu gewinnen. *Rizist* ist angelehnt an das englische Wort »resist«, was übersetzt »Widerstand« bedeutet.

Die über Naziläden und Versandhäuser vertriebenen Kleidungsstücke richten sich an HipHopper und Skater. Neben den szenetypischen weiten Jeans stehen diverse T-Shirts und Windbreaker im Angebot. Vor allem in ostdeutschen Großstädten ist diese Marke überaus beliebt.

Adressen & Hilfsangebote für Betroffene

Bezugsadresse für die Broschüre »Das Versteckspiel«
Agentur für soziale Perspektiven e.V. (ASP e.V.)
Lausitzer Straße 10 · 10999 Berlin
Mail: mail@aspberlin.de
Web: www.aspberlin.de
Web: www.dasversteckspiel.de

Hilfsangebote für Eltern
Die meisten Bundesländer haben eine Beratungsstelle für ausstiegswillige rechtsextreme Jugendliche eingerichtet, hier erhalten aber auch hilfesuchende Eltern Ansprechpartner und Informationsmaterial.

Einige Bundesländer bieten mittlerweile ganz gezielt Hilfe für betroffene Eltern an. Die folgende Übersicht erhebt keinen Anspruch auf Vollständigkeit und kann auch nicht über die Qualität der Beratungsstellen urteilen.

Wenn Eltern Hilfe suchen, können sie sich an eine der unten aufgeführten Stellen wenden. Die Beratung erfolgt bei Bedarf auch anonym.

Baden-Württemberg
Landeskriminalamt
BIG-Rex – Beratungs- und Interventionsgruppe gegen Rechtsextremismus
Tel.: (07 11) 54 01 36 00

Bayern
Verfassungsschutz
Tel. (für Aussteiger und betroffene Eltern): (0 18 02) 00 07 86

Berlin
Elternkreis, der sich regelmäßig trifft
Licht-Blicke, im Jugendhaus Trialog
Ahrenshooper Straße 7
13051 Berlin-Hohenschönhausen
Tel.: (0 30) 99 27 05 55
Mail: info@elterngegenrechts.de
Web: www.elterngegenrechts.de

Stiftung Sozialpädagogisches Institut »Walter May«
Mobiles Beratungsteam »Ostkreuz«
Schönhauser Allee 73
10437 Berlin
Tel.: (0 30) 41 72 56 28
Fax: (0 30) 41 72 56 30
Mail: ostkreuz@stiftung-spi.de
Web: www.stiftung-spi.de/ostkreuz

Mobile Beratung gegen Rechtsextremismus in Berlin (MBR)
des Vereins für Demokratische Kultur in Berlin e.V.
Chausseestraße 29
10115 Berlin
Tel.: (0 30) 2 40 45 430
Fax: (0 30) 2 40 45 319
Mail: info@mbr-berlin.de
Web: www.mbr-berlin.de

Brandenburg

Elternwege - Beratungswege
Benzstraße 11-12 · 14482 Potsdam
Tel.: (03 31) 7 40 62 46
Web: www.gemeinwesenberatung-
demos.de

Mobiles Beratungsteam
Frankfurt (Oder)
Große Oderstraße 26/27 · 15230
Frankfurt (Oder)
Tel.:(03 35) 5 00 9664
Fax: (03 35) 5 00 9665
Mail: mbt-ff@BIG-demos.de

Mobiles Beratungsteam - Regionalbüro
Angermünde
Berliner Straße 77 · 16278 Angermünde
Tel.: (0 33 31) 29 99 80
Fax: (03 3 31) 29 99 81
Mail: mbt-angermuende@BIG-
demos.de

Mobiles Beratungsteam - Regionalbüro
Cottbus
Friedensplatz 6
03058 Cottbus OT Gallinchen
Tel.: (03 55) 4 30 24 41
Fax: (03 55) 4 99 37 50
Mail: mbt-cottbus@BIG-demos.de

Mobiles Beratungsteam - Regionalbüro
Neuruppin
Rudolf-Breitscheid-Str. 38
16816 Neuruppin
Tel.: (0 33 91) 35 91 89
Fax: (0 33 91) 65 93 32
Mail: mbt-neuruppin@BIG-demos.de

Mobiles Beratungsteam - Regionalbüro
Potsdam
Stephensonstraße 23 · 14482 Potsdam
Tel.: (03 31) 5 05 88 83
Fax: (03 31) 5 05 88 84
Mail: mbt-potsdam@BIG-demos.de

Mobiles Beratungsteam - Regionalbüro
Trebbin
Kirchplatz 4 · 14959 Trebbin
Tel.: (0 33 731) 3 29 09
Fax: (03 37 31) 3 29 08
Mail: mbt-trebbin@BIG-demos.de

Bremen

Lidice Haus - Jugendbildungsstätte
Bremen
Weg zum Krähenberg 33a
28201 Bremen
Tel.: (04 21) 69 27 2-0
Fax: (04 21) 69 27 2-16
Mail: lidice@jugendinfo.de

Hamburg

Telefonnummer der Polizei für
betroffene Eltern
Tel.: (0 40) 42 86 79 90 0

Hessen

IKARus - Informations- und
Kompetenzzentrum Ausstiegshilfe
Rechtsextremismus
Postfach 3478 · 65024 Wiesbaden
Tel.: (06 11) 83 57 57
Fax: (06 11) 83 57 05
Mail: ikarus.wbn@t-online.de

Landeskoordinierungsstelle des
beratungsNetzwerk Hessen
Hölderlinstraße 5 · 65187 Wiesbaden
Tel.: (0611) 83 44 83
Mail: kontakt@beratungsnetzwerk-
hessen.de
Web: www.beratungsnetzwerk-
hessen.de

Mobiles Beratungsteam gegen
Rassismus und Rechtsextremismus –
für demokratische Kultur e. V.
Tel.: (05 61) 8 61 67 66
Mail: politischebildung@gmx.de

Mecklenburg-Vorpommern

Regionalzentrum für demokratische
Kultur Westmecklenburg
Alexandrinenplatz 7
19288 Ludwigslust
Tel.: (0 38 74) 5 70 22-11

Regionalzentrum für demokratische
Kultur Südvorpommern
Steinstraße 10
17389 Anklam
Tel.: (0 39 71) 2 44 92-11/ -12/ -13/ -14

Mobiles Beratungsteam - Regionalbüro
Rostock
c/o Evangelische Akademie
Am Ziegenmarkt 4
18055 Rostock
Tel.: (03 81) 2 52 24 40

Niedersachsen

ARuG Arbeitsstelle gegen
Rechtsextremismus und Gewalt
Bohlweg 55
38100 Braunschweig
Tel.: (05 31) 1 23 36-42
Mail: info@arug.de
Web: www.arug.de

Landespräventionsrat Niedersachsen
- Niedersächsisches Justizministerium -
Am Waterlooplatz 5 A
30169 Hannover
Tel.: (05 11) 120-52 59
Fax: (05 11) 120-52 72
Mail: clearingstelle@mj.niedersach-
sen.de
Web: www.lpr.niedersachsen.de/nano.
cms/de/Clearingstelle_Rechtsextremis-
mus/Page/1

Nordrhein-Westfalen

C@llcenter der Landesregierung –
vermittelt geeignete Ansprechpartner
vor Ort
Tel.: (0 18 03) 10 01 10

Informations- und Dokumentationszen-
trum für Antirassismusarbeit
in Nordrhein-Westfalen - IDA-NRW
VolmerswertherStr. 20
40221 Düsseldorf
Tel.: (02 11) 15 92 55-5
Fax: (02 11) 15 92 55-69
Mail: info@IDA-NRW.de
Web: www.ida-nrw.de

Arbeitsgemeinschaft Kinder- und
Jugendschutz (AJS)
Landesstelle NRW e.V.
Poststraße 15-23
50676 Köln
Tel.: (02 21) 92 13 92 18
Mail: info@mail.asj.nrw.de

Ak Ruhr - Arbeitskreis der
Ruhrgebietsstädte gegen rechtsextreme
Tendenzen bei Jugendlichen
c/o Jugendamt Lünen
Franz-Goormann-Straße 2
44532 Lünen
Tel.: (0 23 06) 1041518
Mail: info@ak-ruhr.de

Rheinland-Pfalz

Elterninitiative gegen Rechts - Hilfen
für Eltern von rechtsextremistisch
orientierten Jugendlichen
Tel.: (0 61 31) 96 75 20
Mail: elterninitiative@lsjv.rlp.de
Homepage (innerhalb des
Internetauftritts des rheinland-
pfälzischen Landesjugendamtes):
www.lsjv.de/kinder_jugend_und_fami-
lie/elterninitiative_gegen_ rechts/

Saarland

Landeskriminalamt
Tel.: (06 81) 96 24 44 4

Sachsen

Das Kulturbüro Sachsen e. V. berät
konkret Eltern, deren Kinder

rechtsextrem sind, und vermittelt gleichzeitig geeignete Ansprechpartner vor Ort in Sachsen.
Kulturbüro Sachsen e. V. - Elternberatung
Bautzner Str. 45 · 01099 Dresden
Tel.: (03 51) 563 556 30
Mail: buero@kulturbuero-sachsen.de

Verfassungsschutz
Tel.: (0351) 65 56 55 65 5

Sachsen-Anhalt

Der Verein »Miteinander« führt selbst keine Beratungen durch, kann aber Infomaterial zur Verfügung stellen und bemüht sich geeignete Ansprechpartner in Sachsen-Anhalt zu finden.
Miteinander e. V.
Netzwerk für Demokratie und Weltoffenheit in Sachsen-Anhalt e. V.
Tel: (03 91) 6 20 77-3
Mail: net.gs@miteinander-ev.de

Schleswig-Holstein

Aktion Kinder- und Jugendschutz Landesarbeitsstelle Schleswig-Holstein e. V.
Schauenburger Straße 36 · 24105 Kiel

Tel. (04 31) 2 60 68-78
Mail: Info@akjs-sh.de
Web: www.akjs-sh.de

Thüringen

Mobile Beratung in Thüringen
Für Demokratie – Gegen Rechtsextremismus
Brühl 23 · 99867 Gotha
Tel.: (0 36 21) 22 86 96
Mail: mail@mobit.org
Web: www.mobit.org

Bundesweite Initiativen

Exit, was soviel, wie *Ausstieg* heißt, ist der Name einer privaten Initiative, welche sowohl Aussteiger, als auch betroffene Eltern bundesweit berät.
Die Telefonnummer ist kostenpflichtig, nach eigenen Angaben der Initiative werden die Telefongebühren Aussteigern erstattet. Ob das auch für Eltern zutrifft, bleibt offen.
EXIT-Deutschland
Postfach 87 03 16 · 13162 Berlin
Tel.: (09 00) 123 123 88
Fax: (01 21 26) 888 666 00
Mail: info@exit-deutschland.de
Web: www.exit-deutschland.de

Webseiten zum Thema

Web: **www.elternberatung-ost.de**
Hier gibt es noch einmal geeignete Ansprechpartner für die ostdeutschen Bundesländer.

Web: **www.apabiz.de**
Informationsseite des antifaschistischen Pressearchivs in Berlin

Web: **www.klicksgegenrechts.de**
Informationsseite des Bayerischen Jugendrings mit vielen nützlichen Links und Initiativen auch außerhalb von Bayern

Web: **www.mut-gegen-rechte-gewalt.de**
Gemeinsames Internetportal des *stern* und der Amadeu-Antonio-Stiftung zum Thema

Web: **www.burks.de**
Sehr informative Seite mit zahlreichen Links des Journalisten Burkhard Schröder.

Web: **www.bpb.de/themen/KFXDV0,9,0,Argumente_gegen_rechtsextreme_ Vorurteile.html**
Die Bundeszentrale für politische Bildung bietet hier Argumentationshilfen gegen- über rechtsextremistischer Propaganda.